語言的力量

談判桌
心理戰

從漫天要價到雙贏策略的談判技巧

the power

of language

秦搏 編著

探索「談判心理學」，揭密話語背後的力量！
結合真實案例，深入分析談判策略；
從基礎到高級，全面提升談判技巧；

- -

商業場合、日常交流、國際外交……教你如何在談判中達成雙贏！

目錄

目錄

第三章
瘋狂語言藝術

第四章
瘋狂價格交鋒

後記　關於這本書

第一章
瘋狂談判籌碼

讓談判瘋狂起來吧 ──

談判如戰，戰有本，戰有勢；防中有攻，攻中有防，方見奇效。

談判之神：在於靈活，在於變化，在於組合，在於威力。

一般說來，在商業談判中，口才固然重要，但是最本質、最核心的是掌握談判力量，而這常常建立在掌握談判籌碼上。所以，我們一定要談判中先摸清對方的底細，並把我方的優勢轉化為籌碼，以此來左右談判局勢，才能知己知彼，百戰百勝。

情報戰：你依靠什麼戰勝對方

　　談判是實力的較量，也是資訊的較量。假如我們不能掌握足夠的資訊，提煉足夠的談判情報作為談判籌碼，那麼所謂的談判也無異於處在被動的境地中任人宰割了。

【情景思考】

　　在某次交易會上，我方國際貿易部門與一本地客戶洽談出口業務。在第一輪談判中，客戶採取各種招數來摸我們的底，羅列過時行情，故意壓低購貨的數量。我方立即中止談判，蒐集相關的情報，了解到日本一家同類廠商發生重大事故停產，以及該產品可能有新用途，仔細分析了這些情報以後，談判繼續。我方掌握更多具體情報，後發制人，告訴對方：我方的貨源不多，但市場產品需求很大，且日本廠商不能供貨。對方立刻意識到我方對這場交易背景的了解程度，甘拜下風。在經過一些簡單交涉之後，乖乖就範，接受了我方的價格，大量購買該產品。

【主題解說】

　　談判如跳舞，技藝越好，掌聲越響，收穫越多。在唇槍舌箭和步步為營的談判中，你要想方設法讓對方做出最大的讓步和妥協，最終達成協定，必須瘋狂起來才能所向披靡。

　　在談判桌上大秀舞技，這是一個高水準談判者才能達到的境界。談判席上，談判者帶些瘋狂的精神面貌至關重要。

　　如果一個談判者能在謙虛禮貌的言談舉止間，流露出一瀉千里的豪氣，其勇氣和膽魄就會一舉擊潰對方的心理防線；而謙卑只會被視為無能，對方則會高高在上，你接下來將節節失利，丟城失地。

　　張先生是某進出口公司銷售經理，在一次與日本商人的談判中，張先生慷慨地陳述了公司的產品及銷售狀況，並強調該產品在美國十分暢銷。精明的日本商人被張先生這番話深深觸動。一改「試試看」的心情，很快進入十分嚴肅的、正式的談判主題。這就是瘋狂談判。

　　但要想達到瘋狂談判絕非易事。

　　其實，談判非同小可，商業談判更是如此。

　　商業談判是最常見的商業活動之一。在買賣交易、企業兼併、技術引進乃至各種商業衝突中，人們都可能採取談判的手段來解決問題。所以從某種意義上說，商業談判就是談判的雙方在進行實力博弈。在這場博弈中的重要因素不僅僅有談判者的口才、素養、公司的實力地位，更重要的是各自所掌握的相關情報。要想在談判中能主動瘋狂些，第一步就是充分掌握對方的情報。在市場上誰擁有情報，誰就擁有了獲勝的機會，在談判中也是一樣。甚至可以這麼說，情報是談判的第一籌碼。

　　情報作為談判的第一籌碼具有重要的意義。在談判過程中，「情報資訊」最具說服力，情報包括統計數據、實驗報告、客戶意見、違規數據、競爭報價等等。誰手中掌握了充分的情報，誰就能以事實向對方施加壓力。戰場上致勝的根本因素實際上只有一個：力量的對比。商場不是戰場，但其競爭性同戰場如出一轍。談判人員只能以兩種形式取勝：現實實力和智慧能力。在談判中，擁有資訊的多寡和處理資訊的能力強弱我們稱之為智慧能力或情報能力。

　　智慧能力或情報能力的不平等還有一個相近的概念，叫做資訊不對稱。所謂資訊不對稱指的是在經濟關係中一方知情，而另一方不知情，

知情的一方又利用雙方資訊落差獲得最佳利益的動機。情報不對稱在資訊不對稱的基礎上還考慮了情報的能力，即判斷資訊真偽、分析、處理和應用資訊的能力。情報能力是指獲取、分析、加工處理和應用資訊並形成策略的能力。

實質上，這就是一場情報戰。

1. 籌碼來源於資訊情報

在商務談判中誰的策略具有優勢，誰就能取得勝利。而競爭一方所能夠採取或者說構造的策略，就構成了這一方的策略集。這個策略集不是憑空捏造出來的，其中的每一種策略都來自於對於局勢和競爭對手的了解和掌握，也就是來自於我方能夠掌握的資訊和我們對這些資訊的分析和判斷。當然還有我們對於局勢發展和競爭對手可能採取的行為的預測。因此我們說策略集是資訊領域裡的操作函式的集合。

競爭的一方所掌握的資訊越多、越準確，它可以用來建構策略的空間就越大，就越有可能建構出最佳策略。因此最優策略來自於資訊的完備和精確。說白了就是知己知彼知局勢。必須指出，光有豐富的資訊還是不夠的。我們不會把未經處理的資訊稱之為情報，因為只有這些資訊並不足以讓我們做出決策。資訊只是原材料，我們需要分析、處理、判斷、推理，從中獲得做出決策必需的知識或者情報，獲得知識就得處理和開發資訊。

2. 如何獲得競爭對手的情報？

資訊情報蒐集得主要內容有：

◆ 與談判有關的環境因素：政治狀況、法律制度、宗教信仰、商業作法、財政金融狀況、社會習俗、氣候、基礎設施與後勤供應系統等。

◆ 有關談判對手的情報：該企業的發展歷史、組織特徵、產品技術特點、市場占有率、供需能力、資信情況、合作欲望、談判人員等。

◆ 競爭者的情況：包括市場同類產品的供求狀況、相關或替代產品的供求狀況、技術發展趨勢、競爭廠商的生產能力價格水準等。

◆ 己方的情況：自己產品的規格、效能、品種、用途、品質、數量、供應能力及經營手段等。

3. 如何蒐集對手的情報？

◆ 詢問關鍵客戶

許多公司的大客戶（Key Account/KA）都是既賣本公司的產品，也賣競爭對手的產品。由於大客戶的重要性和影響力，一般廠商優待該客戶，包括價格、銷售政策、信用政策等多方面。同時，業務畢竟要有人來協調處理，許多方面會「肝膽相照、無話不說」，大客戶會十分清楚廠商的底細，甚至瞭如指掌。因此詢問大客戶，建立客商資訊交流回饋機制是十分重要的捷徑。比如，透過詢問殼牌（Shell plc）的下游經銷商可以知道：產品的價格、市場支持度、回扣率、市場銷售量、產品結構、銷售網路、廣告策略等重要情報。這裡的大客戶包括：競爭品牌的經銷商、代理商、批發商、供應商等。

◆ 應徵競爭品牌的核心

一個競爭品牌的核心人員，往往掌握競爭品牌的許多機密資訊，甚至核心機密。其職務越高，掌握的情報越多，相應的代價越高。招募競爭品牌的核心人員，是蒐集品牌機密情報的有效途徑。比如，法國的道達爾能源（TotalEnergies SE）高薪挖走了殼牌的某人員，有效的建立了銷售體系和銷售政策。節約了大量的諮詢、調查費用。其人員的重要性由低到高為：一線銷售人員、區域管理人員、總部銷售人員、品牌和銷售總監等。

◆ 透過大型的展覽活動

幾乎所有的廠商都會定期參加一些產業展覽，在展會上會推出新的產品和制定新的銷售政策。其廠商希望透過展會提高自己的知名度和尋找潛在客戶，企業可以安排專人蒐集相關資料。在去年的某次車展上，某集團參加了該展會，會後不久，就推出了新款的電動車系列，並全面招商。要注意的是：安排的人員必須對該產業清晰明瞭，並有較佳的談判能力，這樣才能挖到更多的情報。當然，要是對方不認識的人。

◆ 追蹤競爭品牌的領導言行

正如政府官員的一句話，可以引起股市震盪，一個競爭品牌負責人的隻言片語，往往預示著一個重大的研發、投資、併購、重組、轉行等行動的開始。因此，追蹤競爭品牌負責人的言行，分析他們不經意流露出的資訊，就能未雨綢繆。殼牌總裁說將加大國外投資力道，並延伸產品線。對石化企業就有必要分析並制定對策。現在殼牌在本土以外的最大投資專案確定，並得標當地的國家級開發專案。專案開發的老闆提出

和代理商結成策略合作夥伴，隨後有了 2000 年購買兩千臺車送給代理商、送代理商讀大學的行動。

注意：追蹤競爭品牌負責人言行還可以延伸到其內部其他重要成員的言行。

◆透過參觀或學習活動情報

最可靠、最真實的情報來自最貼近、零距離式的參觀學習。參觀主要以投資考察或尋求合作的方式進入競爭品牌的防範區，獲得競爭品牌的生產規模、銷售管道、製造流程等敏感資訊。學習主要以技術交流或派人「實習」，得到一些重要的技術或祕方。如果配以高科技的工具就更有效了。例如：某日本企業參觀中國的宣紙廠和景泰藍，透過高科技裝置掌握了該配方。

注意：不要違法。

◆反向工程

反向工程就是透過拆卸、檢查、化驗、脫殼等手段學習競爭品牌的產品，熟悉其材料、成本、工藝、流程等經濟、技術資訊。例如，臺灣的第一輛轎車就是模仿日產 Nissan StanzA、再如：軟體產業的盜版和破解現象等等。這種方法不必重新投入研發，所獲取的資訊成效明顯，最受中小企業青睞。

注意：不要生產假貨和違法。

◆研究專利尋找情報

以商標、技術為特點的專利是品牌產品的核心，能直接反映競爭品牌技術水準、競爭態勢。透過分布在專利說明書和權利要求中大量分散的、無序的效能和特徵等方面的資訊進行檢索、分類、排序、分析等再

加工，去粗取精，由表及裡，掌握競爭品牌優點等有益的資訊。例如：愛多 VCD 透過檢索專利技術，學習模仿製造出了 VCD。

提醒：如果該專利過期了，或商標未註冊或過期就更好了。

【牢記要點】

1. 談判是一場實力博弈。
2. 情報是談判的第一籌碼。
3. 談判人員只能以兩種形式取勝：現實實力和智慧能力。
4. 智慧能力取決於情報能力。
5. 實質上，談判就是一場情報戰。

【實戰練習】

好了。實踐時間到了。現在，請再體會一下上文中的內容要點，完成下列問題的思考及行動訓練。

1. 案例分析

2002 財年（2002 年 1 月至 12 月），日本佳能（Canon）有關影印機和雷射印表機等數位列印技術的營業額達到了 16,500 億日元（約 124 億美元），成為持續以 5% 的年增長率發展的招牌業務，保持著這個產業的霸主地位。與之形成鮮明對照的是，曾稱雄影印機產業的全錄（Xerox）2000 財年（2000 年 1 月至 12 月）淨虧 2.73 億美元，直到 2002 財年才轉虧為盈。

佳能是在 1967 年打算將產品線從照相機延伸到辦公裝置領域。然而，當時美國全錄公司的「靜電覆印專利技術」，是阻礙佳能進軍辦公裝置領域的「大山」。從 1959 年發明了世界上第一臺影印機開始，美國

全錄公司在整個 1960 年代和 1970 年代初就一直保持著在世界影印機市場的壟斷地位。同時，全錄公司為了阻止競爭公司的加入，先後為其研發的影印機申請了 500 多項專利，幾乎囊括了影印機的全部部件和所有關鍵技術環節。當時美國的專利保護有效期為 10 年，全錄影印機關鍵技術的專利保護期限截至 1976 年。在此之前，全錄已經明顯地感覺到了來自潛在競爭者的壓力，其中最大的挑戰就是來自佳能公司。為此，全錄開展了競爭情報研究。但研究的結果讓他們頗感寬慰，因為透過調查發現，有一項製造影印機的關鍵技術佳能無法掌握，並且在全日本也只有一家小型公司才有。佳能如果想透過研發獲得這項技術，尚需時日。如此，全錄就可以高枕無憂了。

面對全錄公司強大的實力和幾乎無懈可擊的專利保護壁壘，許多競爭者只得望「機」興嘆。然而，佳能卻沒有消極等待，但也沒有盲目正面對抗，而是處心積慮地積極籌劃進入影印機製造領域：一方面，透過查閱全錄公司擁有的所有專利，參考其專利資源，力求在相應的技術基礎上有所創新和突破；另一方面，佳能廣泛地調查購買全錄影印機的客戶，終於發現了一些現有客戶對全錄影印機的抱怨，諸如價格昂貴、操作複雜、體積太大、保密性不強等。最後，佳能決定搶先占領更有發展前景的小型影印機市場領域，佳能花了三年時間開發出了自己的影印技術，又用三年時間生產出了第一款小型辦公和家用影印機產品，並聯合理光（Ricoh Company,Ltd.）等公司同時殺進了影印機市場，這才總算繞過了全錄設定的進入壁壘（Barriers to entry）。

令全錄感到震驚的是，當其專利保護期限剛剛去，佳能就提出了更令人震驚的挑戰：佳能正在以全錄的成本價來銷售影印機，並且還能獲利。全錄遭遇到了全方位的挑戰。為了弄清佳能是如何完成這一壯舉

的，全錄再次展開了競爭情報調查，而調查的結果令美國人感到不可思議：佳能能夠成功的關鍵是在於那家日本小型公司把佳能無法掌握的技術無償轉讓給了他們。轉讓的理由是：為了日本國家的利益。

從 1976 年到 1981 年，全錄在影印機市場的市場份額從 82% 直線下降到 35%。在其後的市場占比爭奪戰當中，全錄也曾經成功地從佳能手中奪回部分的市場占比，但卻再也沒有動搖過佳能在這個市場中領導者的地位。

思考：佳能之所以在市場上獲勝的根本利器是什麼？怎麼應用的？

2. 考一考你自己。

請想一下問題，試著總結你的情報能力。

你在談判過程中是否重視情報蒐集工作？

你是如何蒐集對手的情報的？

對蒐集來的資訊整理成情報的過程中，你有什麼樣的認知？

3. 選擇答案，測試自己的談判能力。

1）你通常是否先準備好，再進行談判？

A、每次

B、時常

C、有時

D、不常

E、都沒有

2）你是否相信談判時對方告訴你的話？

　　A、不，我非常懷疑

　　B、普通程度的懷疑

　　C、有時候不相信

　　D、大概相信

　　E、幾乎永遠相信

3）談判時你是否常作樂觀的打算？

　　A、幾乎每次都是開心樂觀的一面

　　B、相當的關心

　　C、普通程度的關心

　　D、不太關心

　　E、根本不關心

4）你對談判的看法怎麼樣？

　　A、高度的競爭

　　B、大部分的競爭，小部分互相合作

　　C、大部分互相合作，小部分競爭

　　D、高度的合作

　　E、一半競爭，一半合作

5）你贊成哪一種交易呢？

　　A、對雙方都有利的交易

　　B、對自己較有利的交易

　　C、對對方較有利的交易

　　D、對你非常有利，對對方不利的交易

　　E、各人為自己打算

6）你是否喜歡和商人交易？（家具、汽車、家庭用具的商人）

　　A、非常喜歡

　　B、喜歡

　　C、不喜歡也不討厭

　　D、相當不喜歡

　　E、憎恨它

　　注：這些題目很簡單，你自己不妨一答，但卻能了解自己是否具有談判潛力。

4. 行動建議

　　思考你所在產業的競爭對手，對方有哪些情報是你所必需得到的？己方有哪些情報是必需嚴守的？你將如何防止對方對己方情報的獲得？把你的看法寫下來。

5. 提升訓練

　　佳能公司從何角度蒐集印表機市場的情報？你覺得全錄公司在情報方面有哪些失誤？嘗試著做出總結。

描述對方期望得到的利益

　　對於談判而言，一切是以利益為原則。我們談判的目的也就是為了獲得我們期待的利益而已。對於對方也是一樣。如此一來，我們從能夠讓對方獲得利益的角度談判，完全可以事半功倍，馬到成功。

【情景思考】

　　一個村婦的鍋破了，但是她又看不出到底哪裡裂開了。

　　於是，她出去找補鍋的師傅，很快找來一個，補鍋師傅拿起榔頭對著鍋一敲，馬上小縫變成了大洞。村婦問師傅：「請問，這鍋能補好嗎？」師傅回答道：「你運氣真好，我是天下第一補，當然能補好。」村婦又問：「多少錢？」師傅說：「40 元。」「不對吧，師傅，過去都是 20 元，你怎麼漲了一倍的價錢？」村婦不滿地說，「你嫌貴可以不補，但是你要知道，如果你買個新鍋至少需要 200 元錢。」師傅不慌不忙地回答。

　　村婦仔細衡量利益之後，最終答應了補鍋師傅的要求。

【主題解說】

　　談判中的基本問題，不是雙方立場上的衝突，而是雙方的利益、需求、欲望的衝突。談判的目的，就是為了調和雙方利益而達成的某種協定。所以，談判著眼於利益而不是立場。原因在於：一方面，任何一種利益一般都有多種滿足方式；另一方面，在對立立場背後，彼此間存在著共同利益和衝突性的利益，並且共同利益往往大於衝突性利益。

　　例如：有兩個人在圖書館閱覽室爭吵了起來，原因是一個想開窗，一個想關窗，他們為了窗戶應該開多大而爭論不休。圖書館管理員走進來，問其中一位為什麼要開窗？回答：「讓空氣流通。」又問另一位為什麼要關窗？他說：「避免噪音。」那位管理員想了一下，然後，開啟旁邊房間內的窗戶，這樣既可讓空氣流通，又可避免噪音。由此可見，不能只注意雙方陳述的立場──「開窗」和「關窗」，而應該從「空氣流通」和「避免噪音」這兩項雙方潛在的利益出發，達成解決問題的協定。因此，明智的解決方法是針對利益，而不是針對立場。

　　由此可以看出，一項合約談判的立場背後還會有許多的利益因素。而商務談判者必須徹底分析交易雙方的利益所在，認清哪些利益對於我方是非常重要的，是絕不能讓步的；哪些利益是可以讓步的，用來可以交換對方的條件。在不分清利益因素的情況下，盲目追求堅持立場和原則，往往使談判陷入僵局，或者使談判徹底失敗。

　　所以，談判其實就是一個交換利益的過程，買賣雙方要在這個過程中認真分析自己手中的籌碼會帶給對方怎樣的壓力。比如，買方會以大量採購和長期合約為籌碼，逼迫賣方在價格上做出讓步；而賣方也可以以交貨期和運輸作為籌碼，要求買方出高價。總之，買賣雙方都要學會利用權勢籌碼，為對方製造壓力，這樣才能在談判中占據優勢。簡而言之，談判是一個智取對方以期獲得更大利益的過程，對談判的任何一方來說，都要掌握自己的「給與取」的藝術。談判就是將談判雙方的利益進行某種程度、某種方式的交換，同時雙方的給與取是相對應的；買方要從自己這方拿出一定的籌碼，以此來吸引賣方；相應的，賣方也要將自己的條件明確開出以對買方有吸引力，各投入一些籌碼或條件，等到雙方對提出的籌碼或條件互相滿意，談判就會達成。

　　沒有憑空而生的利益，利益是為了滿足人們的某種需要。於是，掌握對方需求期望的利益會非常有成效。了解對方需要你提供什麼以後，你的談判籌碼便得以增強。一般來說，人們需要的部分包括崇尚品牌心理、品質保障心理、服務滿意心理和規避風險心理等等。這樣一來，你就要設法了解對方的真正需求是什麼，才能贏得對方。

　　比如某甲要賣房子，如果你知道他下個月就要出國了，而且要移民到美國開餐廳。你馬上理解他的談判時間是有限的，他一定急於出售房子，並且希望能夠一次付現。這個時候你就可以用比較低的價錢買進這間房子。這就是利用掌握對方的需求來創造出的權勢籌碼。

　　另外，人們都有一種普遍心理：對於利益，兩害相權取其輕。上面的補鍋事例就是。首先要將問題擴大，比如將小洞敲成大洞，證明我技術好、我能補，別人沒辦法補；接著要讓對方形成「你想得到的利益也能夠獲得滿足」的心理，比如 20 元變成 40 元，40 元又擴大為 200 元，與 200 元相比，會讓對方覺得你提出的價位還可以接受。

　　又例如，在出口機械裝置時，雙方堅持各自的價格立場無助於雙方達成明智的交易，因為，價格立場背後還會有許多利益，而這些利益的存在，對雙方並不一定就是衝突。雙方採用什麼貿易術語？交貨時間的安排對誰更重要？價格中是否包括人員培訓的費用？運輸的責任必須是由買方來承擔嗎？保險由誰辦理更合適？對於賣方，信用證付款條件是不是必須條件？買賣雙方是想簽訂長期出口合約，還是單筆交易的合約？有關裝置的易損件是否包括在此合約的報價中？等等。

【牢記要點】
1. 談判的目的，就是為了調和雙方利益而達成的某種協定。
2. 談判著眼於利益而不是立場。

3. 談判其實就是一個交換利益的過程。

4. 對談判的任何一方來說，都要掌握自己的「給與取」的藝術。

5. 掌握對方期望得到的需求利益會是非常有效果的。

6. 一定要設法了解對方的真正需求是什麼，談判才能更有力量。

【實戰練習】

　　好了。實踐時間到了。現在，請再體會一下上文中的內容要點，完成下列問題的思考及行動訓練。

1. 案例分析

　　一位顧客的視力不太好，她所使用的手錶指標，必須長短針分得非常清楚才行。可是這種手錶非常難找，她費了很大力，總算在一家錶店發現了一隻她能看得很清楚的手錶。但是，這隻手錶的外觀實在醜陋，很可能是這個緣故，一直賣不出去。就此而論，200 美元的定價似乎是貴了點。

　　顧客：「200 元似乎是太貴了。」

　　經理：「這個價格是非常合理的，這隻手錶精確到一個月只差幾秒鐘而已。」

　　顧客：「太精確的錶對我來講並不重要，你看我現在這隻錶，才 80 元的錶已經有 7 年了，這隻錶一直是很管用的。」

　　經理：「喔！經過 7 年了，你應該帶隻名貴的手錶了。」

　　顧客：「可是價格有些貴了。」

　　經理：「你是不是希望手錶讓你看得清楚？」

　　顧客：「是的。」

　　經理：「我從來沒有看過這麼一隻專門設計讓人容易看的手錶。這樣

吧，180 元，便宜一點，數字也好聽。」

　　顧客：「好吧，就這樣吧。」

　　思考：錶店經理是如何削弱顧客的反對意見？

2. 選擇答案，測試自己的談判能力。

1）如果交易對對方很不利，你是否會讓對方再和你商談一個較好點的
交易？

　　A、很願意

　　B、有時候願意

　　C、不願意

　　D、幾乎從沒有過

　　E、那是對方的問題

2）商務談判追求的主要目的是：

　　A、讓對方接受自己的觀點

　　B、讓對方接受自己的行為

　　C、平等的談判結果

　　D、互惠的經濟利益

　　注：這些題目很簡單，你自己不妨一答，但卻能了解自己是否具有
談判潛力。

3. 行動建議

　　思考你所要談判的對手，有哪些利益是他們所必需得到的？有哪些
情報是我們必需嚴守的？你將如何獲得最大利益？把你的看法寫下來。

優劣比照之優勢法則

　　一位談判專家說：「如果是理性的談判者，就應該有明確授權的全權談判代表，清楚知道自己的籌碼和短處，有自己清晰的要價和讓步空間。」

【情景思考】

　　美國有一家租出車公司名叫赫斯，它是租車市場的知名企業，處於市場第一位。位居第二位的公司叫愛維斯，愛維斯為了與第一名競爭，想出了一些方法來說服顧客，並取得了良好的效果。

　　愛維斯將自己定位為市場的第二位，並且在廣告中打出了這個口號。它的廣告是這樣訴求的：當我是租車業第二名的時候，你們肯定沒有看過這個廣告，我們只有更努力的工作。其實，你去找第一名的公司租車，他們的業務雖然很好，但是他們的車子回來得很晚，所以你必須等車，這一點相信你不會滿意。另外，他們的車運輸量很高，回來很晚，往往來不及清洗，來不及把氣打足，來不及換機油，所以，你租賃這樣的車是不會很滿意的。經過上面的廣告，愛維斯把對方的優點變成了弱點，漸漸地開始贏得顧客，反敗為勝了。

【主題解說】

　　談判的價值構成是談判者進行討價還價所依賴的依據，談判活動是由談判者的利益支配。如果把談判者各種不同的談判利益要求抽象為同一種可以相互比較的價值交換活動，可以將談判的價值構成分解圖示如下：

◆ 談判的起點是談判者在談判中爭取最起碼利益的價值依據，是與對
　手進行討價還價的起跑線。

◆ 談判的界點：是一方能作出最大讓步的最高限度。或者說是一方期
　望的最低利益點。

◆ 談判的爭取點是談判各方期望獲取的最大利益，一般而言，談判一
　方的爭取點最高只能以對方的界點為限。

◆ 談判的協定區是談判各方價值順差的一個非固定變數區。

◆ 談判的協定點是在談判協定區內，經過討價還價，最終達成的價值點。

　以上便是一個簡單的談判價值構成分解。

　在實際的談判工作中，談判內容往往極為豐富，又有種種不同的具
體規定性，談判的價值協定點往往會偏向一方，有時還有多種利益交
錯。因此在實際的談判中，很少有絕對對等的利益均露。談判技巧的利
用正是要在不損害對方應有利益的前提下，為己方贏得更多的利益。

　一般的策略主要強調的，是要將談判對手的注意力從單一問題上轉
向全面考量，讓談判對手在全面考量中發現我方方案的優越性，從而達
成協定。優劣比照之優勢法則的談判，能夠為我方贏得更多的談判籌
碼，從而增加談判價值並能夠有效地解決對方的抱怨。例如，對方抱怨
你方提供的貸款利率太高，你可以告訴對方，利率可能是高了一些，但
是我方提供的貸款額度很高，再者還款時間很長。這就是引領對方全面
分析問題優劣比照之優勢法則。

　在談判中，我們也可以透過創造談判籌碼來建立制高點、搶占上風。
例如你可以開門見山地告訴談判對手：「你好，我是我公司董事長的全權
代表。」這句話在布局時就會高於對方，因為你已經表示出你完全可以代

表公司做決定；你還可以據實說「本人是某方面技術的博士」，這種說法很容易讓人對你的專業度產生仰視心理。其次，你也可以告訴對方「我們的市場占有率是第二，但是顧客評價是最好的」。透過上面那個案例，就完全可以看出，愛維斯公司是如何透過兩則廣告將對方的優點轉化為弱點，如何將等車之苦無限放大引起顧客共鳴，從而贏得顧客信任的。

【牢記要點】

1. 談判的價值構成是談判者進行談判所依賴的依據。
2. 談判著眼於利益而不是立場。
3. 談判的協定點是在談判協定區內，經過討價還價，最終達成的價值點。
4. 談判中，很少有絕對對等的利益均露。
5. 談判技巧的利用正是要在不損害對方應有利益的前提下，為己方贏得更多的利益。
6. 全面分析問題，優劣對照，可以創造談判籌碼來建立談判制高點。

【實戰練習】

好了。實踐時間到了。現在，請再體會一下上文中的內容要點，完成下列問題的思考及行動訓練。

1. 案例分析

「鈴、鈴、鈴」……2003 年 10 月的一個上午，現代化工業園區辦公室裡電話響起。「喂……」正在工作的陳女士像往常一樣客氣地接起了電話，那時，陳女士並沒想到自己接的這通電話，後來竟然成為促成該地首次引進世界 500 強企業的引線。

電話是可口可樂駐該地辦事處的一位人士打來的。他在電話裡稱，可口可樂公司有意在該地現代化工業園區投資建立生產基地，想先了解一下園區的總體環境和投資政策。

「可口可樂！想在這裡建立生產基地！」這通電話讓陳女士一陣興奮。雖然，該園區是這個地區唯一的國家級現代化工業園區，目前已初步形成了以服裝、皮鞋、眼鏡、製筆為主導的傳統產業，和以機電一體化、生物醫藥等高新技術產業配套的格局，而且招商成績在國家級工業園區中名列前茅，但一直以來全國各現代化工業園區都有意蒐羅世界 500 強企業中的製造業大客戶資料，希望能吸引國際製造業大戶在現代化工業園區設廠，促成一段高品質的「跨國姻緣」。然而，要讓國際知名企業在本地設廠談何容易。現在，國際上大名鼎鼎的可口可樂的下屬機構居然自動找上門來，不過，陳女士興奮之餘又產生了一絲疑問：這個消息到底可不可靠？因為，所有招商人員每天都會接到許多這樣的電話，有的故意誇大其辭，希望能得到最優惠的政策待遇；有的純粹是子虛烏有，屬於詐騙；有的則只是試探性的諮詢，並不是誠心實意。所以對於人力有限的工業園區招商局來說，每一條資訊他們都要去偽存真，盡量不要捲入一些沒有意義的線索追蹤，浪費有限的精力、財力和物力。

為了證實「可口可樂要在本地建立生產基地」線索的可靠性，招商局的工作人員馬上行動起來：上網搜尋到了可口可樂的背景資料、在國內的投資概況。另外，還透過各種途徑了解到可口可樂在本地的確有這麼一處 辦事處。各種資料和線索迅速集中到工業園區招商局的有關主管手裡。他們根據掌握到的資訊線索做了初步判斷：這極有可能是一個潛在的大客戶，並下了「命令」：千萬不能漏掉他！

事不宜遲，當天下午，招商局有關人員立即帶著相關資料送「貨」

上門。不過，那天可口可樂辦事處的人不在，於是招商局局長決定第二天再次親自登門拜訪。

第二天，局長一行總算沒有白走，終於碰到了可口可樂當地辦事處的有關負責人，並向他們介紹了本地現代化工業園區的有關情況。

一個月以後，可口可樂方技術部的人員來了，目的是了解工業園區的投資環境。對招商局來說，這是一次前所未有的來訪，來訪的技術部人士先是對招商局工作人員提出了一個要求 ———— 你們所說的每句話都必須提供相應的書面資料！不僅如此，這些技術部人員所問事無鉅細，有些還讓人瞠目結舌。「你們說本地的現代化工業園區在全國國家級現代化工業園區中綜合排名第 16 位，有證書嗎？」、「濱海園區屬於現代化工業園區嗎？要有檔案證明！」有個問題甚至提到：「現代化工業園區管委會是否享有對濱海園區的管轄權？」招商局的有關人員告訴記者，這十年來招商局從沒有遇到過這麼苛刻的客戶，竟然對管委會的管轄權提出了質疑，真是匪夷所思！

不過對於可口可樂提出的每個問題，招商局人員都盡量在當場給出答案，沒辦法當場解決的，則在事後透過傳真、電子郵件等方式處理。就在大家剛剛鬆了一口氣的時候，可口可樂方派來的工程部人員又來了，之後，又派來了財務部、法務處、律師、財務總監……應接不暇的專業人士們要從投資環境、配套設施、政策法規、成本測算等各個方面對濱海園區進行綜合評估，而且每位來訪者都是這麼「苛刻」和面面俱到。雖然繁瑣，但是負責招商的人員一點都不敢馬虎，每個問題都回答得十分仔細，同時提供詳細的書面資料。

不過，這些苛刻的交涉只不過是前奏而已。對於這場長達一年多的招商談判而言，真正的較量還在後頭。

由於目前美國可口可樂公司在國內直接投資的生產基地僅有一家。美國可口可樂公司在國內其他區域的市場由與其簽約、被授權享有其商標使用權的太古、嘉利和三糧三大公司「三分天下」，協定規定三家公司的生產原料都向可口可樂直接投資的生產基地購進。其中太古可口可樂飲料有限公司設有 11 個生產基地，最後出山與該現代化工業園區談判的便是太古可口可樂其中一投資方的總經理。

從 2004 年 5 月，這位可口可樂談判代表來到當地最後在香港達成協定，他與工業園區管委會及招商局之間的談判大大小小足有二十餘場。談判大多圍繞地價、稅收、過路費等等敏感問題展開。因為問題敏感，所以每次談判都十分激烈，談到接近雙方底線的時候就變成了將聲音提高八度、語速加快一倍的大聲「爭吵」。有關人員回憶說，整個談判過程雙方就像戀愛中的男女一樣，吵吵鬧鬧，分分合合。有時談到「痛」處，管委會和招商局方就大喊：「這麼苛刻的條件，我們不做了！」；有時可口可樂方也會因為管委會不降低門檻而「翻臉」，但一旦有一方強硬起來，另一方就會「軟」下來，好言相勸，降低價碼，以維繫雙方之間的關係。「整個過程像談了一場戰爭，既痛苦又快樂！」當地現代化工業園區招商局與可口可樂投資方的談判也是如此，不過最後它們在彼此利益的優劣對照中達成了雙方都能滿意的結局。

思考：為什麼談判這麼會有這種反反覆覆的現象出現？

2. 考一考自己

自己在談判中所具備的個人優勢是什麼？有哪些？

3. 培訓遊戲 —— 抓珠子。

介紹遊戲規則：有一個非常有意思的遊戲：抓珠子遊戲。

在一盒子裡有紅珠子和藍珠子和綠珠子，一個紅珠子代表 10 元，一個藍珠子代表 5 元，一個綠珠子代表 1 元。你任意從裡面抓出一把珠子，看看可能會得到多少錢？

每個小組都有一個這樣的盒子，小組學員輪流從裡面抓一把珠子，並填寫在統計表中。填完統計表之後，在小組裡比一比誰抓出的錢多。

紅珠子幾個	藍珠子幾個	綠珠子幾個	共幾元
10	5	1	

請各小組抓出的錢最多的同學告訴大家自己抓了多少錢，最後比一比冠軍是誰？

小結：想一想，比較優勢跟什麼有關？

著力點：談判的核心議題分析

在談判的攻守中，圍繞核心問題尋找對於己方有利的著力點進行談判來解決問題，是非常複雜的，但也充滿樂趣，是一種瘋狂的遊戲。

【情景思考】

古時候有甲乙兩個人，他們都很喜歡打獵並且經常一起出去打獵。某天，兩人騎著馬帶著弓箭來到森林裡打獵。到了山腳下，甲很快看到一隻野豬，他馬上讓乙從後面包抄過去。乙迅速跑了過去，野豬聽到了人的聲音，正要逃跑的時候，甲立刻瞄準射擊，只聽「啊」的一聲，不是野豬卻是乙的慘叫。原來，甲雖然眼力很好箭法卻不夠精準，這樣的結果自然在意料之中。

情急之下，甲趕緊扶著乙找附近的醫生診治。他們很快找到了一個醫生，檢查之後，醫生表示沒問題。接著，這位醫生拿起手術刀將刺在乙腿上的箭的外面部分鋸掉了，而對於留在乙腿中的箭卻不聞不問，並表示救治已經結束。在這種情況下，甲乙異口同聲地說：「大夫，你有沒有搞錯啊？」醫生回答道：「沒錯，請兩位到門口看一下，我是外科醫生，所以只負責外面的，裡面的問題請找內科醫生。」

【主題解說】

無論什麼談判，都是圍繞某個核心議題進行的；能進行到什麼程度，端看談判著力點是否有力。雖然談判隨時在變化，但最終是需要一個方

案或者不只一個方案來解決問題的，而到底哪個方案最終會被各方認可，就要看著力點：談判的核心議題是否被解決。

雖然談判的結局具有不確定性，但是談判的當事人都不希望無功而返的，因為破裂的談判也是需要支付代價的，比如時間、精力，以及機會利益等。假如破裂的話呢，有關當事人方方面面損失都會很多。這從經濟行為、市場行為角度都是無法支付的，自然誰不願意破裂，於是只能圍繞核心議題展開談判攻勢，爭取最大限度的利益。

【牢記要點】

1. 談判，都是圍繞某個核心議題進行的。
2. 談判的結局具有不確定性。
3. 談判者都不希望無功而返的。
4. 尋找對於己方有利的著力點進行談判的藝術。
5. 談判本身就是一場戰爭。
6. 談判是一種瘋狂的遊戲。

【實戰練習】

好了。實踐時間到了。現在，請再體會一下上文中的內容要點，完成下列問題的思考及行動訓練。

1. 案例分析

美國汽車業「三駕馬車」之一的克萊斯勒汽車公司擁有近 70 億美元的資金，是美國第十大製造企業，但自進入 1970 年代以來，該公司卻屢遭厄運，從 1970 年至 1978 年的 9 月內，竟有 4 年虧損，其中 1978 年虧損額達 2.04 億美元。在此危難之際，艾柯卡（Lido Anthony Iacocca）出

任總經理。為了維持公司最低限度的生產活動，艾柯卡請求政府給予緊急經濟援助，提供貸款擔保。

但這一請求引起了美國社會的軒然大波，社會輿論幾乎眾口一詞：克萊斯勒趕快倒閉吧。按照企業自由競爭原則，政府絕不應該給予經濟援助。最使艾柯卡感到頭痛的是，國會為此而舉行了聽證會，那簡直就是在接受審判。委員會成員坐在半圓形高出地面 8 尺的會議桌上俯視著證人，而證人必須仰著頭去看詢問者。參議員、銀行業務委員會主席威廉‧普洛斯邁質問他：「如果貸款案保證通過的話，那麼政府對克萊斯勒將介入更深，這對你長久以來鼓吹得十分動聽的主張（指自由企業的競爭）來說，不是自相矛盾嗎？」

「你說得一點也不錯，」艾柯卡回答說，「我這一輩子一直都是自由企業的擁護者，我是極不情願來到這裡的，但我們目前的處境進退維谷，除非我們能取得聯邦政府的某種保證貸款，否則我根本沒辦法拯救克萊斯勒。」

他接著說：「我這不是在說謊，其實在座的參議員們都比我還清楚，克萊斯勒的請求貸款案並非首開先例。事實上，你們的帳冊上目前已有了 4,090 億元的保證貸款，因此務請你們通融一下，不要到此為止，請你們也全力為克萊斯勒爭取 4,100 萬美元的貸款吧，因為克萊斯勒乃是美國的第十大公司，它關係到 60 萬人的工作機會。」

艾柯卡隨後指出日本汽車正乘虛而入，如果克萊斯勒倒閉了，它的幾十萬職工就得成為日本工廠的工人。根據財政部的調查資料，如果克萊斯勒倒閉的話，國家在第一年裡就得為所有失業人口花費 27 億美元的保險金和福利金。所以他向國會議員們說：「各位眼前有個選擇，你們願意現在就付出 27 億呢？還是將它一半作為保證貸款，日後並可全數收回呢？」持反對意見的國會議員無言以對，貸款終獲通過。

請分析，為什麼艾柯卡能夠獲勝？

提示：艾柯卡所引述的資料，參議員們不一定不知道，只是他們沒有認真地分析過，從而找到談判著力點。艾柯卡所做的，只是將議員知道的一切再告訴他們，並讓他們真正明白真正的議題核心而已。

2. 選擇答案，測試自己的談判能力。

1）你是否有威脅別人的傾向？

　　A、常常如此

　　B、相當如此

　　C、偶爾如此

　　D、不常

　　E、幾乎沒有

2）你是否能適當表達自己的觀點？

　　A、經常如此

　　B、超過一般水準

　　C、一般水準

　　D、低於一般水準

　　E、相當差

3）你是不是一個很好的傾聽者？

　　A、非常好

　　B、比一般人好

　　C、普通程度

　　D、低於一般水準

　　E、很差

4）面對語意含糊不清的詞句，其中還夾著許多贊成和反對的爭論，你有
何感覺？

　　A、非常不舒服，希望事情不是這個樣子的

　　B、相當不舒服

　　C、不喜歡，但是還可以接受

　　D、一點也不會被騷擾，很容易就習慣了

　　E、喜歡如此，事情本來就該如此

5）有人在陳述與你不同的觀點時，你能夠傾聽嗎？

　　A、把頭掉轉開

　　B、聽一點點，很難聽進去

　　C、聽一點點，但不太在意

　　D、合理地傾聽

　　E、很注意地聽

　　注：這些題目很簡單，你自己不妨一答，但卻能了解自己是否具有
談判潛力。

3. 提升訓練

　　二十國農業協調小組和凱因斯集團，在香港敦促包括美國和歐盟等
在內的「主要農業補貼者和貿易保護主義者」，回到削減農業補貼等杜哈
回合貿易談判（Doha Development Round）的核心議題。

　　由巴西、印度和中國等發展中國家組成的協調小組，和由澳洲、加
拿大等農產品出口國組成的凱因斯，共有 27 個成員，其人口占全球的一
半以上。它們在一份聯合宣言中說，除非正在香港舉行的世貿組織部長

級會議有關杜哈回合貿易談判緊扣擴大市場准入、削減國內支持和出口補貼等中心議題，否則香港會議將是「一個失去的機會」。

這 27 個成員在宣言中說：「我們呼籲主要成員本週表現出必要的靈活性，以確保我們能夠在 2006 年結束談判，兌現杜哈回合框架協議的承諾。」宣言表示，歐盟和美國在消除貿易扭曲因素方面必須做出「政治決定」，在 2010 年前取消一切出口補貼。各成員還應在發展中成員的「特殊和差別待遇」的談判方面取得進展。宣言警告說，如果在農業貿易領域的談判無法取得重大進展，杜哈回合貿易談判的僵局就會繼續拖延。已開發國家對本國農民提供高額補貼，使得國際市場農產品價格被壓低，發展中國家的利益嚴重受損。農業貿易是國際貿易結構中被扭曲得最嚴重的領域。因此，削減農業補貼和農產品關稅是杜哈回合貿易談判的核心議題。

分析案例，試著尋找談判著力點。

4. 思考題

荷蘭某精密儀器生產廠與國內某企業擬簽訂該種精密儀器的購銷合約，雙方就儀器的價格特地進行了談判。談判從荷蘭方開出的 4,000 美元開始，最終中荷雙方各讓一步，以 2,700 美元成交。

準備階段：

資訊收集－我方。

1）市場價格最高約為 3,000 美元。

2）只有國內廠商有購買意向，一解荷蘭廠商燃眉之急。

資訊收集－荷方。

我方第一次進口這種具有世界一流技術水準的儀器。

開局階段：

荷方：誇產品效能、優勢、國際知名度以及市場潛力。

報價：一臺儀器的售價應該在 4,000 美元。

我方：將所知道的市場價格資訊。

1）告知對方沒有提出報價，看對方的反應磋商階段 —— 明示階段。

荷方：愣住了！對方已準確掌握市場行情，只好降低報價至 3,000 美元。

我方：根據自己掌握的資訊。

2）提出報價 2,500 美元。

交鋒階段：

荷方代表聽後十分不悅，表示寧可終止談判！

我方代表依然神色從容，既然如此，我們很遺憾。

我方人員根據已經掌握的資料，相信荷方肯定不會真的終止談判，還會繼續談。

思考題：在談判中，我方為什麼表現得胸有成竹？

最佳談判結果測定

最佳談判結果測定是一種綜合測算。它是我們運用談判籌碼和策略的智慧指數。

【情景思考】

獵人正要向熊開槍，熊甜言蜜語地說：「談判不是好過開火？你需要什麼，說吧。」

獵人把槍放下說：「我要皮大衣。」

熊說：「這一點也不難，我們坐下談吧。」

過了一陣，熊拍著凸起的肚皮往回走：「瞧，咱倆都滿足了吧，我不餓了，你也穿上了皮大衣。便宜你了。」

【主題解說】

無論是談判籌碼的定奪，還是談判策略的選擇，都是為了談判的勝利。那麼如何測定談判的最佳結果呢？

按照不同的選擇標準，人們總結了以下幾種測定標準。

1. 以談判的方式為選擇標準

一般情況下，與客戶談判的方式多為面對面談判，這同樣也是大多數談判的模式。在面對面談判的時候，談判各方能直接地、面對面地就

談判內容進行溝通、交流、磋商和洽談，談判各方看得見、碰得到、聽得清，而無需藉助任何工具。談判各方可以直接對話，不僅是語言的直接交流，而且各方均能直接觀察對方的手勢、表情和態度，正是這些構成了面對面談判的優點。因為大多數的談判都是面對面的談判，所以幾乎所有的談判策略都可以指導面對面的談判，同樣與客戶談判也不例外。

但是隨著經濟的飛速發展和全球化經濟的形成，電話談判和函電談判也逐步地得以發展。電話談判的主要目的在於快速傳遞商務資訊，費用低廉，洽談及時有效。

例如，有長期合作關係的某甲和某乙，某甲聽說某乙有某種商品出售，某甲急需這種商品，又恐夜長夢多，即可電話洽談購買業務。當然，完成了電話談判後，應認真書寫有關談判的書面協定，即協定備忘錄，並將此項工作通知對方。協定備忘錄如同訂合約、協定，具有法律的約束力，因此對談判各方的責、權、利應作全面、具體、明確的規定。而函電談判則是透過發盤或還盤的形式來達成協定或合約，它主要適用於國際的行銷活動，隨著國際商務的迅速擴大，函電談判方式愈發重要。函電談判的手段是電報、傳真，其內容一般包括標題（即函電的標題或函電的名稱）、收文單位、正文、附件、發文單位、日期、蓋章等。其中函電的處理是函電談判中關鍵的一環，在對函電進行處理時應了解其含義並分清其輕重緩急，以便及時地處理其中的問題。而且還必須與對方加強聯繫，以免造成誤會，導致不必要的經濟糾紛，影響雙方的經濟利益。因為這兩種談判方式不同於面對面的談判，所以在運用談判策略時，應有選擇地加以採用。

2. 以談判主體為選擇標準

不同的談判分類決定了談判的主體也不同：有個人與群體之分，也有雙方與多方之分。但具體到與客戶談判，其中最主要的還是個人的談判。一般以反映對方個人素養的地位、經驗、態度作為選擇策略的依據。

◆ 地位

就是看對方主談人是高階職員還是低階職員，有決定權力還是沒有決定權力。若是高階職員，具有決定權力，在使用策略時，不宜選擇虛張聲勢、裝瘋賣傻以及類似的策略，更不能採用向對方上司告狀的策略。如果對方是低階職員，且沒有決定權力，那麼在策略的選擇上可以不受限制。

◆ 經驗

在選擇策略時，對對手的經驗也要有所知曉，是久經沙場的談判高手，還是初出茅廬的新手？經驗不同，所選擇的策略也不同，不能過於簡單或死板，而應靈活多變，一招不行，再來一招，使其防不勝防。還可以幾個策略形成套路，從不同角度、不同方位進入。後者還是一片空白，沒有什麼經驗，運用策略時應簡單明瞭，爭取一計一效。

◆ 態度

對於態度友好、渴望成功從而建立長期合作關係的對手，選用的策略不應太強硬，提出的條件也不應太苛刻，而應該以真誠、友善的行為表示合作的誠意。

　　如果對方對所談內容興趣不濃，表示無所謂的態度，那麼就不應選用過於直接的策略，因為過於直接的策略容易導致談判破裂，而應多加誘導，強化其談判動機。

◆作風

　　不同性格的人其作風也不同，談判對手的作風一般可為兩種類型：一種是法制觀念較強，靠正當手段取勝，作風較好的談判者；另外一種是靠搞陰謀與玩詭計取勝，作風不正的談判者。對前者，可根據其他各方面的特點，分別採取各種策略；對後者，則要倍加小心，及時識破陰謀，採取恰當對策，而不能一不小心，反讓「對方牽著鼻子走」。

3. 以談判客體為選擇標準

　　談判客體的選擇十分複雜，不似談判主體那麼固定，談判客體不僅包括談判雙方各自所處的地位，還包括外部的環境因素等，因此在以談判客體為選擇標準時須小心謹慎。

◆談判人員處於優勢，對手處於劣勢

　　談判雙方屬於矛盾的統一體，當談判者處於優勢時，對手一定處於劣勢，處於優勢的談判者極可能漫天要價，而且很難讓步。在這種情況下，如果買方需要與賣方長期合作，並且拖延下去將會使己方遭受更大損失，則只好承認劣勢，採用忍耐的策略。如果買方與談判者的交易只不過是偶然而為，並且不存在保持合作關係等問題，則可以採取具有威懾性的策略，速戰速決，使談判者產生壓力，從而做出降價決定。此時談判者所採取的策略應該是提出略高於對手可接受的價格，並且有分寸地與對手討價還價，以免弓拉得太滿而折斷。

◆談判人員處於劣勢，對手處於優勢

當談判者處於劣勢地位時，買方一定處於優勢，處於優勢地位的買方很可能拚命殺價，而且很難使其提高價位。在這種情況下，如果談判者知道買方是唯一的強勢客戶，而且也清楚存在競爭對手，並且還猜想到如果拒絕買方的還價，買方可能尋求新的賣主，使己方失去難得的機會，此時則沒有選擇餘地，應採取低姿態、速戰速決的策略。但也應該區別以下兩種不同的情況：

如果在知道有競爭對手的情況下，買方找己方是因為己方與競爭對手相比存在某些優勢，那麼就可以充分利用這種優勢拖住買方。然後，透過與對方交談，進一步了解己方在競爭中所處的地位，從而選擇適合的策略。如果發現形勢對己方有利，則可採用強硬策略，反之，則降低或放寬某些條件。

如果清楚自己所處的劣勢地位，但是考慮到不論自己出價多低，買方總要還價，如果要價太低，反而有可能會引起買方的懷疑。所以，處於劣勢地位的談判者應採取忍耐機制的策略與買方周旋，關鍵時刻再做出讓步，以有利於達成協定。

◆雙方地位不確定時

其實，在與客戶談判時，雙方一般是很難確定自己是處於優勢還是劣勢，但是在此種情況下雙方都不願失去速戰速決帶來的好處，同時也不想談判就此破裂，因此也有忍耐機制的傾向，那麼在此種情況下，談判者應採取怎麼辦呢？在雙方地位不確定，而且此時談判者又不可能預測到對手會採取何種策略時，選擇忍耐機制的策略是比較可行的辦法。

綜上所述，在談判時，談判人員可依據以上標準的對策加以選擇，

但是在特定的情況下可採取特定的策略，不能生搬硬套，犯學不致用的錯誤。

最後，在談判中人們為什麼容易堅持自己的立場，而使談判陷入僵局。原因之一是「沿著單一方向進行談判」而使談判進入死胡同；二是「遇到非零和的選擇」而使談判形成單利性結果。但有一種辦法能把一塊「大餅」分割得讓雙方都滿意，這就是在分割「大餅」之前，先使「大餅」膨脹起來，即提出對彼此有利的解決方案 —— 由一個人切，另一個人先挑選，就是一個分配「大餅」的好方案。

提出彼此有利的解決方案，是在構思一連串可行的選擇方案中產生的。因此，第一步驟必須把選擇方案的「構思行為」與「判斷行為」分開；第二步驟必須摒棄「只尋求一種答案」的意識；第三步驟必須確認「共有利益」，讓雙方「各得其所」；第四步驟必須「使對方容易做決定」。

把「構思」和「決定」劃分清楚，對任何談判都有好處。討論選擇方案與採取立場截然不同。雙方的立場也許是對立的，但「討論選擇方案」卻會請對方也提出「選擇方案」來。而這時雙方所採用的語氣會迥然不同。它包含問題，而不是肯定；它表現商量，而不是決定；它是開放式的創意，而不是封閉式的思想。這種「智力激盪」可以使談判的雙方不受拘束地進行多方思考，並構思建設性的多種解決方案，而不是「只尋求一種答案」。

從理論上說，「共有利益」顯然有助於達成協定，但就實務上而言，「共有利益」在所有談判中都是隱藏的，而雙方想法的「差異」卻是達成交易的基礎。如股票交易，正是因為購買者認為會漲價，售出者認為會降價之故。換言之，在談判中，確認「共有利益」並將其設定為共同的

目標，就是使「共有利益」具體化，以作為未來的指向，並使談判過程更為順利和融洽。而在利益和想法上的「差異」，可以使得某一專案對你有很大的利益，而對另一方則也無不利，這就是「各有所得」。

當然，在談判的最後，一定要「使對方容易做決定」，因為沒有令對方動心的選擇方案，對方是很難跟你達成協定的。

在談判中，我方也要積極對自己進行最佳談判和最低底線評估。

尤其在對某方案表示興趣的同時，我們應該以最大預算或最大授權的限制，對對手的調整方案進行最後施壓的這種作法，被稱為最大預算策略。

具體作法如下例所示。

例一，某專案價格談判。賣方已將其價格從 7 億日元，降到 6 億日元，買方說：「你的方案內容不錯，但我只有 5.5 億日元的預算。如貴方能再調整，我們即可成交。」例二，買方對某商品交易，給出了 150 萬美元的還價，相對賣方要價 180 萬美元尚有差距。賣方會說：「您的還價很有意義，但我無權做這麼大的讓步。」

運用此策略時，應注意：其一，留有變通的餘地，以防對方不顧你的最大預算和最高授權，逼你「增加」或「請示」，而再爭取一點利益的反擊；其二，注意保守己方底牌的祕密；其三，掌握好時機，一般來說，應在價格多次交鋒之後，或某個條件的反覆討論之後，雙方均有所靠攏之時；其四，態度亦應靈活，不宜僵化，在該招一時不奏效時，還應有退路。當然，對於第一次進入市場或急於（有誠意）成交的談判對手，該招很有效。例如，某美國中小企業，為做某交換機的專案，就是運用該策略，將其技術費由 700 萬美元，最後降到 130 萬美元。

【牢記要點】

1. 無論是談判籌碼的定奪，還是談判策略的選擇，都是為了談判的勝利。

2. 不同的談判標準使得談判估算測定的最佳結果也不同。

3. 一般以反映談判方的整體素養、地位、經驗、態度作為選擇策略的依據。

4. 從理論上說，「共有利益」顯然有助於達成協定，但就實務上而言，「共有利益」在所有談判中都是隱而不顯的，而雙方想法的「差異」卻是達成交易的基礎。

【實戰練習】

好了。實踐時間到了。現在，請再體會一下上文中的內容要點，完成下列問題的思考及行動訓練。

1. 案例分析

HR 公司是國內知名的家電企業之一，獲得了強而有力的市場地位之後，該公司從 1998 年開始將目光投向國際市場。在進入歐洲和美國之前，該公司的產品首先進入了中東和東南亞地區市場，並在這些地區賺取了一些利潤，但公司發現，在這些市場無法創造世界性的品牌。公司的執行長認為，要想達到市場競爭的最高境界 —— 品牌經營，就必須進入到名牌林立的歐美地區。他對此有一個形象的比喻：下棋找高手。他為 HR 公司選擇的高手是：歐洲和美國。

1999 年，公司用年薪 25 萬美元聘請了美國人史密斯為美國貿易部的總裁。史密斯認為要讓美國人知道 HR，事半功倍的作法是與「足夠好」

的中間商合作。一開始他就把目光投向美國最大的連鎖超市 —— 沃爾瑪（Walmart Stores）。沃爾瑪在全美國有 2,700 多家連鎖店，每一家店內都擺滿了來自世界各地的名牌產品。史密斯清楚，要讓這家在美國消費者中享有很高聲譽的連鎖商店，接受一個陌生的品牌十分困難，但一旦進入沃馬瑪，HR 公司的產品不僅能夠有穩定銷量，而且可以從沃爾瑪出色的經營管理中獲益良多。此外，史密斯也看中了沃爾瑪長期經營家電的專業經驗和條件。

整整兩年的時間，史密斯甚至沒有機會讓沃爾瑪看一眼 HR 的產品。直到有一天，他在沃爾瑪總部的對面豎起一塊 HR 的廣告牌，希望沃爾瑪高層管理者在工作之餘，眺望窗外的時候能發現 HR。皇天不負有心人，沃爾瑪終於對這個整天立在窗外的 HR 有了興趣。但史密斯說：廣告並不是我們贏得沃爾瑪這樣的客戶的唯一原因，我們有很好的品質，很好的服務及很好的技術支援。沃爾瑪選擇我們是因為我們能夠提供它需要的產品。

目前，HR 的產品在沃爾瑪銷售很好。

閱讀案例後，請回答下列問題：

1. 簡析 HR 公司為什麼選擇沃爾瑪作為中間商？
2. HR 公司選聘史密斯負責其美國公司的行銷管理工作有哪些好處？

2. 選擇答案，測試自己的談判能力。

1）在談判中，你想要定下哪一種目標？

　　A、很難達成的目標

　　B、相當難的目標

　　C、不太難，也不太容易的目標

D、比較適當的目標

E、不太難，比較容易達成的目標

2）商務談判追求的主要目的是：

A、讓對方接受自己的觀點

B、讓對方接受自己的行為

C、平等的談判結果

D、互惠的經濟利益

3）按談判目標的實現程度，可將其歸納為：

A、基本目標

B、爭取目標

C、最優期望目標

D、可接受目標

E、最低限度目標

4）商務談判成敗的評價標準包括：

A、談判目標

B、談判效率

C、人際關係

D、談判協定

注：這些題目很簡單，你自己不妨一答，但卻能了解自己是否具有談判潛力。

3. 提升訓練

　　為了最佳談判結果的測定，我們必須進行綜合測算。估算談判方的籌碼，然後再決策，不要過早地對解決方案下結論。比較有效的方法是採用所謂的「腦力激盪」式的小組討論，即談判小組成員內部相互激盪進行估算，然後再逐步對估算方案進行評估，最終決定談判的最佳談判結果。

　　試寫下你的心得：

存在「什麼問題」之障礙測定

談判本身為了滿足各自切身利益的需求，而透過一定的方式達成某種商業化目標的外在表現。那麼出現了談判障礙，就意味著某種問題影響了談判的價值和流程。

【情景思考】

在人行道上鋪設導盲磚本是一件好事，但有些路段因施工不注意，導盲磚成了障礙之道。現在施工地點的大街口，經常會看到：或許是一根電線桿擋在導盲磚道當中，或許一隻郵筒也豎在導盲道中央，或許是其他東西。這些障礙物讓行走在此的人們提心吊膽。

【主題解說】

有時候，談判中造成僵局的某些事物就如導盲磚道上豎著障礙物。為什麼會出現障礙呢？我們必須進行測定，以謀得主動。

其實，談判與人生一樣，是有所欲求的。人的一生就是為了滿足需求而與自然、社會不斷進行打拚。同樣，談判本身，也是處在不同角度、不同經濟發展狀況下的不同的人或團體，為了滿足各自切身利益的需求，而透過一定的方式達成某種商業化目標的外在表現。這樣換位思考更容易知道障礙是什麼，沒有人會無緣無故製造僵局，肯定是無法滿足其某種欲求才導致的。

1. 分析對手的談判動機

對手的談判動機，是指對手為了滿足何種需求，才與你進行談判的。在談判開始前，談判人員應當認真分析談判對手的真實動機，即對方是出於什麼需求，他們的需求程度如何等等。

我們知道，任何一次談判都是由行為主體（談判人）代表關係主體（企業、公司等）來進行的，所以談判人員所代表的利益和需求應該說是兩方面的：他既可能反映個人的利益和需求，又可能代表企業或其他團體的利益。總之，兩種利益往往交織在一起，談判對於他的重要性也具有雙重性。因此，我們有從兩個方面進行考慮的必要。

談判時，談判雙方一般不會向對手透露自己的真實動機，更不會告訴你這場談判對他們來說有多重要，這時就需要你去認真分析了。搞不清談判對方的真實需要，就很難在談判中投對方所好，很可能會導致談判失敗，從而造成雙方的損失。

例如，有一次 A 公司向 B 公司出售某類產品，而 B 公司又是 A 公司的老主顧。A 公司的談判人員驚奇地發現，B 公司居然要求 A 公司在價格上做出非同尋常的讓步，而從前幾次談判卻沒有這種異常現象。而且，儘管 A 方誠懇地想說服 B 方不要出格，B 方仍然不肯降低要求。於是這筆交易就告吹了，因為 A 方如果按 B 方出的價賣出，那就無利可圖了。

後來，A 公司發現，原來 B 公司之後又向「X」公司訂了類似的貨物，只是品質差了點，而所出的價就是 A 公司沒能答應的。A 方還知道了，「X」公司在付款條件方面給了 B 方特別的優待。A 公司在上次談判時所不知道的（如果事先調查研究一下，是可以弄清的），原來是 B 公

司在緊縮銀根。就是說，B方是想找一個低價賣方，並在付款期限等方面有所照顧。

在A、B兩公司的談判中，A公司就是因為沒有了解清楚對方的真實需求，才失去了一位老主顧，如果A公司知道B公司這個老主顧為什麼非得求個低價不可的原因，那他在談判中完全可以按低價賣給B方一種類似，但品質稍差的東西。但B公司又不願意讓別人知道他們在財務上所受到的限制，於是A方就簡單地以為B方是在利用兩家長期合作的這一層關係，提出不合情理的要求。

這表明，即使已經和對方建立了相當長久的商業關係，你也不一定了解對方的真實需求，在任何一次與客戶談判前，你都要對對方的談判動機做出準確的分析，千萬不要以為熟悉對方就忽視這一點。

在分析對方談判動機時，需要注意，有時對方可能不想讓你知道某些事實，以免你因此而不願把交易談到底。例如，一位想購買土地的人，可能知道他要買的這塊地附近有修建一條公路的計畫，從而使這塊地的價值升高。

不可透露真實需求的另一理由是，這些資訊有助於加強你的談判地位。例如，一位急需現金的賣方，可能提出願意早點交貨，如果買方知道了這件事，將利用這一點來壓低價格。

實際上，有很多理由使談判的一方不願意透露自己的談判動機。因此，談判開始前，盡量多收集一些這樣的資訊，是談判人員必須做的。

下面將告訴你從哪些方面可以分析出對方談判的真實需求及其程度：

◆ 假如雙方無法達成協定，那麼對方會有什麼損失？

◆ 本次談判，你的對手究竟想從你這裡獲得什麼？他是否還有別的途徑獲得他想要的東西？

◆ 假如雙方達成協定，對方會從你這裡得到什麼好處？

◆ 此次談判是否能達成協定，從長遠而言，會對其所經營的業務現狀和近期的發展產生什麼影響？

◆ 雙方談判的動議是哪一方先提出，並且列入正式日程？

2. 分析對手的談判目標

在談判以前，必須要對談判對手進行全面的分析，不但要分析對手的實力、策略、動機，而且還要分析對手的談判目標，找出談判障礙消除之才行。

身為一名與客戶談判的人員，如果想準確分析對方的談判目標，就應該從對方的角度出發、設身處地的分析。了解對方的談判目標，就需要了解對方為什麼要進行此次談判？他是否遇到了困難，以致急於想透過談判來尋求某種解決的途徑？對方公開表示的談判目的，和實質上的目的是否一致？談判人員對這些問題的了解，並非為了迎合對方的談判立場，而是為了事先做好充分的準備。這樣，一方面可以克服對對方的某種恐懼感；另一方面可以事先準備，以便做出合理的對策。

在談判開始前，必須透過各種資訊來認真分析對方的談判目標，盡可能準確地分析出對方真正的談判目標，一定不要被其表面目的所迷惑。對方的談判目標，很多時候從表面現象是無法知道的，他可能還會有隱藏的目的，如果不了解這些目的，就可能要冒喪失利益的風險。

在現代的商業競爭中，各企業為了獲得豐厚的利益，在很多時候都是虛虛實實的，和對手談判時更不會說出自己的真實目的。只有弄清了對方的真實目的，知道真正的談判障礙是什麼，才能制定出相對應的策略，否則在商業競爭中只會被淘汰。

總體來說，分析出對方的談判目標，我們就能夠掌握對方實現目標最有利因素和最不利的因素，從而「避其主力、擊其虛弱」，避免談判障礙，爭取更好的效果。

【牢記要點】

1. 有時候，談判中造成僵局的某些事物就如導盲磚道上豎著障礙物。
2. 沒有人會無緣無故製造僵局，肯定是無法滿足其某種欲求才導致的。
3. 在談判以前，必須要對談判對手進行全面分析，不但要分析對手的實力、策略、動機，而且還要分析對手的談判目標。一切是為了找出談判障礙並消除，讓談判成為我方的勝利場。

【實戰練習】

好了。實踐時間到了。現在，請再體會一下上文中的內容要點，完成下列問題的思考及行動訓練。

1. 案例分析

1986 年 9 月的一天，萬向接頭工廠廠長魯冠球正與美國俄亥俄州某公司國際部經理萊爾進行一場緊張激烈的談判。

美方要求該廠的產品都要經過他們公司出口，不准自行銷往其他國家。魯冠球當然不同意，因為這意味著放棄許多機會。

雙方僵持不下。

在談判桌旁的組合式沙發裡，坐著來自美國俄亥俄州的某公司國際部經理萊爾。這家公司歷史悠久，萊爾先生見多識廣，自以為實力雄厚，勝券在握，說出來的話不免咄咄逼人。此時，他向魯冠球丟擲一個「殺手鐧」：

第一章
瘋狂談判籌碼

「我希望廠長先生還是簽下訂這個協定為好。否則，我方將削減貴廠出口數量，這將對貴方帶來巨大損失。」

年過花甲的公司總裁特倫斯·多伊爾先生鬚髮染霜、身材魁梧、風度翩翩，濃重的臥蠶眉下深藏著一雙讓人捉摸不透的藍眼睛。他看上去頗有教養，慢條斯理地說：

「尊敬的魯先生，您會看到，我們與貴廠有兩種關係。第一種是，我們優惠提供技術、資金、先進裝置、市場情報、培訓工程師，但條件是貴廠的產品只能由我們獨立經營。第二種是，你們可以把產品出口給其他客戶，我們也可以不買貴廠的產品，而轉向購買其他國家的產品。魯先生，您喜歡選擇哪一種呢？」

美方的軟硬兼施，魯冠球早已料到。這幾年，該廠的產品在國際市場上聲譽日隆，美方幾次來談判，都提出要獨家經營。魯冠球認為，簽訂這樣的合約無異於綁住手腳，使自己受制於人。

魯冠球沉著冷靜，侃侃而談：

「按照國際貿易慣例，我廠和貴公司的關係只是賣方與買方的關係，我們願意把產品賣給誰就賣給誰，貴方無權干涉。我們的關係應該是相互合作、共同發展。我再次重申：不同意簽訂獨家經銷協定！」

談判桌上的空氣似乎凝固了。多伊爾猛地站起身，收拾皮包：

「這樣的話，我們將停止進口貴廠產品！」

魯冠球不顧隨行外貿人員的頻頻暗示，有禮貌地說：

「隨時歡迎貴公司代表回來繼續合作。」

兩人走遠了。望著他們熟悉的背影，魯冠球心中並不好受。正是他們在進出口商品交易會上發現他們的產品，特地來到這裡，使魯冠球的產品一舉打入國際市場。之後，他倆幾乎年年聯袂而至，和魯冠球成了好朋友。

然而友誼無法代替商業中的競爭！

多伊爾和萊爾回到美國後，一份措辭嚴厲的函件飛越重洋來到魯冠球的辦公室。美商在信中提出魯冠球的產品有問題，需重新檢驗，要求付檢驗費用。

刁難接踵而來。按規定，出口信用證應提前 2 個月寄來，可美方卻遲遲不發，原訂 1987 年出口 46.5 萬套萬被削減為 21 萬套，一下子打亂了工廠的生產計畫。成品堆積，利潤直線下降，廠內外議論紛紛。

而此時美方仍堅持：「只要簽訂獨家經銷合約，檢驗費和違約金可以一筆勾銷。」

世界之大，豈無英雄用武之地？

魯冠球迎難而上，這一年，他開發出 60 多個新品種，開啟了日本、義大利、澳洲、德國、馬來西亞等國市場，一批批外商紛紛找上門來。義大利考曼跨國公司總裁在參觀了萬向接頭工廠後說：「環境整潔，管理有序，產品信譽高，是可以信賴的合作夥伴。」一次就簽訂了 17 萬套萬向接頭的合約。

1987 年，該廠打破了美商的壟斷，產品出口到 8 個國家和地區，創下外匯 140 萬美元。在 1987 年下半年的國際展覽會上，美商竟將該廠產品當作本國名牌產品來展銷。

1987 年聖誕節前夜，一輛豪華型轎車駛入該工廠，多伊爾、萊爾攜帶禮品，笑容可掬地走下車來。

在外賓接待室裡，兩人向魯冠球表示歉意。他們捧出一隻，栩栩如生、振翅欲飛的銅鷹贈給魯冠球。

多伊爾致辭道：「鷹是美利堅合眾國的象徵。我們敬佩魯先生勇敢、精明、堅強的性格。願我們的事業像雄鷹一樣騰飛全球！」

銅鷹佇立在魯冠球的寫字檯上，雄視遠方。從此，該廠與美方的合作關係揭開了新的一頁。

魯冠球的強硬態度奏效了。當然，在整個過程中也不乏波折，甚至導致了談判的暫時破裂。然而，如果將整個過程當作一段較長的談判來看，魯冠球又是如願以償的。

這裡我們見識了怎麼樣消除談判障礙。在談判中的應用，那麼要怎麼樣做呢？

2. 選擇答案，測試自己的談判能力。

1）商務談判的基本要素有：

　　A、談判當事人

　　B、談判議題

　　C、談判目的

　　D、談判地點

2）所有談判標的共同談判目標是：

　　A、要求談清楚

　　B、談出結果

　　C、劃分責權利

3）在談判的內部環境中，發揮關鍵性影響的是：

　　A、談判氛圍

　　B、談判雙方的實力對比

　　C、談判雙方的談判作風

　　D、談判雙方的關係

4）你洞察談判真正問題的能力如何？

　　A、我通常會知道

　　B、大部分時間我能夠了解

　　C、我能夠猜得相當正確

　　D、對方常常會令我驚奇

　　E、我發現很難知道真正的問題所在

5）談判時你對於目標的執著程度如何？

　　A、非常執著

　　B、相當執著

　　C、有點執著

　　D、不太執著

　　E、相當有彈性

　　注：這些題目很簡單，你自己不妨一答，但卻能了解自己是否具有談判潛力。

3. 行動建議

　　關於商業經營中的誠信原則，中國自古就有「貨真價實，童叟無欺」的八字經典，有趣的是，在英文中也有一個八字真言：NOTRICKS，從字面看來，與中文的意義非常相近。不過「NOTRICKS」並不僅僅代表字面的意思，每一個字母還有更深一層的含義——談判中的八種力。

　　談判能力在每種談判種都產生重要作用，無論是商務談判、外交談判，還是勞務談判，在買賣談判中，雙方談判能力的強弱差異決定了談判結果的差別。對於談判中的每一方來說，談判能力都來源於八個方

面，就是 NOTRICKS 每個字母所代表的八個單字 —— need，options，time，relationships，investment，credibility，knowledge，skills。

　　NOTRICKS 中的「N」代表需求（need）。對於買賣雙方來說，誰的需求更強烈一些？如果買方的需求較多，賣方就擁有相對較強的談判力，你越希望賣出你的產品，買方就擁有較強的談判力。

　　NOTRICKS 中的「O」代表選擇（options）。如果談判不能最後達成協定，那麼雙方會有什麼選擇？如果你可選擇的機會越多，對方認為你的產品或服務是唯一的或者沒有太多選擇餘地，你就擁有較強的談判資本。

　　「T」代表時間（time）。是指談判中可能出現的、有時間限制的緊急事件，如果買方受時間的壓力，自然會增強賣方的的談判力。

　　NOTRICKS 中的「R」代表關係（relationship）。如果與顧客之間建立強而有力的關係，在同潛在顧客談判時就會擁有關係力。但是，也許有的顧客覺得賣方只是為了推銷，因而不願建立深入的關係，這樣在談判過程中將會比較吃力。

　　「I」代表投資（investment）。在談判過程中投入了多少時間和精力？為此投入越多、對達成協定承諾越多的一方，往往擁有較少的談判力。

　　「C」代表可信性（credibility）。潛在顧客對產品的可信性也是談判力的一種，如果推銷人員知道你曾經使用過某種產品，而他的產品具有價格和品質等方面的優勢時，無疑會增強賣方的可信性，但這一點無法決定最後是否能成交。

　　「K」代表知識（knowledge）。知識就是力量。如果你充分了解顧客的問題和需求，並預測到你的產品能如何滿足顧客的需求，你的知識無

疑增強了對顧客的談判力。反之，如果顧客對產品擁有更多的知識和經驗，顧客就有較強的談判力。

「S」代表的是技能（skill）。這可能是增強談判力最重要的內容了，不過，談判技巧是綜合的學問，需要廣博的知識、雄辯的口才、靈敏的思維……

總之，在商業談判中，應該善於利用「NOTRICKS」中的每中力，再加上 NOTRICKS。

試分析，上述這麼做與消除談判是否矛盾？

4. 提升訓練

某城紡織廠欲改造其紡紗工廠，經過詢價後，義大利公司報了其所需的裝置和技術價，並約定二個月在羅馬談判，同時，請紡織廠考察其執行的裝置和技術。

紡織廠委託了該城的 A 進出口公司，在赴羅馬時，恰逢 A 公司的主管業務人員也有其他出訪業務。雙方約定某日在羅馬會面，紡織廠的代表團抵達羅馬後，A 公司代表因其他出訪業務結束比較晚，在紡織廠代表團已與義方開始了接觸後才趕到。原計畫，中義雙方在羅馬義方本部就其報價進行解釋前，先去參觀現場（工廠在外地），以便有所認知，再討論時會方便理解。由於 A 公司代表遲到，只好把日程倒過來。在義方解釋過程中，紡織廠代表無法理解問題，表態均遇到困難。雙方彼此一聽一說，難以深入。A 公司代表到後，看到日程已改，只好跟隨，覺得很被動，也使不上力。

待實地考察後，紡織廠代表發現報價中的技術與裝置配置問題較多，但很難理解。由於白天參觀，晚上 A 公司與紡織廠代表再分析討

論，就覺得很疲備，加上 A 公司代表之前先去執行了另一任務，兩家對義方報價改做預先分析，時間緊迫——工作量太大，無法精細工作。為了安全起見，談判組織改變了出國的談判目標：停在考察，不輕易表態，以免失誤。

問題：

紡織廠談判組的出口談判效果如何？為什麼這樣？

議題安排：優先序列法則

　　某種談判的議題議程實際上決定了談判的流程、發展的方向。這也是控制談判、左右局勢的重要手段。所以，議題安排非常重要，要事先心中有數，才能運籌帷幄，決勝千里。

【情景思考】

　　「俄羅斯軍服上的鷹頭（雙頭鷹標誌）始終是既朝著大西洋，又向著太平洋的」──這是俄前總統葉爾欽（Boris Nikolayevich Yeltsin）常說的一句話，意為俄國奉行「雙頭鷹外交」，既重視歐洲也重視亞洲。

　　但在過去的許多世紀裡，亞洲從來都不是俄羅斯的外交重點，即使在冷戰時期，亞太地區仍扮演著「輔助進攻」的角色。蘇聯解體後，俄羅斯對亞洲外交越來越重視，可無論是葉爾欽時代還是普丁（Vladimir Vladimirovich Putin）的第一任期，俄亞外交主要是出於平衡對西方關係的現實需求，不在俄外交優先名單裡。

【主題解說】

　　談判的議程包括談判的議題和流程。通俗地說，就是要確定談什麼，以及先談什麼，後談什麼等問題。外交談判中，外交官們都十分重視談判議程，往往為其絞盡腦汁。可企業家們往往不重視議程，結果往往在談判中失去主動權。

　　某種談判的議程實際上決定了談判的流程、發展的方向，是控制談判、左右局勢的重要手段。

1. 不同的議程可以闡明或隱藏談判者的動機。

2. 可以建立一個公平的原則，也可以使之對一方形勢有利。

3. 可以使談判直接切入主題，富有效率，也可以使談判變得冗長，進行無謂的口舌之爭。

例如，幾年前《哈佛商業評論》上曾經刊登了題為〈「強制達成」一致的流程〉，介紹了發生在某跨國公司內部的一次談判。

有一次，其經理團隊就某一決策產生了兩種對立意見，大多數人反對，少數人支持，問題是少數人的意見是正確的。主席按照常例主持會議，不久由於意見尖銳衝突，會議出現僵局。主席不得不宣布中止會議，經過一番深思熟慮，支持少數人意見的主席再開會時，宣布一種「特別的流程」：在得到特別允許之前，必須尊重別人的發言，不得打斷或插入反對意見，不得展開不同意見的爭論。但允許反對方提出旨在「澄清事實」的問題，諸如「你提出的方案好在哪裡？」、「你說的是這個意思嗎？」等等。

接著，主席請少數派的人發言。由於執行了這種特別的流程，少數派得以從容地從各方面詳細地闡述自己的立場，而不至於尚未把道理講清楚就被壓了下去。事實上，只要讓多數人清楚地了解了少數人的意見，並且透過提問進一步理解了少數人的觀點，就為打破僵局、消除分歧、統一想法打下了基礎。結果這一特別的流程非常有效，「迫使」經理團隊統整想法，取得了一致的意見，內部談判成功。所以，制定了某種議程，實際上也就控制了談判的流程，更重要的是能夠避開自己不願意、對自己不利的談判內容。

另外，談判中也有所謂「換檔」一說，就是為了議題安排優先。

談判中的所謂「換檔」，就是在談判進行時設法改變中心議題。而

「換檔」的技術如能像卡車司機那般的嫻熟，那麼不管任何談判，主導權都將操縱在你手中。

蘇聯的談判專家便是「換檔」的能手。在限制武器的談判中，他們便一再使出以改變、轉移論點的「換檔」技術，縱橫全場。

以限制武器談判來說，美、蘇雙方都急欲達成限制武器的協定，也就是說，不管談判遭遇到何種困難，還是必須坐在談判桌前，繼續討論，直到有了結果為止。事實上，許多談判，如公司、政府、自治團體以及各種工會間的談判也是如此。即使談判無法獲得一致協定，因而演變到怠工、罷工等最壞的狀況，雙方仍須繼續努力，尋求一合理的解決方式。總之，就算是談判一度中止了，雙方還得再坐上談判桌。假設你代表資方，那麼，對於勞方接二連三提出薪資問題、醫療問題，乃至休假問題——這就是一種「換檔」，隨時改變議題的技術。為了顧全大局，無論如何，我們都必須做到「使談判繼續下去」的基本要求。

有時候，談判雙方或單方會急欲獲得某種程度的協定。譬如，你想買進對方所持有的某種頗具影響力的資產（公司、專利、土地、名畫、鑽石、古董或馬匹等等），那麼為了使「換檔」的技術在談判中發揮效果，最重要的，就是不讓對方察覺到你的意圖。你可以顧左右而言他，可以裝作漠不關心的樣子，也可以聲東擊西。總之，如果被對方察覺到你「購買慾極強」的意圖，他必然會想盡辦法來對付你，使你難遂所願。

對方如果有意中止談判，便不可能眼睜睜地聽任你採取隨意改變話題的「換檔」技術，除非此一話題他甚感興趣，或者對談判本身非常重要。當然，如果你的談判對手是個經驗不足或缺乏動力的人，那就另當別論了。

在非重要的談判中，當你想改變話題時，應事先向對方說明之所以改變話題的理由，以取得其諒解，進而毫無異議地接受你的提議。

曾經有過一件牽涉極為複雜的談判，其內容大多有關證券與不動產，也有一部分涉及信託財產的文字解釋。為了掌握談判的主導權，從談判一開始，當事人便充分地運用「換檔」的技術，從價格查估問題到文字解釋問題，再從文字解釋問題到信用問題，如此反反覆覆，隨心所欲地轉換議題。不過，在每一次轉換議題之前，當事人總會事先說明之所以轉換的理由，以取得對方的諒解。就這樣，對方終於拖進了「換檔」技術的迷途中，而退至防衛線上。

在談判中，對方一旦退至防衛線上，你便等於向前邁進了一大步，取得優勢了。

【牢記要點】

1. 某種談判的議程實際上決定了談判的流程、發展的方向。
2. 制定了議程，實際上也就控制了談判的流程，更重要的是能夠避開自己不願意、對自己不利的談判內容。
3. 談判中的所謂「換檔」，就是在談判進行時設法改變中心議題。
4. 必須做到「使談判繼續下去」的基本要求。

【實戰練習】

好了。實踐時間到了。現在，請再體會一下上文中的內容要點，完成下列問題的思考及行動訓練。

1. 案例分析

2005 年 8 月 2 日，中國海洋石油有限公司宣布已撤回其對優尼科公司的收購要約。此時中海油報價仍然超出雪佛龍公司目前競價約 10 億美元。

中海油收購優尼科的事情，走過了半年多的歷程，可謂一波三折。

2005 年初，美國第九大石油公司優尼科掛牌出售。這家公司在泰國、印尼、孟加拉國等亞洲國家擁有良好的油氣區塊資源。近年來優尼科由於經營不善等原因導致連年虧損，並申請破產。

優尼科掛牌後，中海油有意收購優尼科。同時對此表示出濃厚興趣的還包括殼牌、戴文能源公司和西方石油公司在內的國際石油大廠們。

3 月分，中海油開始與優尼科高層接觸。並向優尼科提交了「無約束力報價」。優尼科當時的市值還不到百億美元，但很快，國際原油價格飆升，優尼科股價迅速上漲，中海油內部對這一收購看法出現分歧。在中海油意見還沒有統一之時，美國第二大石油公司雪佛龍 4 月宣布以 160 億美元加股票的形式收購優尼科，收購計畫包括 25% 的現金（44 億美元）、75% 的股票交換，以及接收優尼科的 16 億美元債務。

6 月 10 日，美國聯邦貿易委員會批准雪佛龍的收購計畫，此時，中海油失去了第一次競購機會。

但是，根據美國法律規定，該交易還需要美國證券交易委員會（SEC）批准，只有在批准之後優尼科董事會才能向股東正式發函，在此後 30 天由全體股東表決。實際上，中海油還有最後一次機會，即在發函之前提出新的收購方案，若被優尼科董事會認可，就有收購成功的可能。

7 月 20 日，優尼科董事會決定接受雪佛龍公司加價之後的報價，並推薦給股東大會。據悉，由於雪佛龍提高了報價，優尼科決定維持原來推薦不變。

對此，中海油深表遺憾。但中海油認為 185 億美元的全現金報價仍然具有競爭力，優於雪佛龍現金加股票的出價。中海油表示：為了維護股東利益，公司無意提高原報價。

第一章
瘋狂談判籌碼

　　從有關方面獲得的資訊顯示，一家美國民意調查公司，每天抽樣調查 500 位美國人對收購優尼科的反應。其中 3 天的調查結果顯示，絕大多數美國民眾並不知道中海油，甚至很多人也不知道優尼科，原因是優尼科的資產主要在海外，在美國的影響有限。在抽樣調查中，當受訪者被問道「是否同意將優尼科出售給中國」時，52% 的人反對，僅有 12% 的人支持；當繼續被問道「如果這項併購將不會造成美國人失業」時，在加州 30% 繼續反對，47% 的人轉為支持。而全國反對的人為 35%，支持的人為 41%；調查員提出第三個問題「如果兼併後在美國的石油資源將繼續供應美國」後，反對的人只剩下 20%，而支持者高達 60%。

　　儘管在美國民間對中海油的支持率在增高，然而令眾多國內外能源領域專家學者不解的是，本該是一個雙贏的、簡單的企業併購行為，卻被政治化了。法國《解放報》發表的文章說，中國海洋石油總公司公開出價收購美國優尼科公司一事，再次喚醒美國的反中陣線。一些國會議員已經提出應該以國家安全為由，阻止這一收購行動。馬里蘭大學的一位經濟學教授指責說：「中國人顯然已經決定到美國投資。他們的目的是獲取技術，擴大影響力並削弱反對他們的力量：他們是想腐蝕美國的政治制度。」

　　美國《紐約時報》發表的文章認為，大多數併購案都可以由價格來決定：出價最高的競購者獲勝。但從華盛頓的強烈反應來看，優尼科併購案可沒有這麼簡單。如今，石油價格達到每桶 60 美元，能源儲備日益升值，而美國也對自己的石油和天然氣資源感到擔心，優尼科公司的外國競購者正是在這個時刻意外殺出；與此同時，美國政府需要在貿易和貨幣問題上與中國合作，它對中國與日俱增的經濟實力也感到越來越擔心。

面對這些，中海油表示，這項交易不會對美國石油和天然氣市場帶來任何不利影響，因為優尼科在美國境內所生產的石油和天然氣將繼續在美國市場銷售。優尼科美國油氣資產的產量只占全美石油和天然氣消耗量的不到 1%。

其實，中國和美國的經濟依存程度比想像的更高，根據美國海關統計，2004 年中美雙邊貿易額為 2,314.2 億美元，同比增長 28%，中國成為美國第五大出口市場，第二大進口市場。在全球化的今天，貿易使國家之間緊密融合，美國並不會因為阻止中海油的收購而得到什麼特別的好處，所以中海油競購優尼科不是對中國企業的考驗，而是對美國政府智慧的考驗。

分析：中國企業最終得到了什麼？

2. 選擇答案，測試自己的談判能力。

1）區分人與問題就是指：

    A、在態度上把對人、對事區分開來

    B、在觀念上把對人、對事區分開來

    C、在感情上把對人、對事區分開來

    D、在行動上把對人、對事區分開來

2）商務談判的平等原則意味著：

    A、談判雙方擁有相對平等的地位

    B、談判雙方擁有相對公平的權力

    C、談判結果是平等的

    D、談判的利益分割是平等的

3）在談判開始以前，你和公司裡的人如何徹底討論談判的目標和事情的
優先流程？

A、適當的次數，討論得很好

B、常常很辛苦地討論，討論得很好

C、時常且辛苦地討論

D、不常討論，討論得不太好

E、沒有什麼討論，只是在談判時執行上級的指示

注：這些題目很簡單，你自己不妨一答，但卻能了解自己是否具有
談判潛力。

3. 培訓遊戲

商品的推銷和售後服務是一個公司人員會面臨最多異議和爭端的時
候，怎樣才能跟顧客進行良好溝通，讓他們對產品感到滿意，是每一個
行銷管理人員應該考慮的問題。

遊戲規則和流程：

參與人數：2 人一組

時間：15 分鐘

場地：室內

道具：無

1. 將學員分成 2 人一組，其中一個是 A，扮演銷售人員，另一個是 B，
扮演顧客。

2. 場景一：A 現在要將公司的某件商品賣給 B，而 B 則想方設法地挑
出本商品的各種毛病，A 的任務是一一回答 B 的這些問題，即便是
一些吹毛求疵的問題也要讓 B 滿意，不能傷害 B 的感情。

3. 場景二：假設 B 已經將本商品買了回去，但是有了一些小問題，需
   要進行售後服務，B 要講一大堆對於商品的不滿，A 的任務仍然是
   幫他解決這些問題，提高他的滿意度。

4. 交換一下角色，然後再做一遍。

5. 將每個組的問題和解決方案公布於眾，選出最好的一組給予獎勵。

相關討論：

對於 A 來說，B 的無禮態度讓你有什麼感覺？在現實工作中，你會
怎樣對待這些顧客？

對於 B 來說，A 怎樣才能讓你覺得很受重視，很滿意，如果在交談
的過程中，A 使用了像「不」、「你錯了」這樣的負面詞彙，你會有什麼
感覺？談話還會成功嗎？

總結：

◆ 對待顧客的最好的方法就是要真誠地與他溝通，站在他的角度思考
  問題，想方設法地替他解決問題；能夠解決的問題盡快解決，無法
  解決的要對顧客解釋清楚，並且表示歉意；即便顧客有些不太理智，
  銷售人員也要保持微笑。始終記住：顧客是上帝，上帝是不會犯
  錯的！

◆ 在交流的過程中，語言的選擇非常重要，同樣的意思用不同的話說
  出來意思是不一樣的，多用一些積極的詞彙，盡量避免使用否定
  的、消極的話語，這樣才能讓顧客心裡覺得舒服，讓顧客滿意。
  所以，對於公司的主管來說，要在平時多注意培養員工這方面的
  素養。

4. 行動建議

關於談判：

◆ 談判是為了交易。

◆ 知己知彼，盡可能多地了解對方的情況。

◆ 誠意加上善意，這是個大前提。

◆ 堅持自己的核心利益。

◆ 防止對方利用談判為藉口，打探涉及核心內容的資訊。

◆ 這邊在談判，另外一邊的戰場上要爭取勝利以挫折對方。

◆ 如果對方有兩個以上的人，存在次主角（通常是聰明，但行動未夠敏捷，帶點內向，不善辭令，不狡猾，帶善意；因為主角的主動與善辭而成為次主角）。可以透過與次主角進行積極交流而對主角的言語不予積極回應。這樣可以引起對方兩人內耗。

◆ 別讓對方覺得太不爽。例如不要讓對方覺得故意針對他而開出高價，對別人開出的低價。我這次就是漏了口風，我真是豬啊！他覺得太不爽，就會賭氣不跟我交易了，或者會開出更低的價格。

◆ 要看了這文章而使你對我的印象變壞，對我而言，這都是可利用的解決辦法。

你自己不妨也總結一些。

第二章
瘋狂談判策略

　　任何談判都會有成功之處，也會有失敗之處。我們最容易犯的錯誤是，非常怕流程與細節有紕漏，為此做了大量資料的蒐集和準備，也充分重視語言和專業知識，但卻忽略了談判最核心的內容 —— 策略。談判策略是對雙方談判實力和籌碼進行深刻分析後，在談判方向及技巧和談判細節所作的戰術。這種極具威力的策略戰術真的是我們需要冥思苦想，細心領悟的！

合理：最核心的談判原則

　　每當利益或觀念相異，各方要互相依靠才有結果時，談判的需求就出現了。談判目標是創造並獲取可持續的價值，這一切都是建立在合理的基礎上。

【情景思考】

　　1982 年，第三印染廠準備與德國卡佛公司以補償貿易形式進行為期 15 年的合作生產，規定由德方提供黏合襯布的生產工藝和關鍵裝置。該工藝包含了大量的專利。初次談判的德方要求第三印染廠支付專利轉讓費和商標費共 240 萬馬克。第三印染廠廠長馬上派人對這些專利進行了情報調查。調查發現其中的主要技術 ── 「雙點塗料工藝」專利的有效期將於 1989 年到期失效。在第二輪的談判中，第三印染廠擺出這個證據，並提出降低轉讓費的要求，德方只得將費用降至 130 萬馬克。談判的首要規則就是要正確認定價值，因為合理才是最核心的談判原則。

【主題解說】

　　對於今天的人們來說，內部和外部的談判成了一種生活方式。每當利益或觀念相異，各方要互相依靠才有結果時，談判的需求就出現了。那麼談判的本質是什麼？是討價還價？是建立關係？是瓜分經濟蛋糕？是把蛋糕做大？這些都有道理。但是用義大利外交家 Daniele Vare 的話來說：談判就是讓他人為了他們自己的原因按你的方法行事的藝術，而合

理化分配利益才能做到真正的雙贏。

讓我們來分析一下。

首先，要畫一張圖，其中包括所有潛在的、會使問題複雜化的各方，如律師、銀行家和其他的代理。考慮一樁生意全面的經濟效益是必要的，但還不夠。不要忘記畫出內部各有不同利益的小團體，他們的影響同樣不可忽視。

其次，評估利益。最佳談判者對自己的和他方的最終利益非常清楚，也清楚可作為交換的次要利益。他們的手法異常靈活，富有創造性。談判一般談的是有形的因素，如價格、時間和計畫書，但是一位經驗老到的談判專家觀察得知，大多數買賣的達成要素，50%是感情上的，50%是經濟方面的。決定性的利益往往是無形、主觀的。如談判中的感受、對方的信譽、溝通理解的程度等等。

再次，評價你預想中協定的最佳替換物，也就是如果提出的協定行不通，你將會採取的行動。這包括從散夥、轉向另一個對手，直至更嚴厲的任何手段。

第四，解決雙方共有的問題。比如，當埃及和以色列為西奈半島談判時，他們的立場是不能共存的。然而對兩者的立場進行深入研究後，談判者發覺兩者的根本利益有極大的不同：以色列人更關心安全，而埃及更關心領土。解決方法是建立一個在埃及旗幟下的非軍事區。同樣，在經濟領域，我們也應該找出差別，同樣可以打破僵局。一家小技術公司及該公司的投資人與一家大型策略收購公司的談判受阻，原因是小技術公司開出高價，而對方堅決只同意相差甚遠的低價。更深入的溝通發現，收購公司本來可以支付技術公司所要求的價格，但是它在這一領域還有好幾個收購計畫，它非常擔心在這個快速發展的產業領域把預期價格抬得太高。解決方

法是雙方同意先用一個有節制的現金價收購,這並將此消息廣為宣傳;再附帶靈活的後續措施,實質上保證事後能有一個更高的價格。

為了解決共同的問題,要採用三象限作法。一象限的談判是最熟悉的:人際過程,包括誘勸、文化敏感性、研究報價等。二象限談判從人際過程前進到創造價值的實質:設計能創造持續的價值的協定框架。但是這兩者都有局限:當有關各方面對面地在一個既定日程下討價還價時,框架大部分已經固定。最佳的談判者採用三象限的方法。他們的作法就像創業者,往往在談判桌外預見到了最有前景的結構和行動,而且付諸施行。他們把最合適的各方帶到談判桌邊,以適當的順序談判適當的問題,在適當的時刻透過適當的過程,面對適當的最佳替換方案。三象限談判者不只是按照規定的方法來做遊戲,他們是建立遊戲的大師,並且改變規則,以求最優結果。

總之,把談判視作一個三象限問題,會提醒你解決他方的問題就是解決你自己的問題。畫出一個買賣關係圖,全面評估各方利益並決定最佳替代方案後,你的策略就是判斷他方如何看待他們的基本問題,讓他們為了自身原因選擇了你要的東西。目標是創造並獲取可持續的價值。這一切都是建立在合理的基礎上。

雖然合理是可持續價值的根本來源,但是追求利益最大化卻也是談判目的所在。為了達到利益最大化,談判人員幾乎無所不用其極。談判人員和對手雙方都不願在與客戶談判中失利,都力圖獲得成功。因此,面對談判人員的策略,我們必定也會有反策略才能維護和爭取自己的利益。這樣一來,必然會導致對方的反行動和反措施,行動與反行動,策略與反策略,不斷循環出現,便形成了曲線型活動的對抗運動過程。這也是促進談判的動力之一。

那麼究竟什麼是活力對抗，什麼又是反策略，談判者應怎樣應對反策略呢？

◆活力對抗的含義

所謂的活力對抗是事物一方面相生相剋和其發展過程的必然。它奉行反常行為原則，即參與活力對抗的雙方（無論是群體還是個人）為了實現自己的目標，都人為地製造許多迷惑對方的假象，真真假假、虛虛實實的行為貫穿於對抗的全過程。在非對抗狀態下，人們的行為受一定「道義」準則的制約。而在對抗中，尤其是武力對抗中，雙方為了爭奪既定利益，往往不擇手段。與客戶談判是活力對抗的形式之一，因此，某種程度上也具有上述屬性，而談判中的反常行為則是反策略的重要組成部分。

◆反策略的含義

不言而喻，從談判者的角度講，反策略就是談判中的對手針對我方的談判策略而採取的相應策略。正因為雙方利益的衝突，決定了在與客戶談判中，談判者的策略運用遭到對手的必然反抗，才形成了反策略。策略與反策略的運用在談判過程中跌宕起伏，使談判變得撲朔迷離、錯綜複雜。

一般來說，策略與反策略產生的「目的 —— 手段」針鋒相對，但每一策略或反策略「目的 —— 手段」實施的過程卻千變萬化。有的因勢利導，有的將計就計，有的以逸待勞，有的以攻對攻，有的模稜兩可，有的難得糊塗，有的聲東擊西，有的坦誠相見……不一而足。不論這些反策略是強硬還是軟弱，是真誠還是虛弱，是原則性的還是技巧性的等等，均可歸納為三種類型。

針對目標的策略：

指對手制定的分階段、分步驟來干擾談判者的談判目標，以阻礙其目標實現的策略。這一策略還包括誤導推銷方目標，或為實現自己的目標而促成對方目標，及迫使對手放棄目標等幾種作法。

針對手段的策略：

指對手以完善自己的手段，箝制推銷方手段為基本要求的策略。它可間接實現目標，如：技術性措施，改變環境，改變地點的要求，反建議、反議程方案等等。

針對糾紛的策略：

指解決談判糾紛的策略。在策略與反策略的循環對抗過程中，常常會引起糾紛。除非這種糾紛是某談判者出於實現最終目標的考慮而有意引發的，通常糾紛都不應是談判者的「目的」。那麼，談判者為了有效地實現自己的目標，就應該考慮所有解決糾紛的策略，比如處理談判僵局的策略等等。這類策略可以是談判者自己提出，也可以是第三者提出。

談判者在談判中，不論採取何種策略，都必須考慮到對方可能會採取的反策略，應考慮好相應的應對措施，而不能只顧眼前一時的利益，忽視了大局，談判者應縱觀全局，掌握整個談判的方向和目標，一覽眾山小。

【牢記要點】

1. 對於今天的人們來說，談判成了一種生活方式。
2. 談判就是讓他人為了自身的原因按你的方法行事的藝術，而合理化分配利益才能做到真正的雙贏。。
3. 談判目標是創造並獲取可持續的價值。這一切都是建立在合理的基礎上。

4. 合理是可持續價值的根本來源，但是追求利益最大化卻也是談判目的所在。

5. 為了達到利益最大化，談判人員幾乎無所不用其極。

6. 談判是一種反行動和反措施，行動與反行動、策略與反策略的對抗運動過程。這也是促進談判的動力之一。

【實戰練習】

　　好了。實踐時間到了。現在，請再體會一下上文中的內容要點，完成下列問題的思考及行動訓練。

1. 案例分析

　　有一次，美國談判學家羅切斯特去買冰箱。銷售員指著羅切斯特要的那款冰箱說：「249.5 美元一臺」。接著羅切斯特上演了一齣精彩的「挑剔還價法」的喜劇。

　　羅：這種型號的冰箱一共有幾種顏色？

　　營：共有 32 種顏色。

　　羅：可以看看樣品本嗎？

　　營：當然可以！（說著馬上拿來了樣品本）

　　羅邊看邊問：你們店裡現貨中有幾種顏色？

　　營：現有 20 種。請問您要哪一種？

　　羅指著樣品本上有而店裡沒有的顏色說：這種顏色與我的廚房牆壁顏色相配！

　　營：非常抱歉，這種顏色現在沒有。

　　羅：其他顏色跟我的廚房顏色都不協調。顏色不好，價格還那麼高，

要不便宜一點，我就要去其他的商店了，我想別的商店有我要的顏色。

營：好吧，便宜一點就是了。

羅：可這臺冰箱有點小毛病！你看這裡。

營：我看不出什麼。

羅：什麼？這一點毛病雖小，但冰箱外觀有毛病通常不都要打點折扣嗎？

營：……

羅又開啟冰箱門，看了一會說：這冰箱附有製冰器嗎？

營：有！這個製冰器每天 24 小時為您製冰塊，一小時才 2 美分電費（他以為羅切斯特對這製冰器感興趣）。

羅：這可太糟糕了！我的孩子有氣喘，醫生說他絕對不能吃冰塊。你能幫助我把它拆下來嗎？

營：製冰器是無法拆下來的，它和整個製冷系統連在一起。

羅：可是這個製冰器不僅對我根本沒用，相反，現在我要花錢把它買下來，將來還得為它付電費，這太不合理了！……當然，價格可以再降低一點的話……

結果，羅切斯特以不到 200 美元買下了他十分中意的冰箱。

實驗證明：在談判中，如果其中一方用這種「挑剔還價法」向對方提出的要求越多，得到的也就越多；提出的要求越高，結果也就越好。

現在要問，假如在談判中，遇到這樣難纏的對象，我們怎麼樣才能維護自己的利益？

答案要點：

一般地說，可以這樣來對付。

①身為賣方，你首先必須有這樣的心理準備，買方總是喜歡挑剔

的，這是它的權利；從這點出發，要做到兩點：一是要有足夠的耐心，心平氣和地對待挑剔者，千萬不能發火，一旦沒有耐心而對挑剔者發火，就可能把真心購買者氣走了。二是對待挑剔者千萬不要輕易讓步，否則對方會得寸進尺，要求越提越多，越提越高，使你無法招架。至於挑剔者在你這裡嘗到了甜頭，下次再來時，會變本加厲地挑剔。

②對待任何難纏的挑剔者，最好的武器是耐心加笑容，只要你有足夠的耐心一定會使任何難纏挑剔者的挑剔和問題失去作用和影響；同時只要你始終能心平氣和地微笑，那麼任何難纏的挑剔者也找不出發火的理由。

③要觀察和鑑別挑剔者是否真心購買，如果挑剔者根本沒有購買的誠意，那只要用心平氣和的微笑來對付他就足夠了；如果挑剔者是真心想購買的，那就要分析對方的挑剔和問題是否確實存在。如果確實存在，應該盡量幫助解決；如果是節外生枝，故意找碴，則不必搭理，僅用微笑來對付就夠了。

④除了「心平氣和」這一招外，對付秉持嫌貨才是買貨人的故意挑剔，不妨來個針鋒相對，即把對方無中生有的挑剔問題，毫不留情地打發回去，只要來那麼幾次，往往會使他無法再挑剔下去了。例如，高明的銷售員對付羅切斯特對冰箱顏色的挑剔，可以這麼打發他：「你要的那種顏色是暢銷貨，價格要貴得多！」至於對付羅切斯特說冰箱有小毛病的挑剔，則可以說：「正因為有這點小毛病，現在才賣這個價，不然要高得多。」羅切斯特要拆掉製冰器的要求更是故意找碴，不妨這麼對付他：「你也知道，製冰器和整個製冷系統連在一起是無法拆下來的。而且你要的這種冰箱都有製冰器，看來你只好到冰箱廠去訂做一臺了。」試想，如果羅切斯特連碰幾個這樣的軟釘子，他還能挑剔多少呢？

2. 選擇答案，測試自己的談判能力。

1）假如一般公司都照著定價加 5%，你的老闆卻要加 10%。你的感覺如何呢？

    A、根本不喜歡，會設法避免這種情況發生

    B、不喜歡，但還是會不情願地去做

    C、勉強去做

    D、盡力做好，而且不怕嘗試

    E、喜歡這個考驗，而且期待這種考驗

2）在談判中，你是否很堅持自己的觀點和立場？

    A、非常堅持

    B、相當堅持

    C、適度的堅持

    D、不太堅持

    E、根本不堅持

    注：這些題目很簡單，你自己不妨一答，但卻能了解自己是否具有談判潛力。

3. 試一試

    幾個人充分發揮想像力，以擴大談判合理方案的選擇範圍。在這種討論中，參加者最容易犯的毛病就是，覺得大家在尋找最佳的方案。而實際上，我們在刺激想像階段並不是尋找最佳方案的時候，我們要做的就是盡量擴大談判的選項。此階段，談判者應從不同的角度來分析同一個問題，甚至於可以就某些問題和合約條款達成不同的約束程度，如無

法達成永久的協定，可以達成臨時的協定；無法達成無條件的，可以達成有條件的協定等。這樣的練習可以幫助我們擴大談判選擇的視野。

你不妨試一下自己的能力，列幾個合理方案。

4. 想一想。

有一位崇洋媚外的黑先生信奉黑格爾的「存在即合理」，認為這句話足以超越《道德經》、《論語》。

「你們公司一定是外商吧？」黑先生問當地人。

「不是。」當地人看著黑頭髮黑眼珠的黑先生搖搖頭。

「那你們的 CEO 一定是留洋的博士了？」黑先生用期待的口氣繼續問。

「他是半路出家，自學成才。」當地人疑惑地回答著。

「啊，存在即合理。」黑先生感慨地說：「怪不得你們這麼沒有名氣呢！」

「我們的名氣小，」當地人就反問：「與你有什麼關係嗎？」

「啊，我路過這裡，」黑先生轉了轉眼珠接著說：「看到了你們的招牌，就想與你們交流交流，我可以幫你們上一堂存在即合理的哲學啟蒙課。」

「對不起，」當地人就說：「我們這裡不相信存在即合理。」

「什麼？」黑先生驚訝地幾乎跳了起來：「你們敢不相信黑格爾的哲學？」

「你不用驚奇。」當地人故意逗著說：「因為存在即合理呀！如果說相信是一種合理的存在，那麼不相信也是一種合理的存在啦。」

「你，你。」黑先生倒退了兩步：「土得無法用西方文明開化！」

「有沒有道理。」當地人笑嘻嘻地說：「不在洋與土，正如萬有引力是普遍存在的一樣，道理也是普遍存在的。」

「哈哈哈！」黑先生就狂笑著說：「萬有引力就是西洋道理呀！」

「不對！」當地人輕輕地地一笑：「萬有引力是宇宙的道理，宇宙不屬於西方人，而是屬於所有的人。」

「你賺多少錢？」黑先生話題一轉：「我賺多少錢？別不服氣，這就是存在即合理！」

「從哲學的角度來說，」當地人不動聲色地說：「存在，是一種客觀的東西；合理不合理，是一種主觀的判斷。它們原本是不同的事物，你們洋人為什麼要把混淆它們呢？」

「是啊，我們為什麼要混淆它們呢？」黑先生一聽別人稱他是洋人，就有些飄飄然，難免就有一點點糊塗起來。

「傻瓜才相信存在即合理呢！」當地人用冷峻的語氣說：「你們洋人仗著有先進的科學技術，滿世界殖民，撈了無數的好處，你們當然喜歡存在即合理啦！」

「你的意思是說，」黑先生似乎有些明白地問：「存在即合理，是一種實用主義哲學？」

「應當說是一種高明的哲學。」當地人冷笑著：「對於富人來說，對於強盜來說，對於得利者來說，存在即合理，可以讓他們心安理得地占盡便宜。對於窮人來說，對於被掠奪、被欺壓的人來說，對於受到不工作待遇的人來說，宣揚存在即合理，有助於讓他們接受既成事實，有助於讓他們認命，有助於打消他們的反抗情結。你說，這是什麼主義？」

「存在即合理。」黑先生憋了口氣說：「這個合理不是你理解的那個合理，它是哲學上的合乎理性規律。」

「哦！」當地人同情地說：「可能有翻譯的問題。不過，這可就要追究翻譯者的問題了。不管是真洋鬼子，還是假洋鬼子翻的，都不該用合理這個詞，特別是不應該用在社會問題上。」

「那你說，」黑先生討厭別人說什麼假洋鬼子，就用不客氣的口氣說：「該用什麼詞？」

「準確的說法是，」當地人不假思索地回答：「凡是存在的事物都有其存在的原由。從這個角度來說，存在的就是可以接觸的、可以解釋的、可以重構的；因為我們並不知道究竟存在著什麼，只知道被我們的大腦重構出來的存在是什麼。」

「原由與合理，」黑先生有些不服氣地說：「好像差不多啊！」

「虧你還是學哲學的，」當地人也不客氣地說：「請問，你喜歡聽到恐怖活動這種存在是合理的說法呢？還是喜歡聽到恐怖活動有其存在原由的說法呢？」

「我都不喜歡。」黑先生驚魂未定地拚命搖著頭：「自從911事變後，我一聽到恐怖分子就頭大。」

「那就請你放棄存在即合理的說法吧！」

想一想：哲學理念「存在即合理」為什麼在商界難以立足？

以守為攻，以退為進

商場是一個充滿著複雜變數的地方。所有複雜矛盾和疑難問題，都需要運用獨特的思考能力和想像力，加以解決，唯有具有想像力的想法和大膽地行動，才是解決疑難問題和把握機會的兩把鑰匙。在這樣的時代，以守為攻，以退為進有時候能夠事半功倍。

【情景思考】

古代齊國晏子出使楚國，因身材矮小，被楚王嘲諷：「難道齊國沒有人了嗎？」晏子說：「齊國首都大街上的行人，一舉袖子能把太陽遮住，流的汗像下雨一樣，人們摩肩接踵，怎麼會沒有人呢？」楚王繼續挪揄道：「既然人這麼多，怎麼派你這樣的人出使呢？」晏子回答說：「我們齊王派最有本領的人到最賢明的國君那裡，最沒出息的人到最差的國君那裡。我是齊國最沒出息的人，因此被派到楚國來了。」幾句話說得楚王面紅耳赤，自覺沒趣。這個故事中晏子的答話就是採用以退為進之法，貌似貶自己最沒出息，所以才被派出使楚國，這是一「退」，實則是譏諷楚王的無能，這是「進」，以退為進，綿裡藏針，使楚王侮辱晏子不成，反受奚落。

【主題解說】

作為一種謀略和技巧，以守為攻、以退為進的欲擒故縱法，不僅廣泛地被運用於軍事領域，而且也廣泛地運用於競爭與合作相統一的談判領域。談判者一方本來非常希望與對手合作，這樣能夠帶給雙方實際的

利益，但是由於對方拒絕合作或者提出更為苛刻的要求和條件，很容易使談判陷入僵持局面。

在這種情況下，談判一方便運用欲擒故縱的技巧，主動提出放棄進一步談判或者合作的企圖。這樣一來，由於對方失去這個合作對象之後，不但不能夠滿足進一步的要求，而且連最基本的利益都得不到，因此對方不得不答應妥協和讓步，放棄進一步的要求，以使雙方達成一致。

在美國南方的一座小鎮郊外，有一家大型的家具廠，這家工廠為當地人提供了許多就業機會，也為當地帶來了繁榮和經濟發展。當地人對這家工廠帶來的利益和繁榮景象欣喜異常，幾年之後，為了進一步發展的需求，這座家具廠決定擴大規模，建造另一座新的工廠。

新的工廠在眾所期待下開始建造了，由於投入了大量的資金和人力，很快就建造完成，準備正式投入生產了。可是就在這個時候，意想不到的事情發生了，原來由於新工廠沒有全套的自動灑水裝置，保險公司拒絕為新工廠提供相應的保險業務，而當廠方打算配置這種灑水裝置時，卻又發現原有的水管根本就不適於這種裝置，因此必須重新鋪設工廠的水管。

為了這件事，工廠的經理主動找到當地鎮委員會，要求就另鋪水管的事情進行談判。但是鎮委員會認為原有的水管是為了緊急救助而用的，不能挪為其他用途，因此拒絕了工廠另鋪水管的要求，並且表示無論如何，鎮上都不會給廠方任何形式的補助。經理經過多方努力，設法與鎮委員會接洽談判，最後舉辦調查聽證會。聽證會上，廠方極力告訴委員會，他們增加了大批的員工，需要更多的水，同時工廠的擴建能夠進一步幫助鎮上的繁榮等等。但是委員會仍然表示出冷漠的態度，一再

表示鎮上經費不夠充裕，無法對另建水管進行補助，談判又一次出現了危機。為了打破僵局，工廠經理憤憤然離開了會場，揚言要把工廠搬到另一座城鎮，聲稱在那裡他們可以享受到非常優惠的條件。

後來，透過當地的報紙和其他管道，鎮上的居民知道了這個案件的始末，他們了解到自己的城鎮竟然連水管都無力鋪設，無法建自動灑水裝置，而別的城鎮卻很樂意補助有利於鎮民發展的這項裝置，感到非常的憤慨。在這個時候，鎮委員會才開始意識到工廠經理不是鬧著玩的，一旦家具廠搬走，不僅會喪失很多直接的經濟利益，而且還會使城鎮的繁榮消失，導致民心渙散，後果將變得不堪設想。在這種情況下，鎮委員會又主動找到工廠經理，雙方再次談判。工廠經理看到鎮委員會主動前來與自己談判，知道自己的形勢變得相當有利了，於是不僅要求鎮委員會重新鋪設水管，而且還必須給新工廠一些優惠政策和相應的經濟補助，否則的話，他將仍然考慮將工廠遷出本鎮。鎮委員會無奈，只好答應了對方的條件，不僅為工廠另鋪水管，而且還努力地提供貸款以及其他的優惠政策，家具廠取得了談判的最後勝利。

工廠經理為了實現能在小鎮新建廠房，鋪設水管建造自動灑水裝置的目的，巧妙地運用了欲擒故縱的談判技巧和方法，揚言要將工廠搬到其他的城鎮，使鎮委員會最後做出讓步。這個欲擒故縱的策略，使工廠方完全控制了談判的局面，為進一步取得談判成功打下了堅實的基礎，而鎮委員會正是被廠方的計策所迷惑，不僅被迫答應了對方的要求，還提供了諸多原本沒有的優惠政策，使得家具廠成為真正的贏家。

另外，雖然樂觀是重要的，可是成功的談判者須學會面對現實。並不是每一次談判都有成功的結局。有時事情不順，此時善處挫折的最佳方法，是深信那些失敗談判的嘗試其實是有幫助的。

這也要求我們能夠以守為攻，以退為進。

的確，談判時，可以從敗中取勝。積極進取的人在被老闆拒絕加薪之後，毅然離開自創門戶，成為成功的競爭大商，此類例子層出不窮。如果事情一直很順利，那麼他們就得不到另起爐竈的推力了。同樣道理，許多商業上的交易因為先天不良，未見任何進展，在絕大部分的情況下，這些充滿壓力的交易，像不相配的婚姻，最好退出。

如果事情不對，你很快便會感覺到無效的方法，但是在沒有發現更有用的方法之前，不失為好的方法。如果你感覺事情不對，就不要繼續談判。劃清界線，不越鴻溝半步，接受半個麵包 —— 有時完全不接受 —— 常比進行令你不適的交易來得好。

就拿我們聽說過的一個例子來說。

有個人想要擁有一份自己的事業。他找到了一位願意販售公司的待退休賣主。二人安排會面，商談買賣事宜。買主十分和藹友善，對這門生意很有經驗，賣主與他商談，感覺很舒適。買主對開價似乎首肯，不曾表示異議。他們會面了數次，每次都是買主付午餐或晚餐費用，賣主感覺甚好，他知道買主熟悉此產業，於是他向買主指出，他的公司定位良好、客戶可靠忠實。但是在達成協定之前，買主完全破壞了談判建立的成果。

他同意賣主的開價，但是他不同意歸結契約時付任何現金，他將期票的方式按月給付較高的金額。如此一來，他事實上是用做生意所賺的錢支付賣主。這些條件令賣主大為錯愕，可是買主的論點頗具說服力。支付現金對他又有什麼好處呢？而且，先付現金的話，必定會導致賣價降低，引發無益又激烈的討價還價。不，毫無疑問的，買主願意接受此買賣，全力以赴發展此事業，不過不事先付現金。

　　賣主很氣餒。他預期會有快而容易的交易,心理上他已退休,在鄉間休閒。他很失望,因為他知道他不能依賴不付現金的契約過活。他打電話給買主,告訴他,像他這麼有經驗的人接管生意,對他是有利的。他說明,即使買主是位誠實的好人,他也沒法說服自己接受這樣賣掉產業,僅獲得按月分期付期票的法律承諾。他要求對方先支付一小部分現金,顯示良好信用。賣主說:「我把我的副業交給你,我無法期望你給我具體的回報嗎?」不過買主就是不肯退讓,他說這是他做生意的一貫方式。賣主嘆了一口氣,掛了電話,他心裡清楚他必須另找買主了。後來,他發現他的直覺是正確的,決定是有利的。此買主成功地以期票按月付款方式取得同樣的事業,不過不到一年,就因經營不善歸還原主了。

　　所以,雖然賣主不得不退出談判,事實上他的作法對他自己極為有利。他堅守立場,在提供了買主各種可能的代替案時,買主卻還只願在金錢上做口頭的期票承諾,連象徵性的現金付款都不肯。此可能的買主在拒絕付與象徵性現金時,事實上已告訴了賣主,他不願意向他做任何承諾——除了口頭上的。此行為讓賣主感悟到買主缺乏誠意,口頭承諾根本缺乏保障,不值得冒險。

　　此故事要點是,不要害怕退出談判,也不應犧牲自己原本的意願,不要使談判成為苦酒滿杯,成為自己承擔的十字架,不要不計代價只求獲勝。如果你這麼做,你的下場將會是心臟病發作、高血壓以及心痛。而且如果不能心平氣和地談判的話,你的談判效率將大減。

　　事實是許多交易根本不能算是交易。實際上,絕大部分交易都是如此。選擇的過程便是生意的一部分,而耐心的確是值得培養的美德。

　　不要視失敗的談判為挫折或失敗。你常常能因敗而取勝,而且無論

如何，因懊惱而失去心態平衡不但沒任何好處，反而可能有害。在所有的商業貿易中，樹立商業道德的好評是很重要的。在此我們重申此一觀點的重要。我們於此書中曾經說過，在絕大多數的談判會議中免不了都曾演戲、虛張聲勢一番，為了達到目標，你和你的對手不免多少「表演」一下，可是你必須了解何時是演戲造作的時機，何時不能演戲。

有時你必須在談判中稍微退步，雖然你想向前衝刺。原因或許是你並未真正擁有你想要的資產，或你在提供無法兌現的條件。這些誘惑隨時隨地會讓你進退維谷。不要受此誘惑。「不自量力的主角」，輕諾寡信，說太多、做太少、一味吹噓、買空賣空是情境喜劇節目最常諷刺的呆板角色形象。這些喜劇對誇大、虛構做了正確的註解：一旦你一腳陷入無路可退的危險狀態，為了顏面，為了不揭穿西洋鏡，你將陷入另一隻腳，一件接著一件地吹牛、虛構，突然間你覺得自己陷入絕境，遠離你的真正目標，你的不實造成了層層鴻溝與樊籬。記住，一旦失去了信用，想重獲信用將遙遙無期。

美國人的哲學是贏的哲學——或許我們把運動場上求勝的觀念過度引伸到商場上。事實上，求勝的形象並不是進行談判的最好方式。理由是有一位贏家即意味著有一位輸家，這會完全扭曲了談判的目的。就是這想贏得一切的動機，使許多談判者不願放棄任何一部分，不願接受自己的弱點，然而有所捨是成功要素。一位賭馬老手絕不會押注在全部的九匹馬上，他知道有贏面的馬就只有兩三匹而已，他也只押注在這幾匹有贏面的馬上，他知道，如果九匹馬都賭，很可能會輸光絕大部分的賭注，所以他堅持自己的計畫、立場。同樣的，你必須學習，有時候贏可定義為放棄或退出局外。

花些心力和時間找出自己是否有不願放棄的特質。這特質是危險

的,因為如果這特質不受阻礙、無度發展的話,會導致你把商業關係看得太嚴重、太涉及私人了。這種情況發生時,你很可能會大發脾氣或認為你是不可缺的,或試圖扮演控制一切的上帝角色,這些都是危險訊號,你必須重新調整你的觀點,順應實際的商業世界。事實是,在交易中做任何有損信用或道德的事,對你都沒有好處。而你為什麼會做有損信用的事,對與你來往的客戶並不重要,他們不會考慮到,成功對你來說很重要,或你有過不幸福的童年,或你必須向母親或父親或孩子證明什麼。他們記得的只是,你做得太過份了,誇下了你無法兌現的許諾。這意味著你們之間寶貴的商業關係結束。

讓我們再強調一次,當放棄即放棄,承認自己的缺點,反而能從劣勢中而獲得勝利。

實例一:凱思是一位業務員,代表公司與需要暫時幫助的公司簽約並給予協助。他與一家公司簽定合約,這家公司需要大量文書處理人員的幫助,凱思公司有許擅長文書處理的員工,有些是大學生。他知道他們並未完全符合條件。不過契約報酬優厚,他禁不住誇大事實的誘惑。他通知公司的人事部門盡快訓練這些文書人員,他馬上要把這些人送到簽約公司操作客戶的機器。凱思所仰賴的是工作人員和簽約公司的管理人員能建立良好的關係,他知道他選定的人員有基本技能,外貌、個性很吸引人,他深信他們能在短時間內精通對方機器,而他也會有一筆豐厚的佣金收入。

不過,事情並沒這麼順利。簽約的客戶欣賞遣派人員工作勤奮、為人誠懇這個事實,不過他們對業務員誇大和錯誤的描述頗不諒解,他們的抱怨是「如果我們需要受訓者,我們幹麼找你們幫忙?」凱思犯此大錯,連失二城,不僅派遣前往的文書處理員全被解僱,而且原先凱思公

司在該公司取得合法地位的成員也全部被取代。這購買代理商是個有原則的人，他不願與不承認自己缺點的人做生意。

實例二：班‧霍克想出售他的玻璃纖維遊艇，但這個時間是遊艇銷售淡季，所以他知道賣不到最好的價錢，可是他的孩子都長大而且搬走，他不想擁有一艘必須單獨操作的大船。

此時市場有利於買主。頭兩個星期，連一個買主也沒有，最後，一位精明的老頭上了船，觀察船的狀況，他看來對班指出的遊艇特點沒什麼反應，而當他傾聽引擎聲時，臉上露出頗不以為然的神情。接著他出的價錢僅是班喊價的一半。「沒錯，我知道我出價是低了一點，不過冬天就要到了，這船的維修費將花上一筆錢。當然你可以維持原價到春天再賣它；賣的價錢或許會高一點。」這老頭的心理戰倒真管用。班害怕失去他唯一的可能買主，竟然荒謬地接受此低價。事實上他若堅持立場，對他較有利。如果他計算一下冬天的維修費，把它與春天時可賣到的好價錢做比較，就可知道這筆維修費實在微不足道。可是他慌了，結果付出代價。他的談判達成協定沒錯，可是他是個十足失敗者。

【牢記要點】

1. 商場是一個充滿複雜變數的地方。
2. 談判有時候需要以守為攻，以退為進。
3. 談判其實就是一個攻守進退的過程。

【實戰練習】

好了。實踐時間到了。現在，請再體會一下上文中的內容要點，完成下列問題的思考及行動訓練。

1. 案例分析

　　小艾是一家座落於大城市金融區的小印刷廠負責人。他是監工，同時也是固定時間外出提高營業額的業務員。

　　有一天他在一家地方飯館午餐，與一位態度和善的人士談天。此人告訴哈利，他是一家擁有授權的大公司的採購代理商，他將採購大量的公司表格，哈利問他是否也可以參加競價投標，他的「新朋友」打電話給他，說他喜歡他的出價，願意讓哈利承包部分訂單時，哈利真是手舞足蹈、高興萬分；但是他的新朋友提到唯一條件是他不願如哈利估價單所示在三十天之內付清貨款，他一向都是九十天之內付清印刷貨款，而且他必須保持這付款條件。他提醒哈利，他可是一位有信用的大客戶，隨即結束通話。

　　小艾真是進退維谷。這單生意量將使他的業績提高百分之四十，可大量提升營業額，可以買更多現代化裝置，僱用更多的成員。不過他仔細研究帳目，結果發現他實在沒法擴大信用給予對方的緩付期限 —— 事實上可能不只延九十天，帳單總是會延期償清的，偏此客戶竟然一開始就要求九十天。最後哈利打電話給他的朋友，告訴他很抱歉，他實在無法給予對方如此長的緩付期限。他的出價可以再低一點，少賺一點，可是對方在三十天之內，貨款一定得付清。

　　結果事實證明，小艾做得聰明。這採購代理商是個老狐狸，深知像小艾這種小印刷廠常常在破產邊緣，他愈延遲付款的時日，愈有可能根本不須付款，假如對方破產的話，他能用同樣技倆再與其他三、四家小印刷廠交易。因為小艾的正直，肯願意放棄不能做的生意，退出談判，才能免受一次可能危害極大的損失。

問題：

1. 小艾為什麼能夠避免破產？
2. 這種策略具有普遍性嗎？

2. 提升訓練

1987 年 6 月，某市第一機床廠廠長在美國洛杉磯同美國卡爾曼公司進行推銷機床的談判。雙方在價格協商上陷入了僵局，這是機床廠獲得情報：卡爾曼公司與原廠商簽訂的合約無法實現，因為美國對日、韓、臺提高關稅的政策使得原廠商遲遲不肯發貨。而卡爾曼公司又與自己的客戶簽訂了供貨合約，對方要貨甚急，卡爾曼公司陷入了被動的境地。機床廠根據這個情報，在接下來的談判中沉著應對，卡爾曼公司終於沉不住氣，在訂貨合約上購買了 150 臺機床。

問題：

1. 上例交易運用了什麼策略？
2. 為什麼能夠獲勝？

受限制的角色策略

　　所謂「受限制策略」是指當對方提出某項自己不能接受的條件時，談判人員為了使己方的利益免受損害而採取的以「本人權力有限，不能對此拍板」或「客觀條件無法滿足貴方的提議」為藉口的策略。該策略把客觀因素作為對方進攻後的「擋箭牌」，以阻擋對方的進攻。

【情景思考】

　　有一次，一位律師和他的客戶一起參加了一次商務洽談會。半途中，律師的客戶因故無法再出席，就由律師全權代理客戶繼續談判。在談判過程中，律師巧妙地運用「權力有限的技巧」，拒絕了對方的許多要求，沒有做出什麼讓步，為他的客戶爭取了許多利益，取得了客戶在場根本不可能得到的好處。這是因為：一來對方了解代理人多半權力有限，所以往往衡量情況後才提出要求，比較中肯，不太過分；二者，當對方提出要求，要律師做出承諾時，律師總是藉口「哦，我的權力有限，很抱歉，不能作主」，而對方往往也就不再堅持了。

　　這就是合理運用「有限的技巧」法的威力所在。

【主題解說】

　　一般有「權力受限」和「資訊受限」兩種客觀因素可以利用。

◆權力受限

　　談判者在談判中的權力大小取決於上司的授權，因此所擁有的權力是有限的，但恰恰因為這一點有時才能使談判更順利地進行。美國一位有經驗的談判專家認為，權力受到限制的談判者比大權獨攬的談判者處於更有利的地位。談判人員的權力受到限制，可以使其立場更堅定。精於談判之道的人都信奉這一名言：「在談判中，受了限制的權力是真正的權力」。

　　「權力受限」能夠抵擋對方進攻，是因為權力受限制的談判者可以坦然地對對方的要求給予「不」的回答，因為任何談判者都不能強迫對方不顧國家法律及公司政策的規定，超越權力而答應對方的要求。

　　相反，如果某人在談判桌上宣告，自己可以拍板一切決定，就很愚蠢。其本意也許是想讓對方知道其權力很大而願意與他談判，或者更加尊重他，但這樣做等於卸掉了在談判中可以利用的有力擋箭牌。當對方提出確定而充分的理由要求讓步時，就只能接受讓步而不能夠拒絕。

　　但是，只能在關鍵時刻使用這個策略，如果過度使用，會讓對方認為你沒有談判的誠意，或者沒有談判的資格。

◆資訊受限

　　「資訊受限」的藉口一般是在對手要求談判者就某一問題做出詳細的解釋，或是直接要求談判者在某一問題上做出讓步的情況下使用。此時談判者可以用抱歉的口氣告訴對方：實在對不起，我手頭沒有有關的詳細資訊；或者說這資料屬於本公司的商業機密，不能透露，因此暫時不能做出答覆。這樣，就可將對方的問題暫時擱置，輕易地阻止對方咄咄逼人的攻勢。而經過一段時間，在討論其他議題之後，對方或者已將此

問題遺忘，或者為其他問題吸引而無暇顧及，或者認為這個問題已不重要，無需再提。

與「權力受限」的策略一樣，「資訊受限」策略也不能多用。如果常說資訊不足，對方會認為你無心談判，或者請你將資訊準備齊全後再談判。除了「權力受限」和「資訊受限」兩種方法外，還有自然環境、人力資源、生產技術要求、時間等因素可作為客觀條件受限的藉口，談判者可以依據談判的實際情況而加以運用。

當談判人員發覺自己正被迫做出遠非他能接受的讓步時，他會宣告沒有被授予達成這種協定的權力。

這通常是談判人員抵抗到最後時刻而亮出的一張「王牌」。在這時，雙方都很清楚，這是為了不使談判破裂。

然而，如果用直截了當的方式使用「職權有限」這個策略，還是有危險性的。因為，為了使談判得以順利進行，就要求雙方以適當的速度朝著預期的方向努力，要求共同交換條件，共同得到滿足，共同做出讓步。如果一方沒有足夠的權力，那麼就會出現新的問題，若是一方認為可能會面臨到，無論與對方的談判人員達成什麼樣的諒解，都不會被他的老闆認可。其結果，一方會不得不做出進一步的讓步。

某一方提出「職權有限」，對雙方來說都是不利的。它破壞也干涉了另一方讓步的速度和方式，削弱了自己獲取利益的可能，使任何談判都更趨複雜化。

如果一方真是「權力有限」，則會降低談判的效率。如果一方蓄意採取這個策略來愚弄對方，那麼，它不但會有許多不利之處，而且這種人為障礙很可能被發現，而使自己受損。

一方如果怕對方使出這一招，最好在談判開始時就弄清楚。在談判

的目標、計畫和進度已經明確，亮底牌階段即將完成之前，已初步掌握談判人員的個性之後，可首先提出一個這樣的問題：「你有最後決定的權力嗎？」

談判進入中期階段後，如要某一方的權力確實有限，那麼，另一方應該施加各種影響，爭取在他的權力範圍內成交。權力有限的一方應該利用電話、傳真機和其他設備，與老闆取得聯繫，解決因「職權有限」而造成的問題。

獲得授權。對方展示其授許可權也能產生權勢，因為手握權柄就可以做決策。高層次的授權表示你的定位升級了，同時你的談判位置也升級了，所謂「位高言重」就是這個道理。所以，當你出去談判的時候，如果能夠獲得主管的授權，而且告訴對方你是公司的全權代表，非常有利於增加談判籌碼，你的對手會對你表示出相當的重視。

未獲授權。未獲授權也能產生權勢，因為未獲授權往往可以守住談判底線，這就是無權更改條件反而可以堅持初始條件；這更有利於集中火力先解決已獲授權範圍內的問題。未獲授權可以充分限制議題，避免節外生枝。

一般地說，利用「有限的技巧」法這一談判技巧有兩個作用：可以為談判者爭取時間，理由很簡單，需要請示當事人或上級；可以作為擋箭牌拒絕對方的要求，因為自己無權做出這樣的讓步。但是，萬事有利必有弊，頻繁使用這一談判技巧，會讓對方感到你無能、窩囊，既然你說了不能算數，對方就有可能無視你，直接找你的上級談判；而且，對方一旦看出，你明明有權做出承諾，卻藉口「權力有限」，就會認為你沒有談判的誠意，從而破壞了談判氣氛，導致不良的後果。

眾所周知，每個談判者的權力都有一定的限制，就一般的經濟談判來說，就有諸如：

金額的限制，如最高或最低價格、總額（限制了購買數量）等；

條件的限制，如交貨時間、地點的限制，運輸方式、付款方式的限制等；

政策的限制，如交易的對象、範圍的限制，涉外的限制等；

法律法規的限制，如有關法律、政府的規章制度的限制等；

其他限制，如環保、交通的限制，品質、工時的限制等。

以上種種限制，在談判中一般不得違反或者超越。那麼這種種的限制對談判者是有害還是有利呢？這些限制是否削弱了談判者的實力呢？談判專家的回答是：這些限制對談判者是有利的，因為有限制才有真正的技巧。一般地說，任何談判都是有種種限制的談判，即使是腐朽沒落的清政府同帝國主義列強進行一連串喪權辱國的談判，也是有所限制的。而正是這種種必要的限制才給了談判者表演的舞臺和真正的力量，讓他們演出一場又一場精彩的節目。

當然，演出成功的關鍵，在於談判者是否能充分地利用這些限制，把它當成一種行之有效的「祕密武器」，而不是當成約束自己的條條框框。有經驗的談判者經常使用這種「有限的技巧」，作為對付對手的一種有效的武器。在談判中，如聽到諸如「你的建議的確很合理，只是我的上司不會同意」，「你出的價格，我還得請示我的公司」等等。這就是在使用「有限的技巧」了。

【牢記要點】

1. 談判的目的，就是為了調和雙方利益而達成的某種協定。
2. 談判著眼於利益而不是立場。

3. 談判其實就是一個交換利益的過程。

4. 對談判的任何一方來說，都要掌握自己的「給與取」的藝術。

5. 掌握對方需求期望得到的利益會是非常有效果的。

6. 一定要設法了解對方的真正需求是什麼，談判才能更有力量。

【實戰練習】

　　好了。實踐時間到了。現在，請再體會一下上文中的內容要點，完成下列問題的思考及行動訓練。

1. 選擇答案，測試自己的談判能力。

1）如果對方運用有限權力策略，你的反應是：

　　　A、認真調查，研究其權力範圍

　　　B、相信他說的是真實情況

　　　C、指出他為自己尋找藉口

　　　D、不管它

2）你喜歡不喜歡在談判中聘用專家？

　　　A、非常喜歡

　　　B、相當喜歡

　　　C、偶爾為之

　　　D、假如情況需要的話

　　　E、非常不喜歡

3）你是不是一個很好的談判小組領導者（或者是主談人）？

　　　A、非常好

　　　B、相當好

C、公平的領導人

D、不太好

E、很糟糕的領導者

4）你是否想要強調你的權力限制？

A、是的，非常想

B、通常做的比我喜歡的還要多些

C、適當的限制

D、不會詳述

E、大部分時間我會如此想

5）你是否想了解對方的權力限制？

A、非常想

B、相當想

C、我會衡量一下

D、這很難做，因為我不是他

E、我讓事情在會談時順其自然進行

注：這些題目很簡單，你自己不妨一答，但卻能了解自己是否具有談判潛力。

讓步基本法：有限讓步

在談判過程中讓步是必不可少的，而讓步一定要本著小幅度原則，因為做出較小幅度的讓步，對方更願意相信並付出較高的代價，做出較大幅度的讓步對方反而難以信任，並且也不願意付出更多代價。因此，最佳的讓步幅度和讓步方式應該是，開始時採取比較強硬的態度，在談判過程中做出一些必要的和小幅度的讓步，這樣既可以增加對方的信任感，同時又能夠為自己爭取到較大程度的利益。

【情景思考】

最近，禽流感疫情近來「狼煙四起」，許多國家的政府與聯合國等國際組織正全力聯防疫情蔓延。然而受到專利許可權的束縛，目前對 H5N1 型禽流感病毒有一定療效的藥物「達菲」卻產能不足。為此，多方呼籲瑞士羅氏公司放棄該藥物的專利權，公開「達菲」的配方和生產工藝。

瑞士羅氏公司生產的常規抗流感藥「達菲」，是目前治療流感的最常用藥物之一，一旦 H5N1 型禽流感病毒引起人類流感暴發，「達菲」或許可以在特效藥或疫苗問世前應急使用。

由於擔心禽流感在人群中暴發，世界各國正在加緊儲備「達菲」等抗流感藥物，「達菲」的供應已經出現短缺跡象。但擁有「達菲」專利直至 2016 年的羅氏公司，則以生產工藝既複雜又耗時、藥品品質要求高等理由，拒絕放棄專利權。這一作法遭到了多方譴責。

聯合國祕書長安南就曾表示，如果禽流感疫情大規模暴發，相關的藥品專利法律法規應該「靠邊站」，以使其他製藥公司可以共同參與特效藥的生產製造。

在強大的壓力下，羅氏公司終於做出有限讓步，表示將增加產能，並歡迎任何「有能力的」公司與之洽談變通辦法。這一並無太多實質意義的表態仍遭到批評。

【主題解說】

談判開始前，參與談判的各方總是要訂出一個較高的談判目標。由於雙方都出於同樣的考慮，所以他們的目標一般難以完全實現，而大多數情況下會降低自己的標準和要求，以求得雙方的一致和共同利益，這就是談判中的讓步。讓步是談判中非常普遍和合理的現象，沒有讓步，談判雙方就很難達成協定，也就很難使各方的利益得到滿足。無論是哪種形式的談判，將讓步作為一種技巧和手段來促使談判達成協定，是讓步的基本意義。

在談判過程中，凡是能控制自己的讓步幅度，不停地修談判標準和滿意程度的談判者，往往更容易取得談判的成功。而不能良好地控制讓步的幅度，開始時只肯做極小的讓步甚至絲毫不肯讓步，直到談判臨近結束時又不得不做出極大讓步的談判者，無疑是相當失敗的。

現在讓我來教你讓步的類型。在一輪又一輪的價格談判中，當心不要把你的讓步做成某種固定模式。比如你賣器械，你以 15,000 美元的價格開始談判，但是你可以降到 14,000 美元拿到定單。所以你的談判幅度是 1,000 美元。

你怎麼讓出這 1,000 美元是很關鍵的。應該避免四種錯誤：

錯誤一：平均幅度。這是指你把 1,000 美元分四次做出平均幅度的讓步。

250 美元、250 美元、250 美元、250 美元。

想想，如果你這麼做買主會怎麼想。他不知道你能讓多少，他們所知道的就是每次都得到 250 美元。於是他不斷跟你談。實際上，任何兩次相同的讓步都是錯誤的。被迫又讓出 250 美元的時候，你不是在告訴別人下一次讓步也是 250 美元嗎？

錯誤二：最後做個大讓步。即你做出 600 美元的讓步，緊接著是 400 美元。

600 美元、400 美元、0 美元、0 美元。

然後你告訴買家：「這絕對是我們的底限了。多一分我都不能給了。」買主覺得你先讓了 600 美元，接著又讓出 400 美元，他相信至少還能再使你讓出 100 美元。他說：「這個價格差不多，你要是再降 100 美元，我們就成交。」你拒絕了，告訴他 10 美元都不能降了，因為你已經給他一個底限了。此時買主一定很沮喪，他在想：「400 美元你都讓了，現在才 100 美元都不行！你怎麼這麼不好說話？」所以，不要在最後做出一個大讓步，那會產生敵意。

錯誤三：一口氣都讓出去。另外一種讓步的類型是一口氣把 1,000 美元的談判幅度都讓出去。

1,000 美元、0 美元、0 美元、0 美元。

你可能在想：「買主到底怎麼能讓我一口氣把整個談判幅度都讓出去呢？」很容易！他們給你打電話，說：「你是我們正在考慮的三家供應商之一。現在你們排在前面，但是我們認為最公平的方法是請你們三家給一個最終報價。」除非你訓練有素，不然你就會驚慌失措，說出自己的

底價，儘管他們沒有給你任何保證不會再來一輪競爭。

買主讓你把價格降到底限的另外一種方法，是使用「我們不喜歡談判」的伎倆。買主滿臉真誠地說：「告訴你我們做生意的方式吧，在 1926 年，公司剛剛創立的時候，創辦人說：『我們要真誠地對待供應商，不要跟他們討價還價。讓他給最低的價格，然後告訴他們我們是否接受。』我們經常這麼做。所以，你給我們一個最低價，看我們能不能接受。因為我們不喜歡談判。」買主在跟你撒謊！他喜歡談判！這就是談判 —— 看看他能不能在談判開始之前就讓你做出最大的讓步。

錯誤四：首先做出小小的讓步試試深淺。我們都傾向於先讓出一點小利，看看情況。所以，你首先告訴買主：「我也許可以降 100 美元，但那是我們的極限了。」如果他們拒絕，你可能想：「不像我想得那麼容易。」於是你又降 200 美元。你又讓了 300 美元之後仍然沒有得到訂單，你的談判幅度中還剩 400 美元，所以你全讓給了他們。

100 美元、200 美元、300 美元、400 美元。

看清楚你幹什麼了嗎？你開始讓了一小步，然後越讓越多，這麼做你永遠都無法成交，因為每次他們要你讓步的時候，就能得到更多。

這些作法都是錯誤的，因為都在買主心裡形成一種期待的定勢。讓步的最好方法是首先做出一個合理的讓步，它可以抓住這筆買賣。也許 500 美元的讓步並不過分。這是你談判幅度的一半。然後要確保你再做出讓步的時候越來越小。你的下一次讓步可能是 200 美元，然後 100 美元，然後 50 美元。

500 美元、200 美元、100 美元、50 美元。

減少讓步的幅度可以讓買主確信他已經讓你竭盡全力了。

如果你想驗證一下這是不是有效，在你孩子身上試試。等到下次他

來跟你要郊遊的零用錢。他們跟你要 100 美元，你說：「沒門！你知道不知道我像你那麼大的時候，只有 5 毛錢零用錢？而且，我得自己買鞋穿，在雪裡步行 10 英哩到學校，來回翻山越嶺。所以我得脫下鞋子赤腳走路來攢錢（或者世界上任何父母講給孩子的故事）。我不可能給你 100 美元。我給你 50 美元，就這麼多！」

「50 美元不行。」你的孩子嚴正抗議。

現在你已經確定了談判幅度。他們要 100 美元，你給 50 美元。談判流程很艱難，你漲到 60 美元，然後 65 美元，最後 67 美元。從 50 美元到 67 美元，你不必告訴他們，不可能再多要了。你的讓步越來越小就已經暗示他們不可能再多要了。

對策：你談判的時候，應該小心謹慎。細心觀察買主對你做出的讓步，並記錄下來。然而，不要因為他讓步的幅度越來越小就認為他已經讓到底限了，那可能只是一種詭計。

【切記要點】

◆ 你讓步的方式可能在買主心裡形成一種期待的定勢。

◆ 不要做均等的讓步，因為買主的要求可能無休無止。

◆ 不要在最後做一次大幅度讓步，因為它產生敵意。

◆ 不要因為買主要求你給出最後的實價，或者聲稱他不喜歡談判，就一下子讓到談判底限。

◆ 逐漸縮小讓步幅度，暗示你已經竭盡全力。

◆ 讓那個一點點磨你降價的買主做出決定。

達到談判目的的途徑多種多樣，談判結果所展現的利益也是多方面

的，有時談判雙方對某一方面的利益分割僵持不下，就輕易地讓談判破裂，實在不明智。他們沒有想到，其實只要在某些問題上稍做讓步，而在另一些方面就能爭取更好條件。這種辯證的思路是一個成熟的商務談判者應該具備的。

就拿從國外購買裝置的合約談判來看，有些談判者常常因價格分歧而不歡而散，至於諸如裝置功能、交貨時間、運輸條件、付款方式等尚未涉及，就匆匆地退出了談判。事實上，購貨一方有時可以考慮接受稍高的價格，然而在購貨條件方面，就更有理由向對方提出更多的要求，如增加若干功能，或縮短交貨期，或除在規定的年限內提供免費維修外，還要保證在更長時間內免費提供易耗品，或分期分款，等等。

談判猶如一個天平，每當我們找到了一個可以妥協之處，就等於找到了一個可以加重自己談判的砝碼。在商務談判中，當談判陷入僵局時，如果對國內、國際情況有全面了解，對雙方的利益所在又掌握得恰當準確，那麼就應以靈活的方式在某些方面採取退讓的策略，去換取另外一些方面的得益，以挽回本來看來已經失敗的談判，達成雙方都能接受的合約。

不能忘記坐上談判桌的目的畢竟是為了成功而非失敗。因此，當談判陷入僵局時，我們應有這樣的認知，即如果促使合作成功所帶來的利益，大於堅守原有立場而讓談判破裂所帶來的好處，有效退讓就是我們應該採取的行動。

既然談判是雙方利益相協調的過程，因此在談判過程中讓步是不可避免的行為，那麼究竟選擇怎樣的讓步策略才能使己方利益不受損，而又能使談判順利進行呢？一般來講，業務員選擇讓步的策略時，應掌握住以下幾項原則：

1. 讓步時機要適當，不做無謂的讓步

　　時機指讓步的時間和問題的排序。從時間看，讓步不要提前，也不要延後。提前會提高對方的期望值，迫使我方繼續讓步，延後則有可能失去談判成功的機會。從問題看，談判前和談判中要不斷深入了解對方的真實需求，哪些問題為對方最關心，哪些問題對對方較為次要或無所謂，談判中如何依序提出問題等等，均給予通盤考慮。尤其對關鍵問題的讓步，宜在對方一再請求和說服之下，以忍痛合作的態度做出小幅度讓步，使對方感覺來之不易，才會珍惜此次讓步。不做無謂讓步，指每次讓步都應換取對方在其他方面的相應讓步或優惠，不該讓步時絕不讓步。

2. 讓步幅度和節奏要慢，不要太快讓步

　　每次讓步幅度不宜過大，讓步節奏也不宜太快，否則會使對方認為最初的報價或還價浮濫，從而要求不斷讓步。一般來說，不宜承諾同等幅度的讓步，重要問題力爭使對方讓步，次要問題可考慮先做讓步。談判中談判者作為賣方可主動做次要問題的讓步，最初幅度可稍大一點，以後就緩慢讓步。

3. 讓步原因要恰當掩飾，不要讓對方認為你占了便宜

　　在整個談判過程中，要注意掩蓋己方的真實意圖，暴露真實意圖對談判雙方無疑是致命傷。同時要強調讓步對自己利益造成的損害，即使對方讓步使自己獲利不小，也不能喜形於色，談判高手總是讓對方覺得大家打了平手，切忌將對方視為絕對的失敗者。這就是心理戰術的運

用，讓步策略運用和最高境界是讓對方認為自己不但受尊重，而且在心理上感覺到自己是「勝利者」。

【牢記要點】

1. 談判的目的，就是為了調和雙方利益而達成的某種協定。
2. 談判著眼於利益而不是立場。
3. 談判其實就是一個交換利益的過程。
4. 對談判的任何一方來說，都要掌握自己的「給與取」的藝術。
5. 掌握對方需求期望得到的利益會是非常有效果的。
6. 一定要設法了解對方的真正需求是什麼，談判才能更有力量。

【實戰練習】

好了。實踐時間到了。現在，請再體會一下上文中的內容要點，完成下列問題的思考及行動訓練。

1. 案例分析

某機械進出口分公司計劃訂購一臺裝置，在收到了眾多的報價單後，進行了多方面的比較和權衡，最後決定邀請擁有先進裝置和先進技術的某外國公司前來洽談進一步具體內容。談判過程中，雙方矛盾的焦點集中在價格問題上，對於該裝置，開始我方的出價為 10 萬歐元，而對方的報價則為 20 萬歐元，與其報價單上開出的價格一致。在比較了第一回合雙方各自的報價之後，雙方都預計可能成交的價位應該在 14 萬到 15 萬歐元之間。由於都對後面幾個回合的討價還價有了充分準備，於是雙方進行了一連串的讓步過程。

面對還價的節奏和讓步的幅度，我方談判代表展開了討論。主要的

意見有幾種，一是本著速戰速決的原則，認為雙方報價相差太多，為了取得一致和消除差距，雙方最好都能夠互諒互讓，這樣可以直接提出 14 萬歐元的公正價格，同時還能夠兼顧雙方的利益，因而相對現實一些；另一種意見則認為，第一種意見是典型的過大過快的讓步方式，別說 14 萬歐元，就是 12 萬歐元對比我方的最初報價都顯得讓步幅度過大，因此應該向對方表示我方願意考慮讓步不超過 5,000 歐元，以 10.5 萬歐元的價格購買裝置；第三種意見認為前面兩種意見都不妥當，不是讓步幅度過大就是幅度太小，或者讓對方覺得我們對自己的報價缺乏信心，或者對方會因讓步幅度太小而認為我方沒有合作誠意，認為比較穩妥的合理讓步應該是從 10 萬歐元增加到 11.5 萬歐元，然後再增加到 12.5 萬歐元，然後再增加到 13.5 萬歐元左右，這樣幾個回合之後，在報價與實際成交價格非常接近的時候，就非常有可能達成協定了。

與前兩種意見不同，第三種意見所提出的讓步節奏和幅度是比較合適的，而前兩種意見則非常的危險，沒有真正掌握讓步法的技巧和藝術。雙方再次坐下來進行談判，最終我方代表還是按照第三種讓步原則與對方進行交涉，而對方也由 20 萬歐元逐步向下降價，雙方一共進行了 4 個回合的討價還價過程，每一次雙方都是不約而同地採取了幅度相差不大的讓步原則，結果以 13.8 萬歐元達成了最後的協定。

2. 選擇答案，測試自己的談判能力。

1）沒有壓力時，你的思考能力如何？（與同行相比）

　　A、非常好

　　B、比大部分人好

　　C、普通程度

D、比大部分人差

E、不太行

2）興奮時，你是否會激動？

A、很鎮靜

B、原則上很鎮靜，但是會被對方激怒

C、和大部分人相同

D、性情有點急躁

E、有時我會激動起來

3）在社交場合中人們是否喜歡你？

A、非常喜歡

B、相當喜歡

C、普通程度

D、不太喜歡

E、相當不喜歡

4）談判讓步時機可以選擇在：

A、先於對方做出讓步

B、與對方同時進行讓步

C、後於對方做出讓步

D、讓步時機選擇不重要

注：這些題目很簡單，你自己不妨一答，但卻能了解自己是否具有談判潛力。

3. 培訓遊戲

4. 行動建議

思考你所在產業的競爭對手，對方有哪些情報是你所必需得到的？己方有哪些情報是必需嚴守的？你將如何防止對方對己方情報的獲得？把你的看法寫下來。

5. 提升訓練

一瓷廠為酒廠生產包裝瓶，到年底時經核算，由於受原材料漲價等因素的影響，每個酒瓶的單價應當調漲。但是如果直接向酒廠說明調價，又擔心酒廠另找供瓶廠而使本廠的生產計畫受到影響。經過謀劃，瓷廠向酒廠展開了如下的攻勢：由於國家控制信貸、抽緊銀根及物價上漲等因素的綜合作用，瓷廠目前流動資金不足，生產遇到困難，希望酒廠能預付下一年酒瓶的三分之一貨款。否則，瓷廠減產，將會給酒廠的生產帶來不利的影響。酒廠自然不願預付那麼多的款項，於是派人去和瓷廠協商。最後瓷廠做出「讓步」，適當提高空酒瓶的價格。酒廠以為自己省下了一筆錢，瓷廠卻如願以償地達到了調價的目的，此乃一暫避鋒芒的成功範例。

談判魔法策略：聲東擊西

談判也是一場戰爭，虛虛實實，暗設機關。聲東擊西就是常用的一種談判策略，主要是以假象造成談判對手的錯覺，以渾水摸魚，謀得某些利益。這種策略攻擊目標，能夠以靈活機智的行動擊重談判對手的要害。

【情景思考】

某工廠要從日本Ａ公司引進收音機生產線，在引進過程中雙方進行談判。在談判開始之後，日本公司堅持要按過去賣給某廠的價格來定價，堅決不讓步，談判進入僵局。我方為了占據主動地位，開始與日本Ｂ公司頻頻接觸，洽談相同的專案，並有意地傳播此情報，同時透過有關人員向Ａ公司傳遞價格資訊，Ａ公司信以為真，不願失去這筆交易，很快接受我方提出的價格，這個價格比過去其他廠商引進的價格低26%。

【主題解說】

在談判中，聲東擊西的談判技巧表現為故作姿態，製造假象，藉以迷惑對方，或者轉移對方的注意力；在無關緊要的條款或者事項中糾纏不休，暗地裡卻把自己的注意力放在重要的問題上；在對自己不是問題的問題上大做文章，背後卻在需要爭取的問題或者利益上加大砝碼；在談判利益上著重爭取，不放棄而示之以放棄，欲放棄而示之以不放棄，以分散對方對自己真實談判目標的注意力；在不知不覺中順利實現自己

的談判目標，取得談判的勝利。

聲東擊西，這一策略在於把對方的注意力集中在我方不甚感興趣的問題上，使對方增加滿足感。

具體的運用方法是，如果我方認為對方最注重的是價格，而我方關心的是交貨時間，那麼我們進攻的方向，可以是付加條件問題，這樣就可以將對方從兩個主要議題上引開。

這種策略如果能夠運用得熟練，對方是很難反攻的。它可以成為影響談判的積極因素，而不必負擔任何風險。

【牢記要點】

1. 談判的目的，就是為了調和雙方利益而達成的某種協定。
2. 談判著眼於利益而不是立場。
3. 談判其實就是一個交換利益的過程。
4. 對談判的任何一方來說，都要掌握自己的「給與取」的藝術。
5. 掌握對方需求期望得到的利益會是非常有效果的。
6. 一定要設法了解對方的真正需求是什麼，談判才能更有力量。

【實戰練習】

好了。實踐時間到了。現在，請再體會一下上文中的內容要點，完成下列問題的思考及行動訓練。

1. 案例分析

有一家公司為了購買一種包括軟體和硬體的裝置同賣方進行談判。

雙方開始談判時，是將軟體和硬體一起引進專案併在一起談的，賣方先是給出一個總價格，然後和該公司進行交涉。這家公司的談判者從本公

司對這次裝置引進的總預算考慮，擬定了一個初步可以接受的價格，然後雙方展開了討價還價的數個回合交流與協商，總算是達成一個雙方都可以接受的協定。然後雙方又在軟體和硬體兩個方面分別定出價格，公司代表發現軟體方面的價格比較合理，公司完全可以接受，而至於硬體方面就非常的高了，顯示先前與對方確定的軟硬體總價仍然是偏高了。

看到這種情況，公司代表想提出中止交易，但是由於此前雙方已經就總價達成了共識，如果無端中止合作，肯定被賣方指責沒有信譽，這樣一來，丟失面子事小，更重要的是擔心賣方會因此而推翻已經許諾的、有利於公司的其他方面協定，最起碼軟體將無法引進，而軟體又是這次引進的主要目標。

正當公司代表為了這件事焦頭爛額、無計可施的時候，事情突然出現了意想不到的轉機，原來賣方代表為了增加雙方的交易總額和今後的長期合作，主動提出希望擴大零件買賣的數量，增加其他零件的銷售幅度。而實際上公司代表手中本來就持有採購零件的具體清單，只是雙方還沒有就這部分銷量進行談判。這樣一來，公司的談判代表立刻從被動的地位一下子變成了主動的一方，既然對方主動提出擴大零件的交易量，於是就趁機把原本計畫拋給對方的採購清單收回，反過來與對方糾纏關於先前達成初步協定的硬體價格，以此作為再擴大零件訂貨量的條件。與此同時，公司談判代表還大力宣傳增大訂購量的可能性，很好地吊住了對方的胃口，使得對方在巨大的誘惑下，不得不重新修改了硬體的價格和軟硬體的總價格。

賣方了解到對方可以擴大零件的訂購清單，並且數量相當可觀，於是便認真地與公司進行討價還價，希望能夠盡可能地賣出零件，並獲得好的價錢。公司抓住這個有利的條件，一邊同賣主鄭重地談判，一邊在

對方無警覺的情況下把不需要的一部分硬體裝置從訂單上撤了下來，而零件訂貨量並沒有增加多少，價格更比以前有所下降，原本不占優勢的一次談判，竟然以大獲全勝告終。

這家公司為了減少不需要的裝置訂單，降低硬體裝置的價格，談判代表巧妙地使用了聲東擊西的談判技巧和策略，具體作法是故作姿態，不與賣方討論不需要的裝置訂單以及硬體裝置的價格問題，而是利用對方的需求，在自己本來就要採購的零件上大做文章。賣方的注意力被轉移到零件採購量和零件價格上，忽略了對方的真實企圖，公司也就順利地達到了自己的目的，成為了這次談判的真正贏家。

2. 選擇答案，測試自己的談判能力。

1）談判中，雙方互贈禮品時，西方人較為重視禮物的意義和什麼？

    A、禮物價值

    B、禮物包裝

    C、禮物類型

    D、感情價值

2）談判中以與別人保持良好關係為滿足的談判心理屬於是：

    A、進取型

    B、關係型

    C、權力型

    D、自我型

    注：這些題目很簡單，你自己不妨一答，但卻能了解自己是否具有談判潛力。

3. 想一想

◆案例一

美國享利食品加工工業公司總經理霍金斯先生從產品化驗鑑定報告單上發現,他們生產的產品在食品配方中的防腐劑有毒,雖然毒性不大,但長期服用對身體有害,他知道其他食品公司也使用這種有毒的防腐劑。他想,如果從維護公眾利益的角度,把此事公布於眾,一定會引起同行們的強烈反對,他們也一定會聯合起來整治他,他的業務肯定會受到很大損失。但在與同行們的競爭中,他的知名度肯定會大大提高,同時也會得到公眾的支持,從而有利於公司的發展和長遠利益。

於是,在新聞發布會上,他毅然向社會宣布:防腐劑有毒,對身體有害。公眾為之震動,讚譽他的誠實。可是,這一舉動得罪了從事食品加工的老闆們,他們聯合起來,用一切手段攻擊享利,指責他別有用心,想破壞別人的生意。他們共同抵制享利公司的產品,使享利公司到了瀕臨倒閉的邊緣。就在他近於傾家蕩產之時,名聲卻家喻戶曉,並得到了政府和社會的支持,他的產品一下成了人們用著放心的熱門貨,供不應求。享利瀕臨倒閉的公司,在很短時間就恢復了元氣,經營規模比以前最興旺時還擴大了兩倍。在這個基礎上繼續發展,後來他的公司一度成為美國食品加工業中最大的公司。

在資訊氾濫的社會中,要想說服別人,不能再光用「這是全國第一的」或「全世界數一數二」的老舊廣告詞來誇口了。無論你如何大聲疾呼,別人都不會再回頭看一眼。

近來的宣傳廣告,似乎已經考慮到用幽默感和趣味性來打動人心。有一家汽車公司,宣稱能製造出「全世界最優秀的汽車」,他們推出的廣

告是這樣的；

整張照片的焦點，在於駕駛座位底下有一行文字，寫著「抱歉，在汽車的行駛中，還可以聽到鐘的滴答聲」。

表面上看來，是發表道歉宣告，但事實上是在自誇他們的汽車，跑起來完全沒有引擎的聲音，非常安靜。

「醜」能在廣告中「露臉」，是因為它能抓住消費者的兩種心理：追求新鮮和反抗心理。

美國艾上隆公司董事長有希耐有一次在郊外散步，看到幾個小孩在玩一隻骯髒且異常醜陋的昆蟲，愛不釋手。布希耐頓時聯想到：市面上銷售的玩具一般都是形象優美的，假若生產一些醜陋玩具，又將如何？於是，他讓自己的公司研製一套「醜陋玩具」，迅速推向市場。

這一炮果然打響，「醜陋玩具」給艾上隆公司帶來了收益，使同行羨慕不已。於是「醜陋玩具」接踵而來，如「瘋球」就是在一串小球上面，印上許多醜陋不堪的面孔；橡皮做的「粗魯陋夫」長著桔黃的頭髮、綠色的皮膚和一雙鼓脹而帶血絲的眼睛，眨眼時又會發出非常難聽的聲音。這些醜陋玩具的售價超過正常玩具，但一直暢銷不衰，而且在美國掀起了行銷「醜陋玩具」的熱潮。在這則事例中，我們還能看到了人們對於醜陋事物懷有悲天憫人的情懷，這也是露醜成功的原因。

◆案例二

在打擊假冒偽劣商品之際，有家商店卻在門口的廣告牌上赫然大書：「本店專營假貨」。好大的膽子！人們在憤慨之餘，忍不住要進商店看個究竟。進去一看，方知上當：原來，它這個「假」不是「假冒」、「偽造」的「假」，而是指「人工製造」的「假」 —— 假髮、假牙、假

肢……這家商店故弄玄虛，跟顧客開了個不大不小的玩笑，真會招攬
生意！

思考：

在傳統的文化觀念中，人們是很忌諱「家醜外揚」的。在商品經營
中更是如此，「王婆賣瓜，自賣自誇」，絕大部分經營者都是廣泛宣傳自
己的產品如何如何好。久而之久，人們對此便感到厭煩，以致出現懷疑
和不信任感。「家醜外揚」則恰恰相反，經營者設身處地地站在消費者
的立場上，披露產品存在的問題，以誠待客，以心換心，在人們心目中
樹立誠實的企業形象，以此換來顧客對產品的信任和青睞，擴大市場占
有率。

問題：

這是什麼招術？其本質是什麼？

4. 提升訓練

澳洲某草種公司得知中國正在致力環保建設工程，其中包括綠色工
程。在該工程專案中城市綠化計畫占了很大一部分。於是派遣了一位與
中國某進口公司副總經理很熟的託尼先生進行出口談判。經過談判，託
尼先生成功地推銷了 10 噸速生草坪用草籽，5 噸足球場用的草籽皮的草
籽。由於中方急需，且競爭的紐西蘭客戶沒有澳洲公司的產量大、草籽
品質高，中方雖使用「貨比三家」的策略來壓澳方，由於託尼先生是老
朋友，又提供了優質產品，最終合約在託尼先生的條件下成交。

強勢談判法則：最後通牒

有些談判完全是一邊倒，本來雙方應該會有討價還價的過程，不料其中一方竟然不做任何讓步、單方面開出條件，完全不是討價還價，而是最後通牒。這也是一種有效的談判策略。

【情景思考】

美國西部一名牛仔闖入酒店喝酒，幾杯黃湯下肚之後，便開始亂搞，把酒店整得一塌糊塗。這還不算，到後來，他居然掏出手槍朝著天花板亂射，甚至瞄準酒店中的客人。就在大夥一籌莫展之際，酒店老闆 —— 一個瘦小而溫和的好人，突然一步步走到那名牛仔身邊，命令道：「我給你五分鐘，限你在五分鐘之內離開此地。」而出乎意料之外的是，這名牛仔真的乖乖收起手槍，握著酒瓶，踏著醉步離開酒店，揚長而去了。驚魂未定，有人問老闆：「那名流氓如果不肯走，那你該怎麼辦？」老闆回答：「很簡單，再延長期限，多給他一些時間不就好了。」

【主題解說】

伊拉克戰爭爆發前的 2003 年 3 月 17 日晚，美國總統布希向全國發表電視演說，要求薩達姆及其兒子在 48 小時離開伊拉克，否則將面臨戰爭。這實際上就是戰前發出的最後通牒，它涉及的是宣戰法律制度。

最後通牒可分為兩類：附期限的宣告或者照會；附其他條件的外交照會。從內容上看，它既是嚴厲警告，又是事先通知。

　　我們發現，有很多談判尤其是較複雜的談判，都是在談判期限即將截止前達成協定的。談判若設定期限，那麼除非期限將至，否則談判者是不會感到壓力。「不見棺材不掉淚」就是這個道理。譬如，人平常都不怕死，雖明知每一個人終將難逃一死，但總覺那是「遙遙無期」的事。然而，若有一天，醫生突然宣布，你只有一個月好活了，這樣的打擊誰可以忍受呢？由此可見，當談判的期限愈接近，雙方的不安與焦慮感便會日益擴大，而這種不安與焦慮，在談判終止的那一天，那一時刻，將會達到頂點 —— 這也正是運用談判技巧的最佳時機。

　　還記得美國總統卡特在戴維營與埃及前總統沙達特、以色列前首相比金所舉行的長達十二天的會議嗎？此一首腦會議的目的，是想解決以、埃之間對立三十年來懸而未決的一切問題。這些問題十分複雜，因此談判從一開始便進行得非常緩慢，經常中斷，沒有人有把握能談出什麼結果來。於是，主事者便不得不為談判設定一個期限 —— 就在下個禮拜天。果然，隨著截止期限一天天的接近，總算有一些問題獲得了解決。而就在截止日將到前的一兩天，談判的氣氛突然變得前所未有地順利，許多問題迎刃而解，以、埃雙方也達成了最後的協定。在如此重大談判的過程中，談判的「截止期限」依然能產生令人驚異的效果，所以如果你也能將此心理運用在各種談判中，自然也可獲得預期的效果。

　　以上的故事只能證明酒吧老闆的「運氣不錯」。但是，在談判中，這位老闆的行為卻大有參考的價值。為了能使談判的「限期完成」發揮其應有的效果，對於談判截止前可能發生的一切，談判者都必須負起責任來，這就是「設限」所應具備的前提條件。只有在有新的狀況發生或理由充足的情況下，才能「延長期限」。如果對方認為你是個不遵守既定期限的人，或者你有過隨意延長期限的「前科」的話，那麼所謂「設限」

對談判對手就發揮不了什麼作用。即使期限已到，也不會有人感覺到不安與焦慮，因為他們早已算準了你「不把期限當作一回事」。

你的談判對手或許會在有意無意中透露「截止談判」的期限來，譬如「我必須在一個小時內趕到機場」、「再過一個小時，我得去參加一個重要的會議」，這樣的「自我設限」，不正給了你可乘之機嗎？在這種情況下，你只須慢慢地等，等著「最後一刻」到來便行了。當距離飛機起飛或開會的時間愈來愈近，對方的緊張不安想必也愈來愈嚴重，甚至巴不得雙方就在一秒鐘內達成協定。此時此刻，你就可以慢條斯理地提出種種要求「怎麼樣呢？我覺得我的提議相當公平，就等你點個頭了，只要你答應，不就可以放心地去辦下一件事了！」由於時間迫切，對方很可能便勉為其難地同意你的提議，不敢有任何異議。

以上所舉的，是談判對手為自己設定了一個不利於己的期限的例子。這也是想同時提醒你，千萬不要犯了相同的錯誤。這種錯誤是絕對不會發生在一名談判高手身上的。

在談判時，不論提出「截止期限」要求的是哪一方，期限一旦決定，就不可輕易更改。所以，無論如何，你都必須傾注全力，在期限內完成所有準備工作，以免受到期限的壓力。如果對方提出了不合理的期限，只要你抗議，期限即可獲得延長。不過，若對方拒絕延長期限的提議，或者自認為所設定的期限相當合理的話，那就麻煩了。在這種情況下，你唯一能做的就是加倍努力收集資訊、擬定策略，如果還一味地因對方的「不講理」而生氣，以致浪費了原本有限的時間，就落入對方的圈套了。不論你有多少時間，冷靜地擬定應付措施、仔細地檢查對策，才是最聰明的作法。

譬如你想購買一批不動產，而對方只給了你十天的時間，要你在十

天內決定是否以其所開出的價錢買下這批不動產。這時，你就應該先從各種不同的角度來檢查對方的提議，如果覺得價錢不合理，最好能在期限截止前，儘早向對方說明你的看法。可能的話，還可以依照自己的意願，再重新訂立一個期限，這麼做將使你免於成為對方所設定的期限下的犧牲品。

【牢記要點】

1. 談判的目的，就是為了調和雙方利益而達成的某種協定。
2. 談判著眼於利益而不是立場。
3. 談判其實就是一個交換利益的過程。
4. 對談判的任何一方來說，都要掌握自己的「給與取」的藝術。
5. 掌握對方需求期望得到的利益會是非常有效果的。
6. 一定要設法了解對方的真正需求是什麼，談判才能更有力量。

【實戰練習】

好了。實踐時間到了。現在，請再體會一下上文中的內容要點，完成下列問題的思考及行動訓練。

1. 案例分析

艾柯卡是美國汽車界的名人，他曾經在福特公司工作，使福特汽車成為美國第二大汽車生產企業。後來他又接手面臨困境的克萊斯勒公司。剛到克萊斯勒時，面對這千瘡百孔的爛攤子，艾柯卡覺得必須要壓低工人的薪資才能緩解公司目前的壓力。他首先降低了高階職員的薪資，只付給他們原來薪資的 90％，而且把自己的薪資也降了許多，由原來的年薪 36 萬美元降到 10 萬美元。艾柯卡的這個舉動令高階職員們很

是敬佩，所以，高階職員的降薪工作進行得很順利，職員們基本上沒有怨言。於是艾柯卡繼續推行他的降薪計畫，他告訴工會領袖：「現在 20 元一個小時的工作沒有了，不過有很多 17 元一個小時的工作。你告訴工人們，現在是危急時刻，就像我拿著手槍對著你們的腦袋，何去何從，你們還是放明白點。」

艾柯卡的這一決定並沒有得到工會的認可，雙方為此進行了長達一年的談判，17 元一個小時的薪資著實令工人們難以接受。工會列舉了一堆不肯接受的理由，譬如工人們大多生活艱難，全家就指望著他們的薪資過活；譬如物價上漲，薪資此時若再下降，工人們不是更難過了嗎？艾柯卡儘管也說明了目前公司的窘境，希望工人們能夠理解自己為何做出的這一決定，明白這也是迫不得已的辦法，等到公司情況好轉，一定還會給工人們加薪。可是任憑艾柯卡費盡口舌，還是不能說服頑固的工人們。艾柯卡不想繼續陷在這令人討厭的談判中，於是在一個冬天的晚上，大概已經 10 點多了，他找到工會負責談判的委員會，對他們說：「明天早上我希望你們能夠做出最後的決定。如果你們不幫我的忙，我也就不客氣了，我明天上午就會宣布公司破產，到時痛苦的可能就不是我了，而是你們。我可以給你們 8 個小時的時間考慮，事情該怎麼辦，你們應該知道。」

工人們聽到艾柯卡要宣布破產，一時都慌了手腳，如果公司破產，自己就成了失業者，生活會更加的艱難，雖然 17 元一小時的工資比以前低了些，但還是可以維持生活的。在當前這個經濟不景氣、全國失業率增高的情況下，有一份穩定的工作已經相當不易了，何況 17 元一小時的薪資也不是很低啊。考慮到這些，他們不得不做出讓步，接受了艾柯卡的條件。

其實，艾柯卡並不一定要宣布公司破產，這只是他為了盡快結束痛苦的談判而想出的謀略。面對這種情況，下個「最後通牒」，要求對方在最後期限內達成協定。工人們為了保住飯碗，當然不希望公司破產，於是順利地答應艾柯卡的要求了。

2. 選擇答案，測試自己的談判能力。

1）最後通牒策略最適宜處於哪種地位的談判者？

    A、平等地位

    B、被動地位

    C、主動地位

3. 培訓遊戲

4. 行動建議

思考你所在產業的競爭對手，對方有哪些情報是你所必需得到的？己方有哪些情報是必需嚴守的？你將如何防止對方對己方情報的獲得？把你的看法寫下來。

5. 提升訓練

心理攻守戰：緩兵之計

　　談判者要想談判成功，必須有堅強的心理素養，可以以心理攻守戰輕易地一舉擊潰心理素養不足者。談判者充分的心理準備在談判中發揮十分重要的作用。

【情景思考】

　　元朝時，寧海主丞胡汲仲，偶然出去巡視，見到一群老婦聚在庵裡誦經。見到主丞，有一個婦人投訴說自己丟失了一件衣服，不知誦經的婦女中哪一人所偷。胡汲仲叫人拿來一些麥子，讓所有在場誦經的婦女每人手心放上幾粒麥子，然後合掌繞著佛像走圈，口裡還是要照舊唸經。汲仲閉上眼睛端坐在一邊說：「我命令神明作法，如果是偷衣人，繞佛走了幾圈以後，手心的麥子應當會發芽。」眾婦女合掌繞佛而行，口中依舊唸經，其中有一個婦人，幾次開啟手掌看手心的小麥粒。汲仲立即命人把她捆起來，透過審問，果然是偷衣婦。

【主題解說】

　　任何一個談判者對即將舉行的談判都要做好心理準備，以適應談判場上變幻莫測的各種情況。那麼談判前應當做哪些心理準備呢？

1. 做好遇到強硬對手的準備

推銷人員經常會遇到各類對手，強硬的對手是較難對付的一種，因此推銷人員在與客戶談判前要做好遇到強硬對手的準備。所謂「強硬對手」是指：一是對手實力強大，在談判一開始就依賴其強大實力希望從氣勢上壓倒你，讓你覺得沒有一點討價還價的餘地；二是對手地位較高，由於：人類的某種心理需求和心理因素，當地位高的人向地位低的人說話時，總會有某種優勢感，往往會以氣勢壓人，你因此可能會下意識地為對方的聲望、地位所懾。這些「強硬對手」以強硬的氣勢先聲奪人以後，談判的形勢會出現一邊倒，使你在沒有心理準備的情況下進入他的圈套。出現這樣的局面，主要原因是沒有做好準備工作，在遇到對方先聲奪人的氣勢以後，自己首先精神崩潰。

身為一名談判者，要想談判中成功說服對方，首先在精神上就不能輸給對方，做好遇到強硬對手的精神準備是避免心理上處於劣勢的重要一環。

2. 有「打持久戰」的準備

在與客戶談判中，經常會遇到久久不能成交而又不能輕易放棄的情況，這時就會出現馬拉松式的談判。馬拉松式的談判非常耗費談判人員的時間和精力，同時也可以將它看成是耐力考驗。遇到這種情況，推銷人員很可能會產生急躁情緒。

為了避免產生急躁情緒，推銷人員在與客戶談判前應做好「打持久戰」的準備。做好「打持久戰」的準備，需要推銷人員在制定談判方案時把過程考慮得複雜一些，把談判的困難性考慮得多一些，把談判需要的時間考慮得長一些，要對談判的艱鉅性有充分的精神準備。

推銷遠不是一件簡單的事情，任何一次與客戶談判都有可能耗費很長時間，業務員必須要有耐心，在與客戶談判前做好「打持久戰」的準備。

3. 做好談判破裂的準備

每一名業務員在與顧客開始談判以前，都希望談判能夠順利進行，完成交易，但是事情往往不像希望的那樣，在實際與客戶談判中，並不是每一次都能成功。由於談判中雙方利益上的不同，及其他不可預知因素的作用，如果談判不能滿足雙方最低限度的目標，可能會使談判破裂。這雖然不是雙方希望的結局，但是如果不是自己能力可以控制的，就不要過於懊喪。

因此，推銷人員要有談判可能失敗的心理準備，同時，還要做好各種應變措施，比如考慮新的、備份的談判對手。

「勝敗乃兵家常事」，推銷談判的破裂是很正常的事情，推銷人員應該正確看待談判破裂，在談判前做好談判不成功的準備。

當然，做好談判不成功的準備，只是一種應對意外情況的精神準備，並非讓推銷人員在談判還沒開始時，就本著談判必定要失敗的心理進行與客戶談判，那樣的話就沒有必要進行推銷談判了。

除了做好以上幾種心理準備外，在與客戶談判開始前，推銷人員還應做好主動出擊的準備、應付被動局面的準備、打破僵局的準備、拒絕對方無理要求的準備、攻心伐謀的準備等等。在與客戶談判開始前，做好充足的心理準備對於順利進行與客戶談判是十分必要和重要的。做好了各種心理準備，在談判中遇到問題時就不會感到突然，不會感到束手無策，就能從容不迫、瀟灑自如。

為了對付談判心理不合格的談判對手，緩兵之計不失為妙招。

比如，談判進行了一段時間以後，可以休息五至十分鐘。在休息期間，讓雙方走出會談大廳，回顧一下談判的進展情況，重新考慮，或者讓頭腦清醒一下再進入洽談，這些都是有必要的。

一般情況下，休息的建議是會得到對方積極響應的。休息不僅有利於自己一方，對雙方，對共同合作也十分有益。

休息是有積極意義的。它使雙方有機會重新計劃甚至提出新的構想和方案，可以使雙方在新的氣氛下再聚一堂，使精力和注意力再度集中。

有人擔心休息會有消極作用，擔心會破壞剛才的談判氣勢，會使良好有效的談判氣氛受到干擾，或者會給對方改變方針的機會。實際上，這種擔心是多餘的。

其次，應安排休息的流程。

1. 一方面說明休息的必要性。比如：「我想，如果現在休息一下，可能有利於我們雙方好好地談判……」。

2. 簡單總結一下剛才進展情況，並且提出新的建議。比如：「我們已經求出可以解決價格與折扣問題的方法。我建議現在大家想想是否還有別的解決途徑……」

3. 確定休息的時間。比如：「十五分鐘夠不夠？」

4. 避免提出新議題。如果對方想提出新的議題來討論，要求他在休息後再說。在需要休息的時候，不要讓對方有產生討論新議題的機會。

在休息期間，我方要考慮的問題應該是明確的。應研究怎樣進行下一階段的談判，歸納正在討論的問題，檢查我方小組的工作情況，或者對以下的談判提出一些新的構想。同時要考慮怎樣重新開談，考慮後續

的洽談方案和如何做開場陳述。最好能帶著新的建議重新步入談判大廳。休息是一種有很大潛在影響的策略，適當地運用這一技巧，可以幫助我們達到共同獲利的目的。

當談判人員特別是談判小組領導人對於談判桌上的進展不滿意時，常常使用「脫離現場」這種策略。它經常是談判陷入僵局或無法繼續時使用的一種策略。當談判小組長認為，雙方需要在某種新環境中非正式地見面，用以鼓勵為談判建立信任和坦率的氣氛時，也會採用這種策略。

【牢記要點】

1. 談判的目的，就是為了調和雙方利益而達成的某種協定。
2. 談判著眼於利益而不是立場。
3. 談判其實就是一個交換利益的過程。
4. 對談判的任何一方來說，都要掌握自己的「給與取」的藝術。
5. 掌握對方需求期望得到的利益會是非常有效果的。
6. 一定要設法了解對方的真正需求是什麼，談判才能更有力量。

【實戰練習】

好了。實踐時間到了。現在，請再體會一下上文中的內容要點，完成下列問題的思考及行動訓練。

1. 案例分析

1984 年，某塑膠編織袋廠廠長獲悉日本某株式會社準備向國外出售先進的塑膠編織袋生產線，立即出馬與日商談判。談判桌上，日方代表開始開價 240 萬美元，我方廠長立即答覆：「據我們掌握情報，貴國某株式會社所提供產品與你們完全一樣，開價只是貴方一半，我建議你

們重新報價。」一夜之間，日本人列出詳細價目清單，第二天報出總價 180 萬美元。隨後在持續 9 天的談判中，日方在 130 萬美元價格上再不妥協。我方廠長有意同另一家西方公司洽談聯繫，日方得悉，總價立即降至 120 萬美元。我方廠長仍不簽字，日方大為震怒，我方廠長拍案而起：「你們的價格、你們的態度都是我們不能接受的！」說罷把提包甩在桌上，裡面那些西方某公司裝置的照片散了滿地。日方代表大吃一驚，忙要求說：「先生，我的許可權到此為止，請允許我再同廠方聯繫請示後再商量。」第二天，日方宣布降價為 110 萬美元。我方廠長在拍板成交的同時，提出安裝所需費用一概由日方承擔，又迫使日方讓步。

請分析下列問題：

1. 我方廠長在談判中穩操勝券的原因有哪些？
2. 請分析日方最後不得不成交的心理狀態。

2. 選擇答案，測試自己的談判能力。

1）你是不是一個有耐心的談判者？

A、幾乎永遠如此

B、比一般人有耐心

C、普通程度

D、一般程度以下

E、我會完成交易，為什麼要費時間呢？

2）你是否有足夠的魅力？人們是否尊敬你而且遵從你為主管？

A、非常有

B、相當有

C、普通程度

D、不太有

E、一點也沒有

3）和他人比較，你是不是一個有經驗的談判者？

A、很有經驗

B、比一般人有經驗

C、普通程度

D、經驗比一般人少

E、沒有絲毫經驗

注：這些題目很簡單，你自己不妨一答，但卻能了解自己是否具有談判潛力。

3. 請您判斷下面觀點的正誤，正確的打「√」，錯誤的打「×」。

1. 誰的情緒調整得快，誰成功就快。（ ）

2. 情緒不由個人控制。（ ）

3. 有對人生自我負責精神的員工才是好員工。（ ）

4. 成長就是越來越老，毫無快樂可言。（ ）

5. 成長是快樂的。（ ）

6. 人的思考在前動作在後，所以動作受情緒控制。（ ）

7. 劇烈的動作可以創造出很好的情緒。（ ）

8. 自我暗示是唯心主義。（ ）

9. 積極的自我暗示是為了擁有超強的自信心。（ ）

10. 人的思考會影響情緒。（ ）

11. 人無法每天都保持激情。（　　）

12. 每天充滿激情地工作是對一流企業員工的要求。（　　）

　參考答案：

1）√；2）×；3）√；4）×；5）√；6）√；7）×；8）×；9）√；
10）√；11）×；12）√。

槓桿原理：焦點集中策略

運用槓桿原理使自己占優勢是一項強而有力的談判技巧，就像任何強大的工具一樣，必須小心使用。如果你運用槓桿作為自己取得有利位置時，千萬不要濫用你的優勢。相反的，你必須在舒適的氣氛下達成目標，懷著友善達成協定，這將有利於改善對你和你的態度，平靜地去進行談判。

【情景思考】

為了讓顧客更好地了解自己的公司，愛維斯又推出了一個很有趣的廣告，這個廣告主要用來傳遞等車之苦：在黑白的廣告底色上有一個胖子和一個瘦子，瘦子比較聰明，總喜歡欺負那個胖子。有一天胖子牙痛得厲害，瘦子想出了一個辦法給他拔牙。只見那胖子坐在一把椅子上，他把痛的那顆牙齒用線纏起來，由瘦子把線拉到門口。只要瘦子把門一拉，牙齒就會應聲而落，可是這個瘦子偏偏故意不拉，他把頭探出來欺負胖子，胖子只好一邊等待一邊繼續牙痛。這則廣告的廣告詞是「等車如同拔牙一般痛苦」。

【主題解說】

在商業上，leverage 指的是運用你實際擁有的資產，獲得大量利益的能力。例如，一家擁有 leveraged 股票，符合槓桿原理的特別股。意思指的是，股東運用借來的資金來增強企業的獲利能力，它被稱做

「leverage stock」，因為此借貸增加了公司的資本，但是並沒有增加享有公司資產所有權、參與公司經營的人數。所以，在理論上，此等股票更具價值，因為，同樣的公司資產所有人（人數不增加）現在比起剛投資時擁有更多的錢可運用。同樣，leverage 指的是投機者運用利用投資的活動。投機者借錢（槓桿原理）投資於股票或商品市場。他們運用借來的資金加上原本的現金，所以他們能買更多股份或更多契約，因此他們的盈餘也會更大。很自然的，使用財務槓桿原理的投機者，所冒的風險也相對地增加，要獲得更大的投資收益，便需冒更大的風險，這是無可避免的。

運用借來的資金來賺取更大利潤，提升事業成功，是重要企業家經營致富故事的一部分，從希臘船王亞里斯多德‧歐納西斯（Aristotle Onassis）運用借貸融資購得第一艘貸船，至紐約房地產大亨威廉‧柴肯道夫利用財務槓桿原理，經由無數的抵押貸款，使自己成為億萬富翁。產業或有不同，但是財務槓桿原理的運用是持續、經常的；投機者繳一筆小額的現金取得資產（如購買股票）擁有權，然後找人再融資。投機者的收入，除了抵償借款利息仍有盈餘，而且仍具有資產控制權。他再以利潤購進更多的新資產。同樣的遊戲一再重複不已。

在這個例子裡，財務槓桿原理的成功運用者，獲得的利益要遠大於僅能運用原有投資資本。同樣的原理也可用於談判世界，如果你技巧地運用你的長處，你所得到的利益會大得令你驚奇。

一位英國商人很不幸地欠了一大筆高利貸，但自己無法還清借貸。這不僅意味著他將破產，而且必須長期孤獨地被關在地方債務人監獄，然而，高利貸業者提供了另一解決方法。他建議，如果此商人願意把他漂亮的年輕女兒嫁給他，一筆勾銷，以作回報。

　　該高利貸業者既老又醜，而且聲名狼籍，商人以及女兒對這建議都很吃驚。不過此高利貸業者是個狡猾人士。他建議唯一公平解決途徑是讓命運做決定，他提出了以下的建議。他在一個空袋子裡擺入兩顆鵝卵石，一顆是白的，一顆是黑的。商人的女兒必須伸手入袋取一鵝卵石。若她先取出黑鵝卵石的話，就必須嫁給他，而債務也算償清了。若她不選任一顆鵝卵石的話，那麼就沒什麼可談的了，她的父親必須關在債務人監獄。

　　商人以及他的女兒不得已只好同意。高利貸業者彎下身拾取兩顆鵝卵石，放入空袋。商人的女兒用眼角斜視到此狡猾的老頭兒選了兩顆黑鵝卵石，似乎她命運已經判定了。

　　你不得不同意，她似乎沒有強大的談判態勢可言。的確，高利貸業者的行為極不道德，但是假如她拆穿他的伎倆，採取強硬立場，那麼他的父親必進監獄。如果她不揭穿他而選了一顆鵝石的話，她必須嫁給這位醜陋的高利貸業者。

　　很明顯地，此時正是運用槓桿原理的時機。

　　故事中的女孩子不但人美，也很聰明，她了解自己，也了解她的對手。她知道對手是一位不擇手段的狡猾者。她也知道根本不可能與他面對面地較量機智，最終解決之道必須由她扮演甜美可愛、天真浪漫的少女角色。

　　了解對策之後，她把手伸入袋子，取出一顆鵝卵石，不過在將判定顏色之前，她假裝笨拙地摸石取石，結果失誤，鵝卵石掉到了路上，很快地與路上其他的鵝卵石混在一起，無法辨別。「哦！糟糕，」女孩驚呼，繼而說道：「我怎麼這麼不小心，不過沒有關係，先生，我們只要看看在你袋子裡所留下的鵝卵石是什麼顏色，便可知道我所選的鵝卵石的顏色了。」

　　仔細地衡量相關因素之後，決定好策略，女該運用談判使自己贏得有利的位置。在替該老人安排好談判舞臺之後，她揭穿了高利貸業者不道德的行徑，結果可以和她已償清債務的父親回家。故事中的女孩成功了。因為她在判定比賽規則對她不利的情況下，巧妙地利用遊戲規則。簡單地說，女孩的遠見使她能轉劣勢為優勢。

　　這又得回到我們在第一章所闡述的要點。要成為成功者，就必須了解自己的個性和自我的長處及弱點。忠實地自我評估是成功運用槓桿原理的關鍵。而忠實自我評估的關鍵是流行於中世紀哲學家的一句警語：簡單地說就是「擁有好的人生。如何在不利、無奈的情況下求得好結果。好好地去做非做不可的事，是件值得嘉許的好事。」

　　其意味著，如果你有某種個性，承認它，運用它為你謀利。

　　幾年以前，商業界震驚於一位名叫葛林·特納的推銷術。此光芒四射的特納很快地便建立了自己的大事業——他命名為「勇於成為大人物」的組織。在此組織內，他運用他所發展的銷售技巧教導其他的人相信自我，刺激他們賺大錢的抱負。

　　特納先生剛開始著名的事業時，是挨家挨戶推銷縫紉機的業務員。對一位挨戶訪問的業務員來說，剛開始時他有一項嚴重的障礙——他有著很明顯的兔脣。很快地他便利用此障礙，使其成為銷售噱頭的一部分。他對他的顧客說道：「我注意到你在看我的兔脣，女士。哈！這只是我今早特別裝上的東西，目的是讓你這樣漂亮的女士注意到我。」特納先生很明顯地是位很成功的業務員。雖然他的貨品改變，可是他的推銷方法不變，他同時推銷、販賣自己和各種貨品——兔脣和任何產品。

　　槓桿原理運用另一部分是使你的努力達到極點，不要把努力浪費在無效的規劃行動上。很多謀職之人在開始求職之時便已浪費過多精力，

他們的履歷表記載了太多與所謀職位不吻合、不相關的資訊，在談判時不要害怕成為資料的主編，精確選擇有用資訊，去除無用資訊。談判過程就是溝通過程，堆積不相干、誤導的因素，只會混淆主要問題而已，毫無益處。

編寫履歷表也可運用槓桿原理。

一位從事多年教學工作的老師，決定改行從商。他是個有效率的老師、數學家，是個足智多謀的人。對任何公司都是有用的人才，可是沒人願意給他機會。過不了多久，這位教師便明白了解他的方法不對，所以改變了處理方法，很顯然他成為好老師的技巧可運用於商業界，可是他將來的僱主不這麼想。這位教師是位助理校長，在他教書的小鎮這是正職，他以履歷表篇幅的百分之九十論述了這一職務及所做的工作，他詳盡說明他和學校學生社團、僱員及供應商的交往，以便觀看履歷表的人下結論。

運用此新方法一個月之後，他獲得了工作，他運用自己擁有的一些長處和經驗，謀得想要的職位，企業界對教師有些偏見，他則以不會引起偏見的方式推銷自己。那位教師現在在一家大型飲料公司工作，工作表現良好。如果應徵時，他讓此家公司僅以表面的經歷評估他的話，他就不可能得此機會。

為了要運用長處為自己謀利，必須將道德孤立分離，確定它們是什麼。

讓我們假定，你在談判購屋事宜。你要買的房子並不在最佳地段，屋價早已反應出此點，可是你認為還是可以做成對己更為有利的交易。你知道還有其他的人對此房子有興趣，可是你覺得你的立場獨特。你想買此棟房子，不是做住宅，而是一項投資 —— 此投資是你的會計師極力

向你推薦的，因為你需要減稅。沒錯，購房做住宅的買主，對賣價也和你一樣感興趣，不過他們會對其他的考慮更感興趣 —— 像地板的美觀、牆壁、油漆顏色和貸款方案。

而且你知道這棟房子已抵押給銀行融資 —— 每年不只是要支付利息，而且要分期發還本金，直到抵押品到期，像這樣的抵押品對絕大多數的住宅買主來說，沒有什麼用；但這種抵押品對你是有用的。在販售房子時一併讓與給你，將對人更有裨益。基於此點，交易的進行速度大增。

你把這些有力的論點帶到談判中，此屋的屋主想要退休了，所以希望盡快成交。然而，像絕大多數的屋主一樣，他對自己的房子很有情感，認為它們的價值不止於此。你告訴他，你想符合他的叫價，不過你計算了使房子恢復良好狀況所需的整修費，故而開價比他的叫價少了幾千元，你所做的是件公平的事，是採取了折衷辦法。接著你很快地結束討論，告訴他，他自然需要一些時間考慮你的提議。你灌輸了整修費用的念頭到房主的腦海裡，你讓他擔心其他買主是否能出更好的價錢。房主現在對房子的真正價值也不敢確定了，結果你可能會接到房主接受了你出價的電話。

柔道策略是談判技巧一種，也是槓桿原理的運用。它是運用敵人的力量為己謀利，簡而言之，它意指面對強大的對手要獲得自己所想時，不要與他硬碰硬。就像老練的鬥牛士，誘使鬥牛往你的方向衝來。不過在雙方即將撞擊的一刻，巧妙地閃到一邊，利用對手（牛）的加速度。

如果你與咆哮、謾罵、具攻擊性的對手進行談判時，最簡單的方法是運用柔道策略。這些人不管是什麼原因，總是想要跟人決一雌雄，而他們的談話充滿攻擊性，過於堅持自己看法，惹人不快，好像他控制了

談話是件了不得的事。

對付這種人最不明智的作法，便是採取和他同樣具攻擊性的策略。此種處理方法的結果是不快的情緒、升高的壓力，或者是更糟。處理此情況的的最好方法，是運用對手的力量對待他自己。不要氣惱，只要平心靜氣地告訴他「我向你保證，我來這裡是做生意，不是來跟你決一雌雄。我想我有些重要事要做。我也知道你有不愛浪費時間的美譽。我們為什麼不先達成協定，然後，如果願意的話，再決一勝負不遲」。

由於你的忍辱負重，你會讓你所討厭的、具攻擊性的對手去除敵意，如果他成心談判，你們能平心靜氣談生意的。不要忘了，許多人相信致勝之道是採取強悍姿態使敵人畏懼。事實上攻擊性行為可能只是裝出來的。不過不管怎樣，你的處理方法是先站穩自己立場，表現自我。記住，沒有任何交易值得你失去自我尊嚴。

槓桿原理能夠把焦點集中，然後一舉解決。這樣的例子比比皆是。

例如，你在談判某一房地產的價錢，你知道屋主由於急需，必須賣掉它。近來有關遺產稅的新規定，使得許多人必須變賣私產來償清稅款。不管怎樣，如果你取得像這樣的優勢，善用它，可是不要濫用它，當對手覺得自己受屈辱、被玩弄時，談判便不會有好結果。縱使達成交易，簽定合約之後，你的無情、不圓滑可能會招致你的對手回來糾纏你。千萬不要低估、羞辱你的對手，縱使你占了優勢，務必態度優雅，充滿善意、誠意，不要在任何交易中讓你的對手一人承擔所有的惡果。

「這棟老房子實在好，我真希望能多付一些錢，因為它的價值實在不止於此。可是我的預算僅止於此，不能再多付了。」以上說法不是要比以下這種說法好得多嗎？「讓我們面對事實吧！你不知如何處理這廢物。它就要倒塌了，要修好及扶起它將需要一批昂貴的機器和費用才能

奏效。現在你聽到我的出價了，接不接受隨你！」當然了，以第一種講法為佳。不同的處理方式又不會多花你一分錢。就如同一位精明人士說過的一句話：「善有善報」。

還有另一要注意的事，雖然每一件事都可談判，但並不是每次談判必得到最後解決。逼人太甚，可能會激起對方反擊，記住凡事不可做得太過分。

縱使絕望的賣方也可能拒絕出售，中止談判，如果他覺得對手的出價低得太不合理，買主態度惡劣、無禮的話。絕大多數的律師都是很實際的，如果他們能庭外解決問題，通常都會採取庭外合解的方式。但是如果牽涉的金額值得他們訴訟的話，他們必會攜帶法律檔案和傳票對簿公堂的。

一位代收欠款的律師，他的目標是讓債務人償還一部分款項。他知道收款可經由法庭幫忙，但是流程很緩慢，而且某些情況下縱使法庭判決之後，還必須找到扣留、查封的資產。因此他（她）進行催款項時，都極為友善。他知道如果能使每個客戶付款的話，既使是小數目，對他也是有利的。然而這並不意味，他不會糾纏不合作的客戶，他在一番努力之後，對方若還不合作的話，繼續講理是沒有用的。此時談判破裂，跟著而來的是法院傳票。這種情況很自然，催款律師也是人，如果他覺得受到客戶惡劣態度凌辱、冒犯的話，他也會採取嚴厲措施，訴諸法律。務必時時以理性來緩和談判的目標，不要凡事做絕了。

【牢記要點】

1. 談判的目的，就是為了調和雙方利益而達成的某種協定。
2. 談判著眼於利益而不是立場。
3. 談判其實就是一個交換利益的過程。

4. 對談判的任何一方來說，都要掌握自己的「給與取」的藝術。

5. 掌握對方需求期望得到的利益會是非常有效果的。

6. 一定要設法了解對方的真正需求是什麼，談判才能更有力量。

【實戰練習】

　　好了。實踐時間到了。現在，請再體會一下上文中的內容要點，完成下列問題的思考及行動訓練。

1. 案例分析

　　業務員小張前往一家大製藥廠做一年一度的造訪，去年他賣電腦記帳系統給這公司，今年他前往商談系統現代化的問題，當他一走進這家公司，所面對的卻是充滿敵意的部門經理。小張並沒有採取以敵意對抗的方式，他耐心讓經理發洩了一番，然後對他所受到的待遇表示驚訝。他隨即開啟他的資料夾，展現電腦訂單的客戶資料。

　　「先生，紀錄中沒有一件顧客抱怨事件，我不知到底是怎麼一回事，麻煩您告訴我好嗎？」部門經理接著解釋事情原委，新購的機器照理說是應該增加記帳效率百分之五十才對，可結果並非如此。這些昂貴的新機器實際上比起過去人工處理的方式更缺乏效率，也比舊機器不耐用，至少舊機器不需要業務員頻繁造訪。小張聽完後感覺困惑，要求經理允許他看一下他們運用電腦操作的情況。

　　他不需要觀察很久，就已領悟了問題癥結所在。這些機器的目標是顧客資料必須輸入磁帶儲存，然後帳目資料由鍵盤按鍵輸入，但是工作員把所有資料都由鍵盤打入。他們把電腦當打字機用了。問題出在，公司所訓練的操作人員離職，另有高就，手的操作員訓練不足，由他們再

訓練出來的操作人員技術更差。小張給該總公司打了一通電話，解釋問題發生的原委，蒙公司允准，待在製藥廠三天，徹底訓練該製藥廠的電腦操作人員。

　　成效極佳，小張此行不但讓該製藥廠另外多購了兩架鍵盤，以及一套語言處理系統，更贏得了好感。

　　試分析，小張的什麼策略構成了談判的力量，終能成效的？

2. 選擇答案，測試自己的談判能力。

1）談判在人類社會中產生的主要原因是人類的：

　　A、經濟利益需求

　　B、安全需求

　　C、社會交需求

　　D、生存、發展需求

　　E、自我實現需求

2）談判主要包括：

　　A、一般性會見

　　B、索賠談判

　　C、訪問交流

　　D、意向性談

　　E、合約談判

3）談判中，己方在報價時，應堅持：

　　A、堅定、明確

　　B、內容完整

C、做詳細解釋說明

D、不做詳細解釋說明

E、模糊化、留有餘地

注：這些題目很簡單，你自己不妨一答，但卻能了解自己是否具有談判潛力。

3. 提升訓練

生意人常常認為，絕大多數人都是講理的。通常的確如此，然而世上就是有完全不講理的人，事實上，有些人便能運用他們的不合理性，成功地為自己謀利。

七十年代，年輕的職業夫婦喜歡在美國內城購買老式大房子。優點是廣大的生活空間、市郊的低稅，以及接近城市生活和充沛的資源。

在紐約所謂的「褐石帶」，有許多新屋主要把他們的房子恢復舊觀，此意味著修理橡木門，配上橡木和櫻木廚櫃以及其他木工方面的修護工作。

此趨勢的受益者是一位牙買加人士，叫喬治的家具、櫥櫃木工。不像同時期的美國木工，他是硬木木工出身的，其製造硬木家具的技巧嫻熟無比。結果他一人包攬了許多生意，而且是在他所開出的不二價條件之下成交。

喬治能夠在看了要做的工作之後，正確地算出所需成本、時間和材料。他接著堅持一定要先付款。很多新的屋主是年輕的律師，他們的傲氣不容許如此的生意安排。他們提出先付清材料款，至於其餘款項，希望完工後他們認為滿意才全部付清。此安排令喬治十分忿怒。「合你們的意，你們對木工懂多少呀！老兄，沒人比老喬治對工作的要求更嚴格了，包括你。」

　　喬治接著直截了當地說，他有數以百計的滿意顧客的鄭重推薦，這些顧客都是預先付清款項的，所以，如果你要喬治為你工作，事先付款是條件。令人難以相信的是，這些精打細算的律師竟然都同意了此極不合理的要求。喬治可靠而且技術出眾，跟他的不合理打交道，到底還是比雇用技術遠遜於他的木工要合理得多。

　　當然，喬治並不知道他是在進行談判，他認為他只是在做合乎公平的正確事情而已。在他的木工生涯開始之時，有一位顧客拒絕付錢，從此喬治下定決心，他不容許這樣的事再次發生。因為他在某一特殊時期，擁有極特殊技能，故能運用槓桿原理克服阻礙。

　　問題：請廣泛分析槓桿原理的作用。

雙簧戲：黑臉白臉策略

　　談判過程中使用軟硬兼施、剛柔並濟的技巧和方法，要注意考察談判對手的相關情況。如果對方具有豐富的談判經驗，並且整個談判的形勢對自己不利而對對方有利，那麼軟硬兼施的技巧就很難達到預期的目的；反之，當談判形勢對自己有利而對對方不利的時候，特別是在談判對手缺乏足夠的經驗，或者談判對手對達成協定的心情較為迫切的情況下，更容易奏效。

【情景思考】

　　有一回，傳奇人物億萬富翁休斯（Howard Robard Hughes, Jr.）想購買大批飛機。他計劃購買三十四架，而其中的十一架更是非到手不可。起先，休斯親自出馬與飛機製造廠商洽談，但卻怎麼談都談不攏，最後搞得這位大富翁勃然大怒，拂袖而去。不過，休斯仍舊不死心，便找了一位代理人，幫他出面繼續談判。休斯告訴代理人，只要能買到他最中意的那十一架，他便滿意了。而談判的結果，這位代理人居然把三十四架飛機全部買到手。休斯十分佩服代理人的本事，便問他是怎麼做到的。代理人回答：「很簡單，每次談判一陷入僵局，我便問他們 —— 你們到底是希望和我談呢？還是希望再請休斯本人出面來談？經我這麼一問，對方只好乖乖的說 —— 算了算了，一切就照你的意思辦吧！」

第二章
瘋狂談判策略

【主題解說】

　　在談判活動中，軟硬兼施的技巧和方法也經常被運用，並藉此來達到自己的談判目的。在談判學稱作「黑臉白臉法」或者「好人與壞人法」。使用這種方法，要由唱「黑臉」的「壞人」率先登場。這種談判者表現得傲慢無理，要求苛刻，態度強硬，獅子大開口，目的是使談判對手對這種談判產生極大的反感或者畏懼。但當談判雙方氣氛相當緊張、談判陷入僵局的時候，由唱「白臉」66「好人」出場。這種談判者表面上誠懇態度，稍做讓步，「合情合理」地對待對方，表現出極其和善的姿態。

　　卡特總統和雷根總統從伊朗救出人質，不是這麼回事嗎？你還記得，卡特競選失敗，他迫切想在離任之前解決人質問題，這樣他的繼任者雷根會給他記一功。於是他開始對伊朗領導人用黑臉／白臉策略。他對他說：「如果我是你，就跟我談這個問題。不要指望一月新上臺的政府。上帝，你有沒有看看這些傢伙？總統原本是個演牛仔的，副總統原本是中情局的頭子。這些傢伙比英國人還瘋狂。很難說他們幹出什麼事情來。」

　　雷根也用這招，他說：「如果我是你，就同卡特了結這件事，他這個人不錯。你肯定不喜歡我上臺以後的意見。」的的確確，在雷根就職演說當天的早上，我們就看到人質被釋放了。當然，伊朗人知道這是黑臉／白臉策略，但是他們不想冒險使雷根兌現他的威脅。這證明，即使對方心知肚明，這個策略也是有用的。

　　實際上，你同一個了解這些策略的人進行談判，就更有趣了。就像棋逢對手，而不是與一個比不上你的對手下棋。

　　對策：別人用黑臉／白臉對付你的時候，試試下面的策略：

1. 第一個策略是揭穿它。儘管有很多解決問題的方法，但這可能是你需要了解的唯一策略。黑臉／白臉策略人所共知，運用此計而被當場識破的人會感到尷尬。如果你看出對方運用此計，你應該微笑著說：「喂，接下來你是不是要用黑臉／白臉的策略？來來來，坐下來，我們解決解決這個問題。」通常他們感到不好意思而偃旗息鼓。

2. 你可以創造一個自己的黑臉來回擊。你告訴他們你願意按照他們的要求去做，但坐在主管辦公室裡的人痴迷於原來的計畫。你總是可以虛構一個比在場的黑臉更加強硬的黑臉來。

3. 你可以向他們的上級核對此事。例如，如果你與零售商及其負責人談判，你可以打電話給經銷商貨主，說：「你們的買主跟我扮演黑臉／白臉策略，你不贊成這種事情，是不是？」（要當心，越過買主去找上級的作法，可能使買主對你產生惡感，給你帶來更大的問題。）

4. 有時就讓黑臉表達他的意見，尤其是他讓人討厭的時候。最終，他的人會厭倦聽他嘮叨，告訴他閉嘴！

5. 你可以對那個白臉說：「我知道你們兩個用的是什麼計策。從現在起他說的任何話，我都認為是你說的。」於是你現在有兩個黑臉要對付，就化解了這個策略。有時你在心裡把他們都當作黑臉，也是可以解決問題的，不必要揭穿他們。

6. 如果對方帶來律師或主管，他明顯是來扮演黑臉的。他們一進門你就要先發制人。你對他們說：「我敢保證你是扮演黑臉來的，但我們還是收起這一招吧。我和你一樣急於解決問題，那我們為什麼不採取雙贏的辦法呢？好不好？」這真的就繳了他們的械。

第二章
瘋狂談判策略

【切記要點】

買主有多常使用黑臉／白臉策略對付你，這是你想不到的。同兩個或更多人談判的時候，你要當心。

這是一個不產生衝突但又可以施加壓力的有效方法。

揭穿它。眾所周知的策略，你抓住他們的時候，他們會不好意思，然後偃旗息鼓。

要使用「白臉」和「黑臉」的戰術，就需要有兩名談判者，兩名談判者不可以一同出席第一回合的談判。兩人一起出席的話，若是其中一人留給對方不良印象的話，必然會影響其對另一人的觀感，這對第二回合的談判來說，是十分不利的。

第一位出現的談判者唱的就是「黑臉」，他的責任是激起對方「這個人不好惹」、「碰到這種談判的對手真是倒了八輩子楣」的反應。而第二位談判者唱的是「白臉」，也就是扮演「和平天使」的角色，使對方產生「總算鬆了一口氣」的感覺。就這樣，二者交替出現，輪番上陣，直到談判達到目的為止。

第一個談判者只需要做到使對方產生「真不想再和這種人談下去了」的反感便夠了，不過，這樣的戰術，只能用在對方極欲從談判中獲得協定的場合中。當對方有意藉著談判尋求問題的解決時，是不會因對第一個談判者的印象欠佳，而中止談判的。所以，在談判前，你必須先設法控制對方對談判所抱持的態度，如果是「可談可不談」，那麼「白臉」與「黑臉」戰術便派不上用場了。

前面已經提過，談判以在自己的地盤上進行較為有利，但是，在使用「白臉」與「黑臉」戰術時，卻反而以在對方的陣營中進行談判為佳。不管第一位上陣的談判者用什麼方式向對方「挑戰」，如果談判是在

對方的陣營中進行的話，基於一種「反正這裡是我的地盤」的安全感，對方通常不會有過度情緒化的反應。因此，當第二名談判者出現時，他們的態度自然也不至於過分惡劣了。

相反地，若談判是在自己的地盤進行，而對方又被第一位上陣的談判者激怒了的話，便很可能拒絕再度前來，或者乾脆要求改換談判地點。一旦談判地點變更，對方便可能因此而擺脫掉上次談判所帶來的不悅，重新振奮，以高昂的鬥志再度面對你的挑戰。果真如此，那麼「白臉」與「黑臉」戰術的效果就要大打折扣了。

「白臉」與「黑臉」戰術的功效，源自第一位談判者與第二談判者的「聯線作業」上。第二位談判者就是要利用對方對第一位談判者所產生的不良印象，繼續其「承前啟後」的工作。第一位談判的「表演」若未成功，第二位談判者自然也就沒戲可唱了。

美國的服裝商德魯比克兄弟二人開了一家服裝店，他們的服務十分熱情。每天，哥哥都站在服裝店的門口，向行人推銷。但是，這兄弟二人都有些「聾」，經常聽錯話。經常是其中一人熱情地把顧客拉到店中，反覆介紹某件衣服是如何地物美價廉，穿上後又是如何地得體和漂亮。經過這樣勸說一番之後，顧客總會無可奈何問他：「這衣服多少錢？」

「耳聾」的大德魯比克先生把手放在耳朵上問道：「你說什麼？」

顧客又高聲問一遍：「這衣服多少錢？」

「噢，你問多少錢呀，等我問一下老闆。十分抱歉，我的耳朵不好。」他轉過身去向弟弟大聲喊道：「喂，這套全毛的衣服賣多少錢？」

小德魯比克站起身來，看了顧客一眼，又看了看服裝，然後說：「那套嘛，72 美元。」

「多少？」

「72 美元。」老闆高喊道。

他回過身來，微笑著向顧客說：「先生，42 美元一套。」

顧客一聽，隨即趕緊掏錢買下了這套便宜的衣服，溜之大吉。

其實，德魯比克兄弟兩人的耳朵一點也不聾，而是借「聾」給想占小便宜的人造成一種錯覺來促銷。事實上，德魯比克兄弟採用此種方法經營得非常成功，賺了不少錢，供他們的三個孩子上大學。還有一個類似的實例同樣發生在美國。

在美國西部的某城，有兩家專賣廉價商品的商店，一家名叫美國廉價商店，而另一家則稱紐約廉價商店。這兩家店面相鄰，但店主卻是死對頭。長期以來，一直在商品銷售上進行著激烈「戰鬥」。

一天，紐約廉價商店的櫥窗中掛出一幅廣告，上書：出售亞麻布被單，瑕微疵小，價格低廉，每床售價 6.50 美元。居民們看到這則消息，紛紛奔走相告，趨之若鶩。但同往常一樣，沒過多久，隔壁美國廉價商店的櫥窗裡赫然出現了這樣一則廣告：我店的被單與隔壁的相比，猶如羅密歐與朱利葉的親密關係一樣，注意價格：每床 5.95 美元。這樣一來，擁向紐約廉價商店的人們看到隔壁賣得更便宜，馬上放棄了這裡的交易，轉而擁向另一家美國廉價商店，一齊擠進店內，只消片刻，被單就被蜂擁而至的人們搶買一空。

像這樣的競爭可以說從未間斷過。忽而東風壓倒西風，忽而西風壓倒東風，無盡無休。而當地的居民也總盼望兩家商店相互競爭，因為他們的競爭讓人們可以用很少的錢，買到十分「便宜」的商品。

除了利用廣告相互壓價競爭外，兩家商店的老闆還常常站在各自的商店門口，相互指責、對罵，甚至拳腳相加，場面十分激烈，直到有一方敗下陣來，才能停止這場殘酷的「戰鬥」。這時等待已久的市民們則好

比在比賽場上聽到起跑令一般，擁向勝利一方的商店，將店內的商品一搶而空，不論能買到什麼樣的商品，他們都感到很愜意。就這樣，兩家商店的戰爭，在當地成為最著名、最緊張，也最為持久的風景，而附近的居民從中獲得了巨大的利益，買到了各種物美價廉的商品。他們總在盼望著兩家商店的「戰鬥」再起，好使能從中獲益，這已經成了他們生活中不可缺少的一部分。

一晃，幾十年過去了，兩家商店的主人也老了。突然有一天，美國廉價商店的老闆失蹤了，鋪面上了鎖。大家再也看不到他們相互競爭的精彩場面了，感到很茫然，心裡好像缺點什麼。每一天，都在盼望出現奇蹟：鋪面又開張了，兩家店主人開始「戰鬥」，但奇蹟沒有出現。過了一段時間，紐約廉價商店的老闆也拍賣了自己的商店，隨後也搬走了。從此，附近的居民再也沒有見到過這兩個帶給他們刺激和利益的怪人。

終於有一天，商店的新主人前來清理財產時，發現了一樁令人費解的事情：兩家商店間有一條祕密通道相連；在樓上，還有一道門連線兩家老闆的臥室。這是怎麼回事？大家都有些驚訝，猜不透昔日「仇敵」的臥室為什麼會相通。經過調查得出了一個讓人譁然的解答：這兩個死敵，原來竟是一對親兄弟。他們平時的咒罵、威脅、互相攻擊，都是刻意扮演的，所有的「戰鬥」都是騙局，因為在他們兩個人的「戰爭」中，不論哪一方勝利了，只不過是由勝利一方把失敗一方的貨物一齊賣掉罷了。幾十年來，他們利用了人們的求廉心理，透過不間斷的「戰鬥」矇蔽了當地的消費者。

一般來說，我們也可採取軟硬兼施的兩手策略。

軟勢策略就是尋找業務員與顧客之間的共通性，以拉近彼此間的距離，促使顧客因雙方關係好而不好意思拒絕採購。其中，同姓、同鄉、

志趣相投都是可以攀附的藉口，肯定和讚美顧客也可以促成交易。

總之，關係好是一種權勢（影響力），除了人際公關以外，品牌優勢、通路優勢、服務優勢、價格優勢、物流優勢、研發優勢等都可以成為引導顧客購買的誘因。所謂誘因就是說服的著力點，只要找到著力點就能創造籌碼，顧客就容易被說服。

硬勢策略就是提供促銷價格優惠，刺激顧客的欲望，並且告知顧客優惠是限時的，若超過日期優惠就將取消，這便是以價格優惠與時間期限的權勢達到說服目的的談判技巧。

【牢記要點】

1. 談判的目的，就是為了調和雙方利益而達成的某種協定。
2. 談判著眼於利益而不是立場。
3. 談判其實就是一個交換利益的過程。
4. 對談判的任何一方來說，都要掌握自己的「給與取」的藝術。
5. 掌握對方需求期望得到的利益會是非常有效果的。
6. 一定要設法了解對方的真正需求是什麼，談判才能更有力量。

【實戰練習】

好了。實踐時間到了。現在，請再體會一下上文中的內容要點，完成下列問題的思考及行動訓練。

1. 案例分析

美國大富翁霍華·休斯是一個看起來很嚴肅的人，他是扮演談判「黑臉」人物的極適合的人選。有一次，休斯為了大量採購飛機，親自與飛機製造商的代表進行談判。由於休斯的性格、外貌以及社會地位，他的談判

風格令一般對手很難適應，這次談判也是如此。在雙方的談判過程中，休斯不僅態度相當強硬，而且要求對方在契約上寫明他所提出的 34 項要求，而且其中有 11 項要求是他非得到不可的，沒有任何退讓的餘地。休斯的這種態度和條件，引起了飛機製造商方面的反感和憤怒，對方的態度雖然並不如休斯那般惡劣，但是難以忍受他的談判風格，雙方開始針鋒相對起來。就這樣，休斯與飛機製造商的談判代表互不相讓，寸利必爭，談判充滿了火藥味和極不友好的氣氛，很快雙方的談判就陷入僵局。而由於休斯過分強硬的態度和霸道蠻橫的講話風格，導致飛機製造商的談判代表相當惱火，最後休斯被對方「踢」出了談判場地，雙方最終不歡而散。

但其實這種結局和場面，以及對方的反應，正是休斯刻意營造的，他並非真的想搞砸談判，放棄雙方的合作。不過事已至此，雙方的交易談判休斯本人便不能再繼續參與了，他派遣了私人助理代表他本人出面與對方繼續談判，充當「白臉」的角色。再次談判之前，休斯告訴自己的私人代表，不用全部爭取到 34 項要求，只要能夠爭取到必須得到的 11 項要求就足夠了。於是，休斯的代表帶著休斯的真正目的與對方進行談判。他並沒有採取休斯強橫霸道的談判方式，而是充當一個老好人的形象，和對方推心置腹地交流看法與思路，談判重新回到友好和諧的氣氛中。與休斯談判的結果不同，他的私人助理很快就搞定了一切。

經過一番激烈而友好的談判後，休斯的代表竟然爭取到了 34 項要求中的 30 項，非得到不可的 11 項要求也全部包括在內。這一結果令休斯大感意外，他驚喜地問私人助理何以取得如此巨大的勝利，代表告訴他：「事情很簡單，因為每次談不攏時，我都問對方是希望和我解決這個問題，還是留給霍華‧休斯先生跟你解決？結果對方每次都很痛快地接受了我的要求，就這樣。」

　　由於休斯和他的私人代表密切配合，軟硬兼施，剛柔並濟，成功地扮演了一出「黑臉和白臉」的精彩戲，使休斯得到了最好的結果，成為軟硬兼施這一有效的技巧和方法的極好例證。

2. 選擇答案，測試自己的談判能力。

1）對談判人員素養的培養包括：

　　　　A、家庭的培養

　　　　B、社會的培養

　　　　C、企業的培養

　　　　D、自我培養

　　注：這些題目很簡單，你自己不妨一答，但卻能了解自己是否具有談判潛力。

3. 行動建議

　　思考你所在產業的競爭對手，對方有哪些情報是你所必需得到的？己方有哪些情報是必需嚴守的？你將如何防止對方對己方情報的獲得？把你的看法寫下來。

第三章
瘋狂語言藝術

　　每一場成功的商務談判，都是談判雙方出色運用語言藝術的結果。

　　在談判中，雙方各自的語言，都在表達自己的願望和要求。因此談判語言的力道要強，表達方式要婉轉，目的性要強，做到有的放矢；另一方面，談判形勢的變化是難以預料的，往往會遇到一些意想不到的尷尬事情，要求談判者具有靈活的語言應變能力，與應急手段相連繫，巧妙地擺脫困境，才能一言勝過千軍萬馬，克敵致勝於談判桌上。

陳述事實：說明的語言藝術

在談判中，敘述就是談判者從正面闡述自己對問題的具體看法，以使對方了解自己的觀點、立場和方案。其所陳述的內容主要有：本企業狀況、合作誠意及商品規格、品質效能等。談判者透過敘述不僅可以表明自己的立場和觀點，還能在一定程度上控制與客戶談判的進展。因此推銷談判者要掌握敘述的技巧。

【情景思考】

哲學家柏拉圖曾經用這樣一句話來說明什麼是人：「人是沒有羽毛的兩腳直立動物。」於是他的一個學生就跟老師開玩笑，他把一隻雞拔光了毛，說：「這就是柏拉圖的『人』！」這一嘲諷使柏拉圖非常窘迫。他這位大哲學家之所以會犯這樣的錯誤，就是因為他沒有抓住人的本質特徵。

【主題解說】

一般情況下，談判中敘述問題、表達觀點和意見時，應當態度誠懇、觀點明朗，語言生動、流暢，層次清楚、緊湊。具體來講，談判者還要掌握以下技巧：

◆ 敘述要簡潔準確，不拖泥帶水

不論是口頭陳述還是提供書面資料，或是回答對方詢問，都應簡潔

而準確，不要拖泥帶水，也不要拐彎抹角。含混而不明確的意見，是談判的絆腳石。對自己不太精通的專業知識，不宜多談和深談，以免說錯。對自己不了解的問題應推遲答覆或實事求是的講明，切莫信口開河，這樣會影響聲譽和削弱談判地位。總之，談判對手絕不會同意他們不明白的任何事。

◆敘述要具體生動

為了達到敘述的目的讓對方獲得最佳的傾聽效果，談判者在敘述時應注意生動而具體。這樣做可使對方集中精神，全神貫注地聽。

所以你在敘述時一定要避免令人乏味的平鋪直敘，以及抽象的說教，要特別注意運用生動、活靈活現的生活用語，具體而形象地說明問題。有時為了達到生動而具體，也可以運用一些演講者的藝術手法，聲調抑揚頓挫，以此來吸引對方的注意，達到你敘述的目的。

◆敘述的主體要明確且必須層次清楚

談判中的敘述不同於日常生活中的閒談，因此切忌語無倫次、東拉西扯，沒有主次、層次混亂，讓人聽後不知所云。為了能讓對方方便記憶和傾聽，應在敘述時符合聽者的習慣，便於其接受；同時，分清敘述的主次及其層次，這樣即可使對方心情愉快地傾聽己方的敘說，其效果才是比較理想的。

◆敘述時要言之有據，必須客觀且真實

談判者在談判中進行敘述時，應客觀真實地進行敘述，而且在敘述商品品質、用途、價格等主要專案時，要言之行據，盡可能採用具體證

據或有力的旁證，要避免空話連篇或言過其實。任何一種商品都不可能是完美無缺的，任何一種道理的真理性都是相對的。敘述來源於真實性，來源於長處與短處對比中的襯託技巧，讓對方清晰地意識到商品的長處會給他帶來的效益。過分的誇大與渲染，或完全迴避所介紹商品的缺點，其效果都適得其反，而且會增加對方的不信任感。實事求是地分析、對比、說明，才能提高對方的信任度。如果你在敘述時對事實真相加大修飾且被對方發現，哪怕僅僅是一點點修飾，也會大大降低公司的信譽，再想重新改變對方對你的印象就有點困難了。

◆敘述的觀點要準確且有的放矢

與客戶談判中對觀點的敘說，應力求準確無誤，力戒含混不清，前後不一致，這樣會給對方留有缺口，為其尋找破綻打下基礎。雖然談判過程中，觀點有時可以依據談判局勢的發展需求而發展或改變，但在敘述的方法上，要能夠令人信服。也就是在介紹時要有專屬性，不能千篇一律、泛泛而談。這裡的專屬性有兩方面的含義：一方面是談判一開始就要了解對方的需求和顧慮，針對其需求與顧慮進行介紹、宣傳或回答；另一方面是針對不同性格的談判對手區別對待。

對一語三思的沉穩型對手，宜在陳述時穩而慢，充分留有餘地，適當配合提問，切忌急躁。對自以為是、誇誇其談的外露型對手，宜心平氣和、多聽少說、稍加迎合，在抓住薄弱環節時進行勸導，不要反感和諷刺對方；對急躁、喜怒分明的直率性對手，宜採用平穩愉快的用語，避其鋒芒，以柔克剛；對反應敏捷、不易外露的社交型對手，陳述時應審時度勢，採用投石問路的技巧，在了解其真實意圖後，抓住時機爭取主動。

◆敘述時發現錯誤要及時糾正

談判者在談判的敘述中，常常會由於種種原因而出現敘述上的錯誤，此時應及時加以發現並糾正，以防造成不應有的損失。有的談判者在發現敘述中有錯誤時，礙於面子，採取順水推舟、將錯就錯的作法，是要堅決反對的。因為這樣做往往會使對方產生誤解，從而影響談判進行。還有些談判者發現自己敘述中有錯誤時，便採取事後自圓其說，文過飾非的作法，結果不但沒能「飾非」，反而「加非」，可謂愈描愈黑，對自己的信譽和形象實在是有損而無益，更嚴重的是可能會失去合作夥伴，後果實在可悲。

◆敘述時避免使用含有上、下限的數值

敘述中涉及的數值，常有價格、兌換率、賠償額、交貨日期及附加費用等等。表述時一定要用一個具體數值，不要用含上、下限的概括數值。否則，對方會選擇其最有利的數值作為進一步談判的基礎，從而增加談判阻力。

◆敘述時可進行必要的重複

談判者在進行敘述時，時常會遇到對方不理解、沒聽清楚、或有疑問等情況，這時，對方就會用語言或動作來向你傳達資訊。這就要求談判者在敘述的同時，注意觀察對方的眼神、表情等，一旦覺察對方有疑惑不解的資訊傳出，就要放慢速度，或重複敘述；如果對方持筆記錄我們所述內容時，敘述的速度就更要掌握好，必要的關鍵之處要適當重複敘述。如果經過複述對方還不理解，要有耐心地加以解釋；如果對方誤解我們的原意，也不要煩躁，要耐心地進行誘導。

◆敘述時要自信

與客戶談判的本質決定了其在利益上必然存在著合作與衝突，它不是單方面的利益取捨，而是雙方共同利益相協調的行為，因此，談判者不必在對方面前自覺矮人一等，要不卑不亢。否則，在介紹企業和商品時會缺乏信心，出現閃爍其詞或吞吞吐吐的現象，甚至乞求式語言。與客戶談判的經驗告訴我們，低三下四，乞求對方高抬貴手的作法，不僅會使你推銷的商品貶值，也會影響企業聲譽和個人形象，即使勉強成交一批商品，也會付出慘痛的代價。談判者要明白與客戶談判能否成交的關鍵，是對方需求和購買欲望的拓展，而不取決於你態度如何卑下。

◆敘述時的語言要有含蓄性和必要的幽默

既然是談判，就不可避免地會遇到衝突和對抗，此時談判者如果用含蓄和幽默的語言進行敘述，則往往可以達到出其不意的效果。比如，當對方詢問到公司不能外洩的經濟機密時，可採用含蓄的語言謝絕；當對方對公司進行不友好的攻擊或批評時，則可採用含蓄或幽默的語言進行糾正；在某種氣氛下，不宜直接表述與對方不同的意見，也可用委婉含蓄之詞，表達自己的不同看法。

總之，在與客戶談判中進行敘述時，談判者應從談判的實際需求出發，靈活運用上述敘述技巧，使自己的敘述達到最佳效果，以促進自己談判目標的實現。

我們談過談判時清晰溝通的重要性。事實上，最高層次的談判，就是高段的意見溝通，成功的談判者也是一位擅長傳達、澄清觀點給對手的人，似乎已是不可爭辯的事實。

所以，不管你是怎樣的個性，或運用怎樣的戰術，你的成功取決於

你能使對手清楚了解你的意見的能力。

要確實使對手了解你的意見的最好方法，是審慎、小心、一要點、一要項地逐一討論，不要同時討論太多的話題。

描述此技巧最好的類比，是把談判比喻為享受美味的牛排大餐。從牛排中獲得最大享受和最大好處的方法是：把牛排切成容易處理的小塊；細細咀嚼這些小塊；吞吃；消化。如果你談判也同樣採用四步驟，你便走上了成功之路。

這道理並不難了解。意見溝通原本不易，清晰不是自然生成的，由混亂中創造秩序是你的工作。要達此目標的最好方法是逐項進行。如果你環顧四周，你會了解最有效的廣告並不是最機智的廣告，而是最簡明的廣告。最成功的作家運用最易懂的字。簡明的提出論點並不意謂著你很簡單，而是意味著你對那論點瞭然於心，能夠有效表達。對自己需求沒有清楚概念的人，也就相當於無法把牛排切成可食用大小的人。這些人切成的牛排塊太大了，最後不得不哽在喉裡。

不要害怕簡單明瞭會冒犯人。各行各業的專家多少對本行的簡易文章會有厭煩感。沒錯，許多組織團體的檔案、著作充滿了專門的術語和難懂的話，不過這不是讀者想要的。把事情搞砸比做好事情容易得多，用含混不清的語句大概地表達，要比花上心力正確表達來得容易。可是只要你肯花上時間和心力，清晰表達思想，你的聽眾會感激的。

所以第一步是把討論分成可理解的小單位，然後與對手開始細細咀嚼這些小單位的資料。

下一步是讓對手吞嚥和消化，不過要懷疑對手不一定會這麼做，可以重新提及你們剛溝通的要點，視對手為有四個胃的牛，確定反芻的食物已經完全消化。不要害怕重複回到主要論點，這是有效的方法，而且

不會被厭惡。事實上，研究報告顯示，絕大多數的人喜歡運用他們所剛學到的資訊。

敘述就是介紹己方的情況，闡述己方對某一個問題的具體看法，從而使對方了解自己的觀點、方案和立場。談判過程中的敘述大致包括「入題」、「闡述」兩個部分。

首先，入題技巧。

談判雙方剛進入談判場所時，難免會感到拘謹，尤其是談判新手，在重要談判中往往會忐忑不安。為此，必須講求入題技巧，採用恰當的入題方法。

◆ 迂迴入題。

為避免談判時單刀直入，過於直露，影響談判的融洽氣氛，談判時可以採用迂迴入題的方法，如先從題外話入題。

從題外話入題，通常可將有關季節或天氣情況作為話題，將目前流行的事物作話題，以及有關社會新聞、旅行、藝術、社會名人等作為話題。透過上述題外話入題，要做到新穎、巧妙，不落俗套。

從介紹己方談判人員入題，通常可簡略介紹自己一方人員的職務、學歷、經歷、年齡等，既開啟了話題，消除了對方的忐忑心理，又充分顯示我方強大的陣容，使對方不敢輕舉妄動。

從「自謙」入題，如果對方是在我方所在地談判，可謙虛地表示各方面照顧不周，可稱讚對方的到來使我處蓬壁生輝，或者謙稱自己才疏學淺，缺乏經驗，希望透過談判建立友誼，等等。當然，自謙要適度，否則，將會被對方認為你是虛偽而缺乏誠意。

從介紹己方的生產、經營、財務狀況等入題，可先聲奪人，提供給

對方一些必要的資料，充分顯示己方雄厚的財力，良好的信譽和質優價廉的產品等基本情況，從而堅定對方談判的信心。

◆**先談細節，後談原則性問題。**

圍繞談判的主題，先從洽談細節問題入題，條分縷析，絲絲入扣，待各項細節問題談妥之後，也便自然而然地達成了原則性的協定。

◆**先談一般原則，後談細節問題。**

一些大型的經貿談判，由於需要洽談的問題千頭萬緒，雙方高階談判人員不應該也不可能介入全部談判，往往要分成若干等級，進行多次談判，這就需要採取先談原則問題，再談細節問題的方法入題。一旦雙方就原則問題達成一致，那麼細節洽談也就有了依據。

◆**從具體議題入手。**

大型商務談判總是由具體的一次次談判組成，在具體的每一次談判會議上，雙方可以先確定本次會議的商談議題，然後從這一具體議題人手進行洽談。

其次，闡述技巧。

◆**開場闡述。**

談判入題後，接下來便是雙方進行開場闡述，這是談判的一個重要環節。

開場闡述的要點：開宗明義，明確本次會談所要解決的主題，以集中雙方注意力，統一雙方的認知；表明我方透過洽談應當得到的利益，尤其是對我方至關重要的利益；表明我方的基本立場，可以回顧雙方以

前合作的成果，說明我方在對方所享有的信譽；也可以展望或預測今後
雙方合作中，可能出現的機遇或障礙；還可以表示我方可採取何種方式，
為雙方共同獲得利益做出貢獻等；開場闡述應是原則的，而不是具體的，
應盡可能簡明扼要；開場闡述的目的，是讓對方明白我方的意圖，以創
造協調的洽談氣氛，因此，闡述應以誠摯和輕鬆的方式來表達。

　　對對方開場闡述的反應：是認真耐心地傾聽對方的開場闡述，歸納
弄懂對方開場闡述的內容，思考和理解對方闡述的關鍵問題，以免產生
誤會；如果對方開場闡述的內容，與我方意見差距較大，不要打斷對方
的闡述，更不要立即與對方爭執，而應當先讓對方說完，認同對方之
後，再巧妙地轉開話題，從側面進行反駁。

◆讓對方先談。

　　在商務談判中，當你對市場態勢和產品定價的新情況不很了解，或
者當你尚未確定購買何種產品，或者你無權直接決定購買與否的時候，
你一定要堅持讓對方首先說明可提供何種產品，產品的效能如何，產品
的價格如何等等，然後你再審慎地表達意見。有時即使你對市場態勢和
產品定價比較了解，心中有明確的購買意圖，而且能夠直接決定購買與
否，也不妨先讓對方闡述利益要求、報價和介紹產品，然後你再在此基
礎上提出自己的要求。這種先發制人的方式，常能收到奇效。

◆坦誠相見。

　　談判中應當提倡坦誠相見，不但將對方想知道的情況坦誠相告，而
且可以適當透露我方的某些動機和想法。

　　坦誠相見是獲得對方同情和信賴的好方法，人們往往對坦率誠懇的
人有好感。

不過，應當注意，與對方坦誠相見難免要冒風險。對方可能利用你的坦誠，逼你讓步，你可能因為坦誠而處於被動地位，因此，坦誠相見是有限度的，並不是將一切和盤托出，總得以既贏得對方信賴，又不使自己陷於被動、喪失利益為度。

◆注意正確使用語言。

準確易懂。在談判過程中，所使用的語言要規範，要通俗，要使對方很容易聽得明白。有時如確需使用某些專業術語，則應以簡明易懂的慣用語，加以解釋。一些特別生僻難解的術語要堅決放棄。一切語言均要以達到雙方溝通，保證洽談順利進行為前提。

簡明扼要，具有條理性。由於人們有意識的記憶能力有限，對於大量的資訊，在短時間內只能記住有限的、具有特色的內容，所以我們在談判中，一定要用簡明扼要而又有條理性的語言，來闡述自己的觀點。這樣，才能在洽談中收到事半功倍的效果。反之，如果口如懸河，不分主次，話講了一大堆，不僅不能使對方及時掌握要領，而且還會使對方感到厭煩，這是應當引以為戒的。

第一次就要說準。在談判過程中，當對方要你提供資料時，你第一次要說準確，不要模稜兩可，含混不清。如果你對對方要求提供的資料不甚了解，應延遲答覆，切忌衝口而擊。要盡量避免使用含上、下限的數值，以防止波動。

語言富有彈性。談判過程中所使用的語言，應當豐富，靈活，富有彈性。對於不同的談判對手，應使用不同的語言。如果對方談吐優雅，很有修養，我方語言也應十分講究，做到出語不凡。如果對方語言爽快，直率，那麼我方也不要迂迴曲折，語言晦澀。總之，要根據對方的

學識、氣質、性格，修養和語言特點，及時調整我方的洽談用語。這是
迅速縮短談判雙方距離，實現平等交流的有效方法。

發言緊扣主題。任何經貿洽談的雙方都是懷著一定的目的，肩負著
一定的使命來到談判桌前的。這便決定了每次談判必有主題。由於時間
有限，在談判中，雙方都要緊緊圍繞主題進行闡述，與談判主題無關的
意見不要發表，以免使對方產生反感。同時，在談判中也不要轉彎抹
角，意見曖昧，以免給談判帶來障礙。

措詞得體，不走極端。在談判過程中，有時難免會發生尖銳、激烈
的爭論。但即使在這種情況下，也要盡量以和緩的語言表達自己的意
見，不僅語調要溫和，而且措詞要得體，適合場面需求。

有些過於極端的語言易刺傷對方自尊，引起對方反感，帶來尷尬場
面，影響談判進展，所以最好不說。有些語言可能會使對方對你的談判
誠意產生懷疑，致使談判走上歧途，或者中斷，應少說為佳。

注意語調、語速、聲音、停頓和重複。不同的語調可賦予同一句話
以不同的含義，也可以表達說話者不同的思想感情。例如：「這價格不
錯」，若以平常的語調講，則是一個肯定的評價，表達了說話者對這一價
格的同意或讚賞。若以高調帶拖腔的方式講出，則是一個帶有否定性的
評價，表達了說話者對這價格的不滿。談判者應透過語調的變化，顯示
自己的信心、決心、不滿、疑慮和遺憾等思想感情。同時，也要善於透
過對方不同的語調來洞察對方肯定、讚賞、否定、不滿等感情變化。

語速要適中，不宜太快，尤其是在有翻譯的情況下。談判者說話的
目的是讓對方聽懂記住。你說得太快，對方既聽不清，也記不住，不僅
達不到說話者預期的目的，還可能使對方產生不受尊重的感覺。因此，
如果你想讓對方注意你的談話，就要把語速放平穩，慢慢地、流暢地

說。當然，速度也不要太慢，更不要長時間地吐單字。

談判者聲音的高低強弱，也是影響談判效果的重要因素之一。聲音過高過響，震耳欲聾，不會使人感到親切。過低過弱，囁囁嚅嚅，不會使人感到振奮。因此，應當合理使用聲音的強弱，最好有高有低，抑揚頓挫，猶如一幕戲，有高潮、低朝，還有收尾。要讓對方感到自然舒適。

在談判中，當你滔滔不絕地闡述觀點、發表意見時，突然停頓或者有意識地重複某幾句話，確能造成意想不到的作用。它可以引導聽者對停頓前後的內容和重複的內容進行回顧、咀嚼、思考，從而加深雙方的理解和溝通，停頓還可給對方機會，使之抒發己見，打破沉默，活躍談判氣氛。

注意折衷迂迴，避免一瀉千里。折衷迂迴，是指在談判過程中轉換話題，放棄對某些問題的討論，或繞彎給對方說明的技巧。這種技巧的運用，是掌握談判主動權的必然要求。

折衷迂迴技巧一般適用於下列場合：想避開對自己一方不利的話題；想迴避某些問題；不同意某些觀點，但又不便於直接否定對方；想拖延對某些問題做出決定的時間；想把問題引向對自己有利的方面；想轉移角度闡述問題，以說服對方等等。

折衷迂迴的技巧主要表現在：當面臨於我方不利的問題時，主動避開對方談鋒，將談話重點扯回對我方有利的問題上，答非所問，或不直接回答對方的問題；迂迴解釋，或提出新問題；談一些題外話，衝談一下主題；或有意識地談些意思不清的話，鼓勵我方人員做不相關的交談；改變原定程序和計畫，忽然建議一個令對方不能馬上接受的方案；提議某些問題要調查後再討論；否認某些問題的存在等等。

有時遇到特大的難題或突然出現新的問題，致使談判無法繼續進

行，也可於談判暫停後採取下列相應措施：提出更換新的談判負責人，重新調整談判陣營；提出更大的或全新的問題；提出擴大交易範圍；提供更詳細的資料，使對方難於糾纏，盡量拖延，藉口要向上級彙報；藉助新聞界的力量幫助我方宣傳；提出改變商談的場所；有意識地與對方的競爭者頻繁接觸等等。

使用折衷迂迴技巧應當慎重，要區別輕重緩急。如在談判較正常地進行時，可經常使用「可是……」、「但是……」、「雖然如此……」、「不過……」、「然而……」等比較和緩的轉折用語，達到折衷迂迴，使問題向有利於我方的方向轉化的目的；在遇到對方無理糾纏，同時我方又不希望談判破裂時，可適當採用上述折衷迂迴技巧。

使用解圍用語。當談判出現困難，無法達成協定時，為了突破困境，給自己解圍，並使談判繼續進行，可使用下列解圍用語：

「真遺憾，只差一步就成功了！」

「就快要達到目標了，真可惜！」

「行百里者半九十，最後的階段是最難的啊！」

「這樣做，肯定對雙方都不利！」

「再這樣拖延下去，只怕最後結果不妙。」

「既然事已至此，懊惱也沒有用，還是讓我們再做一次努力吧！」

「我相信，無論如何，雙方都不希望前功盡棄！」

使用這種解圍用語，有時確能產生較好的效果。只要雙方都有談判誠意，對方可能會欣然接受你的意見，從而促進談判的成功。

不以否定性的語言結束談判。從聽覺習慣考察，在同一場合，人所聽到的第一句話與最後一句話，常常能留下很深的印象。所以在談判中要注意，不能以否定性的語言來結束談判。假如你忽視了這一條，以否

定性的話語結束會談，那麼，這否定性話語將會給對方造成不愉快的感受，並且印象深刻。對下一輪談判將會帶來不利影響，甚至危及上一輪談判中談妥的問題或達成的協定。

所以，在談判終了時，最好能給予談判對手以正面評價，並可穩健中肯地把談過的議題予以歸納。例如：

「您在這次談判中表現很出色，給我留下深刻的印象。」

「你處理問題大刀闊斧，欽佩！欽佩！」

「今天會談在某問題上達成一致，但在某方面還要再談。」

「對貴方某要求，將予以研究，待下次會議再談。」

不論談判結果如何，對參與談判的人來說，每一種每一次談判，都是談判雙方的一次合作過程，因此，一般情況下，應在談判結束時表示對對方給予合作的謝意，對對方的出色表現給予肯定，或者簡要概括一下談判的效果，這既是談判者應有的禮節，對今後的談判也是有益的。

【牢記要點】

1. 談判的目的，就是為了調和雙方利益而達成的某種協定。
2. 談判著眼於利益而不是立場。
3. 談判其實就是一個交換利益的過程。
4. 對談判的任何一方來說，都要掌握自己的「給與取」的藝術。
5. 掌握對方需求期望得到的利益會是非常有效果的。
6. 一定要設法了解對方的真正需求是什麼，談判才能更有力量。

【實戰練習】

好了。實踐時間到了。現在，請再體會一下上文中的內容要點，完成下列問題的思考及行動訓練。

1. 案例分析

　　最近我們錄了一段談判會議，與會人士為傑出的談判者，此會議地點是一位精明律師的辦公室。此律師代表一位大客戶處理房地產，而正與一位有名的房地產經紀人談判。此房地產經紀人因為大力開發公司「聚集」大片房地產而聞名。「土地聚集」是複雜的技巧，需要有謹慎小心和獨當一面進行談判的能力。出色的「土地聚集者」並不多，他便是其中最傑出者之一。他們會談的對象是一棟位於快速成長市區的房子，而房子擁有人便是律師的大客戶。此房子的地點價值遠大於其居住價值，其實早可以賣掉了。不過，「一對古怪的兄妹住在那裡多年，拒絕出售。他們的堅持總算有了報酬，此房子現在是按月收租，租給房客，直到房主決定如何處置這棟房子」。

　　為了便於了解、分析，讓我們假設此房子的公平市價是二十五萬美元。而由房地產經紀人開始談判。「你好，Y 先生，我很高興見到你。如跟我在電話中所說，我的委託人對 XXX 很有興趣。（XXX 是討論中的這棟房子的地址）我想親自造訪，與你商談價錢。」

　　「很好，Y 先生。或許你已知道，我的委託人擁有這棟房子，所以任何我收到的出價，必須書面呈交他們，然後由他們決定。此棟房子對適當的人來說是頗有價值的房地產。」

　　「是的，我的委託人也是這麼想。不過當然了，他所感興趣的只是那塊土地，不是房子。」

　　「那是自然了。不過，我不斷接到許多買主打來的電話，而由於我的委託人了解所有情況，上個星期我便拒絕了一位買主的議價，因價錢談不來。」

　　「X 先生，你是知道的，出價並不是可以擺在博物館裡的東西，事情

變化快速，你我都清楚，時機很重要，若不是委託人對此棟房子頗有興趣，我也不會占用我們的寶貴時間了。」

「是的，的確如此。Y 先生，對了，請問你的委託人是誰呢？」他拿起一支筆，一本正經的樣子。

「X 先生，很自然地，我的委託人目前寧願在幕後。」（他說這句話時，面不改色。）「他覺得既然他是相當知名的人士，他對 XXX 有興趣，正在議價的情報對他沒有好處。」

「是的，我了解。那麼，讓我們繼續，請問你的出價是多少？」

兩人原先是站著。此刻，房地產經紀人站直身軀，開始走向對手，就像在遞交皇冠一樣。「我代表我的委託人，出價十七萬五千美元，現金交易。此出價有效期限十天，這十天足夠你和你的委託人商談了。」說完這些話時，此經紀人站在律師面前，居高臨下地看著律師，很明顯地對律師施以壓力，要他採取對經紀人有利的行動。

「哈！哈！十七萬五千美元。很好，衝著你的面子，Y 先生，我會把你的出價轉告我的委託人。不過我可以告訴你，上星期他們拒絕了一項更為實惠的出價。」

經紀人說道：「我說過，時機永遠是考慮的因素。（回到他提過的論點）再者，此出價是來自一位支票信譽極好，所有銀行、董事會都會見票即付兌的人士。而要將此信譽卓著的支票開給你的人就在你身邊。」

「Y 先生，我說過我會把你的出價讓我的委託人了解。麻煩您是否可以書面報價，以便呈遞。」

「抱歉，先生，我不能這麼做！」

「為什麼呢？難道你的出價誠意不夠嗎？」律師帶著諷刺的口氣問道。

「我的出價是很誠意的。不過我常常因留下書面報價單而受害非淺。一旦你的委託人擁有報價單，他們會以它做為壓榨我競爭對手的工具。抱歉，X 先生。不過你可信賴我所說的話和我的信譽。我無法違背己願，寫下書面的報價。」

你會察覺到此談判的清晰、明確。雖然這次會議的出價太低並無結果。而從談判經過來看，你或許會認為此買主 —— 經紀人的委託人 —— 其實就是經紀人本人。不過，觀察兩位老練對手試探彼此，以友善、風趣的對話進行談判，雖然彼此都很清楚對方所玩的花樣，仍是很有參考價值的。的確，此談判也不是沒有成功的可能。假使房地產稅即將到期，或房主需要一筆錢來支付律師的費用和其他開銷的話，那麼，Y 先生便很可能為自己買得了一件廉價品。

閱讀完案例，對談判其實就是意見溝通是否有更深的理解。想一想，你談判是不是要讓對方深刻印象，並達到了預期目的。

2. 選擇答案，測試自己的談判能力。

1）置身在壓力下，你的思路是否很清楚？

    A、是的，非常好

    B、比大部分人都好

    C、一般程度

    D、在一般程度之下

    E、根本不行

2）你的經驗判斷能力如何？

    A、非常好

    B、很好

C、和大部分主管一樣好

D、不太好

E、我想我不行

3）你對於自己的評價如何？

A、高度的自我尊重

B、適當的自我尊重

C、很複雜的感覺，搞不清楚

D、不太好

E、沒什麼感覺

4）你是否能獲得別人的尊敬？

A、很容易

B、大抵如此

C、偶爾

D、不常

E、很少

5）你認為自己是不是一個謹守策略的人？

A、非常是

B、相當是

C、合理的運用

D、時常會忘記運用的策略

E、我似乎是先說再思考

6）你是否能廣泛地聽取各方面的意見？

　　A、是的，非常能

　　B、大抵如此

　　C、普通程度

　　D、相當不聽取別人的意見

　　E、觀念相當固執

7）正直對你來說重不重要？

　　A、非常重要

　　B、相當重要

　　C、重要

　　D、不重要

　　E、非常不重要

8）你認為別人的正直重不重要？

　　A、非常重要

　　B、相當重要

　　C、重要

　　D、有點不重要

　　E、非常不重要

9）當你手中握有權力時，會如何使用？

　　A、盡量運用一切手段發揮

　　B、適當的運用，沒有罪惡感

　　C、我會為了正義而運用

　　D、我不喜歡使用

　　E、我很自然地接受對方作為我的對手

10）你對於「身體（行為）語言」的敏感程度如何？

　　A、高度敏感

　　B、相當敏感

　　C、大約普通程度

　　D、比大部分人的敏感性低

　　E、不敏感

　　注：這些題目很簡單，你自己不妨一答，但卻能了解自己是否具有談判潛力。

3·培訓遊戲

4·行動建議

5·提升訓練

不要吝嗇你的讚美

讚美是一種神奇的、直達對方內心的力量。談判中的讚美往往能夠產生畫龍點睛，妙筆生花之效。

【情景思考】

一位孀居的老女人應邀去參加一個別開生面的戀人舞會，舞會的組織者旨在使參與者們能夠回憶起年輕時代。舞會上，這個女人曾經有過的兩位情人也來了。第一位情人見到那女人時情不自禁地說：「喲，你和年輕時完全不一樣了，真的變成一個老太婆了。」第二位卻對她說：「你簡直太美了。人們都說歲月殘酷，可它絲毫未能摧毀你的美麗。要是你不介意的話，我多麼希望我能成為你今後的生活伴侶。」接下來，舞會開始了。老女人在第二位情人的邀請下走上舞場，舞曲一支接一支地放，兩人一支接一支地跳，直到舞會終場，她禮貌地向兩位情人道別，便轉身走了。三天以後傳來了這位老女人的死訊，兩位情人及時趕到，並分別得到一封信和一個包裹。在給第一個情人的信裡，老女人說：「你是一個誠實的人，你說了真話，現在我把我一生的日記全部留給你，從中你可以看到一個女人真實的內心世界。」在給第二個情人的信裡，老女人說：「感謝你一席美麗的謊言，它讓我度過了一個美好的夜晚，並足以把我一生的夢幻帶到另一個世界。為此我將留給你我全部的財產，你可以用它繼續向那些女人編造讚美的謊言。」

【主題解說】

　　人類的心理很微妙，總渴望自己的行為表現能獲得他人認同讚賞，只要受到讚許，便內心興奮，並形成一股力量，推動他發揮較平常更強的能力；熱情誠懇、自信謙恭、主動積極、從容冷靜、客觀理性、增值雙贏的態度，都能產生強大的說服力，形成一種態度的權勢，因為這樣的態度會讓對方很不好意思讓你失望。所以，用良好的態度表示對對方的尊重也能夠創造權勢。反過來說，當自己的表現遭到漠視時，就會如冷水澆頭，再也激不起努力的興趣。

　　美國華克公司承包了一項建案，要在一個特定的日子之前，在費城建一座龐大的辦公大廈。起初計畫進行得很順利，不料在接近完工階段，負責供應內部裝飾用的銅器承包商突然宣布：他無法如期交貨了。糟糕，這樣一來，整個工程都被耽擱了！要付鉅額罰金！要遭受重大損失！

　　於是，長途電話不斷，雙方爭論不休。一次次交涉都沒有結果。華克公司只好派高先生前往紐約。

　　高先生一走進那位承包商辦公室，就微笑著說：「你知道嗎？在布洛克林巴，有你這個姓氏的人只有一個。」

　　「哈！我一下火車就查閱電話簿想找到你的地址，結果巧極了，有你這個姓的只有你一個人。」

　　「我從來不知道。」承包商興致勃勃地查閱起電話簿來。「嗯，不錯，這是一個很不平常的姓。」他很有些驕傲地說：「我的家族從荷蘭移居紐約，幾乎有 200 年了。」

　　他繼續談論他的家族及祖先。當他說完之後，高先生就稱讚他居然擁有一家這麼大的工廠，承包商說：「這是我花了一生心血建立起來的事業，我為它感到驕傲，你願不願到工廠裡去參觀一下？」

　　高先生欣然而往。在參觀時，高先生一再稱讚他的組織制度健全，機器裝置新穎，這位承包商高興極了。他聲稱這裡有一些機器還是他親自發明的呢！高先生馬上又向他請教：那些機器如何操作？工作效率如何？到了中午，承包商堅持要請高先生吃飯，他說：「到處都需要銅器，但是很少有人對這一行像你這樣感興趣的。」

　　到此為止，你一定注意高先生一次也沒有提起此次訪問的真正目的。

　　吃完午餐，承包商說：「現在，我們談談正事吧。我知道你這次來的目的；但我沒有想到我們的相會竟是如此愉快。你可以帶著我的保證回到費城，我保證你們要的材料如期運到。雖然這樣做會損失另一筆生意，不過我認了。」

　　高先生輕而易舉地獲得了他所急需的東西。那些器材及時運到，使大廈在契約期限屆滿的那一天完工了。

　　上例說明，出自肺腑的讚美，總是能產生意想不到的奇效。人的價值一旦被認可時，總是喜不自勝。因此，身為一個業務員，必須經常以找出對方的價值為首要任務，這樣便會使推銷在友好、和諧的氣氛中形成高潮。你時刻不忘向對方的價值訴述，還要設法使對方覺得那價值實在值得珍惜。對方會因此而對自己向來忽略的價值有了新的認知，從中創造出嶄新的自己，你就等於扮演了鼓勵他、幫助他、創造出自我的角色。對方對你的好感就會越來越強烈。

【牢記要點】

1. 談判的目的，就是為了調和雙方利益而達成的某種協定。
2. 談判著眼於利益而不是立場。
3. 談判其實就是一個交換利益的過程。
4. 對談判的任何一方來說，都要掌握自己的「給與取」的藝術。

5. 掌握對方需求期望得到的利益會是非常有效果的。

6. 一定要設法了解對方的真正需求是什麼，談判才能更有力量。

【實戰練習】

　　好了。實踐時間到了。現在，請再體會一下上文中的內容要點，完成下列問題的思考及行動訓練。

1. 案例分析

　　一次，一位牧師在講道時，全場充滿了活潑的靈氣。前排坐著一個老太婆，臉上更充滿了快樂，忽然她站起來說：「請牧師停止一下，讓我讚美了，再講下去。」於是那位牧師便住了聲，讓她頌讚神。

　　一個人的心既充滿了快樂，不能不讚美神，因為人的心裡充滿了什麼，口裡就說什麼。人總喜歡說天氣的寒熱晴雨，卻不說讚美神的話，因為他心裡沒有充滿神，所以他也說不出讚美神的話來。

　　有一天我在一條繁華的街上走著，忽然聽到有人吟唱頌歌。他的聲音很甜，即使在嘈雜的車聲「之中仍然清晰可辨。當我走到那人的跟前，發現他竟是一位失去雙腿的人，他用手轉動輪椅慢慢前進。我對他說：「朋友，我要你知道，任何人若聽到在你這種景況中的人的歌唱，都會受到鼓舞的。」他微笑地告訴我說：「當我不去注意我已失去的，而集中注意我所餘下來的，我便不自主的要頌揚主恩。」我們時常把注意力集中在我們所希望獲得的事物上，結果非但不能讚美神的慈愛，反倒加深加寬我們的不滿。對於我們所餘下的，我們竟往往視而不見，聽而不聞，不知心存感恩。你可能會因沒有鞋子而發出埋怨，但對那些沒有腳的人你又做何感想呢？

2. 選擇答案，測試自己的談判能力。

1）提高個人行為語言能力的最好方法主要有：

A、觀察

B、模仿

C、訓練

D、實踐

注：這些題目很簡單，你自己不妨一答，但卻能了解自己是否具有談判潛力。

3‧培訓遊戲

4‧行動建議

5‧提升訓練

障礙排除：語言突破法則

　　毫無疑問，申明價值可以使我們了解談判雙方的各自需求，創造價值可以使我們達到雙贏的目的，克服障礙使我們順利達成協定。

【情景思考】

　　窮人甲和富人乙是鄰居，一天，富人乙家翻修屋頂，拆掉的坯土都落到了窮人甲家的院子裡。那天正好下了一場大雨，落下來的土讓窮人家的院子變得泥濘不堪。於是，窮人甲就對富人乙說：「鄰居啊，你們修繕屋頂，你房頂上的土都積在我家院裡了，你能不能處理一下？」富人乙盛氣凌人地說：「那又怎麼樣，泥水自然會排掉，太陽出來就蒸發了。」窮人甲氣憤地說：「你怎麼這麼講話？」「你能怎麼樣？」富人乙說。「那我告官去！」「官是我的朋友。」

　　窮人甲最後對富人乙說：「我告訴你，你在兩天內要是不解決問題，我就賠給你一條命！」富人乙聽到這樣的話，很快派人解決了問題。

【主題解說】

　　談判過程實際上就是不斷溝通，創造價值的過程。雙方都在尋求對自己最大利益的方案的同時，也滿足對方的最大利益的需求。商務談判的過程實際上也是一樣。好的談判者並不是一味固守立場，追求寸步不讓，而是要與對方充分交流，從雙方的最大利益出發，創造各種解決方案，用相對較小的讓步來換得最大的利益，而對方也是遵循相同的原則來取得交換條件。在滿足雙方最大利益的基礎上，如果還存在達成協定

的障礙,那麼就不妨站在對方的立場上,替對方著想,幫助掃清達成協定的一切障礙。這樣,最終的協定是不難達成的。

談判過程中,磋商階段是與客戶談判過程中重要的一環。在該階段中,雙方會對一些實質問題進行磋商,進行拉鋸戰。整個階段中充滿了錯綜複雜的鬥智鬥勇場面,在這一階段充分展現了與客戶談判的策略,主要有以下幾種策略:

1. 投石問路

這種策略是為了掌握談判的主動權,談判一方採取某種策略,為掌握對方的反應而「投石」,以了解對方情況的作法。

當業務員身為賣方時,對於對手的投石問路,則可以採取下面的措施,對付買方的「石」:

◆ 如果買方投出一個「石頭」,最好立刻向對方回敬一個。如對方探問數量與價格之間的優惠比例時,賣方立刻要求對方訂貨。

◆ 找出或估算出買主真正想要購買的貨物或數量。

◆ 並不是提出的所有問題都要正面回答、馬上應答,有些問題延後回答效果更好。

◆ 要求買方以馬上訂貨作為條件,否則,不對買方的要求進行估價。

◆ 使對方投出的石頭為己方探路。如對方詢問訂貨數額不同時的優惠價格,你可以反問「你希望優惠多少?」、「你是根據什麼算出的優惠比例呢?」

◆ 調查分析買方購貨的意圖或目的,適當強調交易成功可能對買方產生的利益,以激起買方將購買欲望付諸行動。

其實，有的時候，買方的「石」可以為談判者創造許多有利的機會，抓住買方此時想知道更多資訊的心理，提出一些自己的建議和目標，反倒可以促進談判的流程，盡快達成交易。這從另一方面也提醒談判者自己「投石」時要謹慎小心，不要中了對手的圈套。

2. 以柔克剛的策略

談判者在談判時會遇到各式各樣的對手，有的表面上看起來沉默不語，似乎很好對付；而有的則是鋒芒畢露、咄咄逼人，毫不掩飾地想做整個談判的「中心」，霸道地使整個談判圍著他的指揮棒轉，這是屬於傲慢自負型的談判者！對前一種人需沉著應付，不要相信他表面上的反應，以「兵來將擋，水來土掩」的策略對付，可能會有較好的結果；而對後一種人則可以採取「以柔克剛」的策略。

具體作法是：

◆沉默冷靜地觀察對手

在談判中，不要急於反駁，不要急於解釋，盡可能耐心聽對方滔滔不絕地闡述自己的觀點和提出自己的要求，必要時，甚至可以使談判出現冷場，並在雙方之間展開一場忍耐力的競爭。即使在這時，自己仍要頭腦清醒，情緒平穩，靜觀事態發展，直到對方再次申訴自己的觀點。需要注意的是，這裡沉默不語不是完全不說話，一定要把「沉默不語」控制在一個適當的「度」之內。這個度就是要使談判能繼續進行下去。因為人們之所以要採用策略，是為了使談判能獲得一定成果，而不是使談判宣告破裂。

◆故意轉移話題

在談判中，有一段時間絕不和對方直接交鋒，而是對方說東，我則漫不經心地說西；對方說三，我則若無其事地說四。在這種故意轉移話題的過程中，避其鋒芒，然後針對其失誤突然出擊。

◆抓住機會提問

面對趾高氣揚、盛氣凌人的談判對手，不必和他的言詞正面交鋒，而是要在他目空一切，自以為是的高談闊論中，選準機會適時提問，請其回答。這裡的提問，可以是針對其發言中自相矛盾之處，還可以是針對其發言中違背常理之處等等。每次提問實際都可使對方降溫，只有當對方降溫到一定程度時，談判才能正常進行。勇氣也是談判中非常重要的一個因素，談判者可以運用勇氣來創造權勢。談判時，如果你有足夠的膽識，並能衡量和承擔可能產生的後果，你就可以抱著不怕談判破裂的決心令對方讓步，這也是權勢讓談判轉弱為強的一種表現。

談判的內容通常牽連甚廣，不只是單純的一項或兩項。在有些大型的談判中，最高紀錄的議題便多達七十項。當談判內容包含多項主題時，可能有某些專案已談出結果，某些專案卻始終無法達成協定。這時候，你可以這麼「鼓勵」對方，「看，許多問題都已解決，現在就剩這些了。如果不一併解決的話，那不就太可惜了嗎？」

這就是一種用來開啟談判僵局的說法，它看來雖稀鬆平常，實則卻能發揮莫大的效用，所以值得作為談判的利器，廣泛地使用。

牽涉多項討論主題的談判，更要特別留意議題的重要性及優先順序。譬如，在一場包含六項議題的談判中，有四項為重要議題，另兩項則不甚重要。而假設四項重要議題中已協定了三項，只剩下一項重要議

題和兩項小問題，那麼，為了能一舉使這些議題也獲得解決，你可以這麼告訴對方：「四個難題已解決了三個，剩下的一個如果也能一併解決的話，其他的小問題就好辦了。讓我們再繼續努力，好好討論討論唯一的難題吧！如果就這麼放棄，大家都會覺得遺憾呀！」聽你這麼一說，對方多半會點頭，同意繼續談判。

當第四個重要議題也獲得了解決時，你不妨再重複一遍上述的說法，使談判得以圓滿地結束。

開啟談判僵局的方法，除了上述「只剩下一小部分，放棄了多可惜！」、「已經解決了這麼多問題，讓我們再繼續努力吧！」等說話的技巧外，尚有其他多種作法。不過，無論所使用的是哪一種方法，最重要的，是要設法藉著已獲一致協定的事項作為跳板，以達到最後的目的。

【牢記要點】

1. 談判的目的，就是為了調和雙方利益而達成的某種協定。
2. 談判著眼於利益而不是立場。
3. 談判其實就是一個交換利益的過程。
4. 對談判的任何一方來說，都要掌握自己的「給與取」的藝術。
5. 掌握對方需求期望得到的利益會是非常有效果的。
6. 一定要設法了解對方的真正需求是什麼，談判才能更有力量。

【實戰練習】

好了。實踐時間到了。現在，請再體會一下上文中的內容要點，完成下列問題的思考及行動訓練。

1. 案例分析

　　日本明治保險公司有個普通業務員名叫原一平，他身材短小，其貌不揚，25 歲報考明治公司時，雖被錄用，但主考官劈頭丟下一句：「原一平，你不是幹得了這種困難工作的人。」當時的原一平屏住呼吸，目光注視著主考官，心頭卻在喊：「我偏要做給你看看。」他決計要報這一箭之仇，懷著有朝一日出人頭地的信念，猛衝猛打地幹了三年，創下了些業績，總算在公司裡站住了腳。

　　然而，原一平並不因此滿足，他構想了一個大膽而又破格的推銷計畫，找保險公司的董事長串田萬藏，要一份介紹日本大企業高層次人員的「推薦函」，大幅度、高層次地推銷保險業務。因為串田先生不僅是明治保險公司的董事長，還是三菱銀行的總裁、三菱總公司的理事長，是三菱財團名副其實的最高首腦。透過他，原一平經手的保險業務不僅可以打入三菱的所有組織，而且還能打入與三菱相關的所有具代表性大企業。但原一平不知道保險公司早有必須嚴格遵守的約定：凡從三菱來明治工作的高階人員，絕對不介紹保險客戶，這理所當然地包括董事長串田。

　　原一平為突破性的構想而坐立不安，他咬緊牙關，發誓要實現自己的推銷計畫。他信心十足地推開了公司主管推銷業務的常務董事阿部先生的門，請求他代向串田董事長要一份「推薦函」。阿部聽完了原一平的計畫，默默地瞪著原一平不說話。原一平雖在公司工作了三年，但只是在照片上看見過阿部，頭一次面對阿部逼人的目光，心裡開始發毛，漸漸有些抵擋不了。這時，阿部才緩緩地說出了公司的約定，回絕原一平的請求。原一平卻不肯打退堂鼓，問道：「常務董事，我能不能自己去找

董事長，當面提出請求？」阿部的眼睛瞪得更大了，更長時間的沉默之後，只說了五個字：「姑且一試吧。」說罷，用擠出的難以言狀的笑容，打發了原一平出門。

等了幾天，在接到約見通知後，原一平興奮不已地來到三菱財團總部，抬頭看見威嚴的三菱大廈，心頭不由縮緊了。他好不容易透過傳達室被帶到會客廳，卻被冷冷地丟在一旁。華貴的擺設，其厚無比的地毯，一坐下就像浮在半空的沙發，難熬的長時間等待，把原一平的興奮勁耗去大半。他疲乏地倒在沙發裡，迷迷糊糊地睡著了。不知過了多長時間，原一平的肩頭被戳了幾下，他愕然醒來，狼狽不堪地面對著董事長。串田大喝一聲：「找我什麼事？」還未清醒過來的原一平當即被嚇得差點說不出話來，想了一會才支支吾吾地講了自己的推銷計畫，剛說：「我想請您介紹……」就被串田截斷：「什麼？你以為我會介紹保險這玩意？」

原一平來前曾想到過請求被拒絕，還準備了一套辯駁的話，但萬萬沒有料到串田會輕蔑地把保險業務說成「這玩意」。他被激怒了，大聲吼道：「你這混帳的傢伙。」接著又向前跨了一步，串田連忙後退一步。「你剛才說保險這玩意，對不對？公司不是一向教育我們『保險是正當事』嗎？你還是公司的董事長嗎？我這就回公司去向全體同事傳播你說的話。」原一平說完轉身就走。

一個無名的小職員竟敢頂撞、痛斥高高在上的董事長，使串田非常氣憤，但對小職員話中「等著瞧」的潛臺詞又不能不認真思索。

原一平走出三菱大廈，心裡很不平靜，他為計畫被拒絕又是氣惱又是失望，坐在路邊胡思亂想了好長時間，當他無可奈何地回到保險公司，向阿部說了事情的經過，剛要提出辭職，電話鈴響了，是串田打來

的，他告訴阿部剛才原一平對自己惡語相加，他非常生氣，但原一平走後他再三深思。串田接著說：「保險公司以前的約定確實有偏差，原一平的計畫是對的，我們也是保險公司的高階職員，理應為公司貢獻一分力量，幫助拓展業務。我們還是參加保險吧。」

放下電話，串田立即召開臨時董事會。會上決定，凡三菱的有關企業必須把全部退休金投入明治公司，作為保險金。當晚原一平回到家就收到串田的約見信：「今天，你特地來找我，我卻白活了那麼大歲數，居然沒有善待你，實在失禮至極。明天是假日，若不嫌麻煩，願你能撥冗到舍下一趟。」

第二天，串田不僅親切會見，還為原一平特意定做了西裝、襯衫、皮鞋。他說：「一個像樣的業務員必須有像樣的外表。」原一平的頂撞痛斥不僅贏得了董事長的敬服，還獲得了董事長日後充滿善意的全面支持，他逐步實現了自己的宏偉計畫：3 年內創下了全日本第一的推銷紀錄，到 43 歲後連續保持 15 年全國推銷冠軍，連續 17 年推銷額達百萬美元。1962 年，他被日本政府特別授予「四等旭日小緩勳章」。獲得這種榮譽在日本是少有的，連當時的日本總理大臣福田赳夫也羨慕不止，當眾慨嘆道：「身為總理大臣的我，只得過五等旭日小緩勳章。」

有一個媽媽把一顆橙給了鄰居的兩個孩子。這兩個孩子便討論起來如何分這顆橙。兩個人吵來吵去，最終達成了一致意見，由一個孩子負責切，而另一個孩子選。結果，這兩個孩子按照商定的辦法各自取得了一半橙子，高高興興地拿回家去了。

第一個孩子把半顆橙拿回家，把皮剝掉扔進了垃圾桶，把果肉放到果汁機裡打成果汁喝；另一個孩子回到家把果肉挖掉扔進了垃圾桶，把橙皮留下來磨碎了，混在麵粉裡烤蛋糕吃。

從上面的情形，我們可以看出，雖然兩個孩子各自拿到了看似公平的一半，然而，他們各自得到的東西卻未物盡其用。這說明，他們並未事先溝通，也就是兩個孩子並沒有申明各自利益所在。沒有事先申明價值，導致了雙方盲目追求形式上和立場上的公平，結果，雙方各自的利益並未在談判中達到最大化。

如果我們試想，兩個孩子充分交流各自所需，或許會有多個方案和情況出現。可能的一種情況，就是遵循上述情形，兩個孩子想辦法將皮和果肉分開，一個拿到果肉去打汁，另一個拿皮去做烤蛋糕。然而，也可能經過溝通後是另外的情況，恰恰有一個孩子即想要皮做蛋糕，又想喝橙汁。這時，如何能創造價值就非常重要了。

結果，想要整顆橙的孩子提議可以將其他的問題拿出來一起談。他說：「如果把這顆橙全給我，你上次欠我的棒棒糖就不用還了」。其實，他的牙齒被蛀得一塌糊塗，父母上星期就不讓他吃糖了。

另一個孩子想了一想，很快就答應了。他剛剛從父母那裡要了五塊錢，準備買糖還債。這次他可以用這五塊錢去打遊戲，才不在乎這酸溜溜的橙汁呢。

2. 選擇答案，測試自己的談判能力。

1）談判相持中的靈活規則主要展現在對什麼手段的運用上？

    A、說理和沉默

    B、批判和推理

    C、沉默和重複

2）「言出有信」並不是要求談判手「有問必答」或「有問必全答」，而是
追求：

　　A、答得對方滿意、已方不吃虧

　　B、能答則答、不能答則不答

　　C、答得準確、適時適度、出言不悔

　　注：這些題目很簡單，你自己不妨一答，但卻能了解自己是否具有
談判潛力。

3. 培訓遊戲

4. 行動建議

5. 提升訓練

提問藝術：摸清底牌的通路

　　談判者運用更好的提問藝術來發掘問題、獲取資訊、掌握談判的方向。切記將這些變成限制談判者之間為了自己的利益而進行必要競爭的教條。這是基於談判者之間的誠意與合作而提出來的。

【情景思考】

　　你想到一家公司擔任某一職務，你希望年薪 2 萬美金，而老闆最多只能給你 1.5 萬美金。老闆如果說「要不要隨便你」這句話，就有攻擊的意味，你可能扭頭就走。而實際上老闆往往不那樣說，而是這樣跟你說：「給你薪水是非常合理的。不管怎麼說，在這個等級裡，我只能付給你 1 萬元到 1.5 萬美金，你想要多少？」很明顯，你會說「1.5 萬美金」，而老闆又好像不同意說：「1.3 萬美金如何。」你繼續堅持 1.5 萬美金。其結果是老闆投降。表面上，你好像占了上風，沾沾自喜，實際上，老闆運用了選擇式提問技巧，你自己卻放棄了爭取 2 萬美金年薪的機會。

【主題解說】

　　為了獲得良好的提問效果，需掌握以下發問要訣：

　　第一，應該預先準備好問題，最好是一些對方不能夠迅速想出適當答案的問題，以期收到意想不到的效果。同時，預先有所準備也可預防對方反問。

　　有些有經驗的談判人員，往往是先提出一些看上去很一般，並且比較容易回答的問題，而這個問題恰恰是後續重要問題的前奏。這時，如

果對方比較鬆懈，突然面對我們所提出較為重要的問題，往往會措手不及，便能收到出其不意之效。因為，對方很可能在回答無關緊要的問題時，即已暴露其想法，這時再讓對方回答重要問題，對方只好按照原來的思路來回答問題，或許這個答案正是我們所需要的。

第二，在對方發言時，如果我們腦中閃現出疑問，千萬不要中止對方的談話而急於提出問題，我們可先把問題記錄下來，等待對方講完後，有合適的時機再提出問題。

在傾聽對方發言時，有時會出現馬上想反問的念頭，切記這時不可急於提出自己的看法，因為這樣做不但影響傾聽對方其下文，而且會暴露我方的意圖，對方可能會馬上調整其後續的講話內容，從而使我們可能漏掉本應獲取的資訊。

第三，要避免提出可能會阻礙對方讓步的問題，這些問題會明顯影響談判效果。

事實上，這類問題往往會給談判的結局帶來麻煩。提問時，不僅要考慮自己的退路，同時也要考慮對方的退路，要掌握好時機和火候。

第四，如果對方的答案不夠完善，甚至迴避不答，這時不要強迫追問，而是要有耐心和毅力等待時機到來時，再繼續追問，這樣做以示對對方的尊重，同時再繼續回答問題也是對方的義務和責任，因為時機成熟時，對方也不會推卸。

第五，在適當的時候，我們可以將一個已經發生，並且已知答案的問題提出來，驗證對方的誠實程度，以及其處理事物的態度。同時，這樣做也可給對方一個暗示，即我們是了解交易行情的，有關對方的資訊我們也有充分掌握。這樣做可以幫助我們進行下一步的合作決策。

第六，不要以法官的態度來詢問對方，也不要問起問題來接連不斷。

要知道，像法官一樣詢問談判對手，會造成對方的敵對與防範的心理和情緒。因為雙方談判不等同於法庭上的審問，需要雙方心平氣和地提問和回答，另外，重複地連續發問往往會導致對方的厭倦、乏味而不願回答，有時即使回答也是馬馬虎虎，甚至會答非所問。

第七，提出問題後應閉口不言，專心致志地等待對方做出回答。

通常的作法是，當我們提出問題後，應閉口不言，如果這時對方也是沉默不語，則無形中給對方施加了壓力。這時，我們保持沉默，由於問題是由我們提出，對方就必須以回答問題的方式打破沉默，或者說打破沉默的責任將由對方來承擔。這種發問技巧必須掌握。

第八，要以誠懇的態度來提出問題。

當直接提出某一問題而對方或是不感興趣，或是態度謹慎而不願回答時，我們可以轉換角度，並且用十分誠懇的態度來問對方，以此來激起對方回答的興趣。實踐證明，這樣做會可使對方樂於回答，也有利於談判者彼此感情上的溝通，有利於談判順利進行。

第九，注意提出問題的句式應盡量簡短。

在商務談判過程中，提出問題的句式越短越好，而由問句引出的回答則是越長趣好。因此，我們應盡量用簡短的句式來向對方提問。因為當我們提問的話比對方回答的話還長時，我們將處於被動，顯然這種提問是失敗的。

綜上幾點技巧，是基於談判者之間的誠意與合作這一命題提出來的，旨在使談判者更好地運用提問的藝術來發掘問題、獲取資訊、掌握談判的方向。切記將這些變成限制談判者之間為了自身利益而進行的必要競爭教條。

摸底策略是指談判者為了摸到對方價格的底牌，找出對手所能夠付

出和自己願意接受的臨界價格，而採取的一些作法。

這些作法主要有：

- ◆「請你考慮」的策略。賣主想知道買主是否願意付出 33 萬元購買一棟有家具的房子，運用「請你考慮」的策略看看買主的反應，賣主就可以了解買主心中的價格或者他的預算金額。

- ◆「比較」的策略。賣主告訴買主他已成交的買賣，來試探買主對於高價格的反應；買主則告訴賣主以前類似的購買，以試探賣主對於低價格的反應。

- ◆「我想我能替你找來」的策略。賣主先提供某些沒有的東西、來探詢買主願意付出的價格，然後再代以另外的東西來求得更高的價格。

- ◆「錯誤」的策略。賣主先出低價來引起買主的興趣。然後假裝發覺一個錯誤，再撤回原先的出價。

- ◆「第三者」的策略。先使商談全速進行，盡可能逼使對方做最大的讓步，即使會談破裂也無妨。然後再請第三者來仲裁，一般能使對方做更大的讓步。

- ◆「交易告吹」的策略。賣主先出價較高，然後盡量堅持這一價格來找出買主願意付出的價格。買主所願付出的價格通常很低廉，賣主對於買主的出價要表現出驚奇的樣子，然後再說出顯然無法做成交易的話來，然後要求買主誠懇地告訴自己最高出價是多少，作為未來交易的參考。這時買主心中已經鬆懈下來，就會開始說給賣主聽，賣主說他會告訴上司參考。第二天，賣主又提出對買主有利的最後價錢，在一般的情況下，買主這時就會接受，因為這個交易對雙方都有利。

一般情況下，談判者在報價時可運用上述策略，但有時還要考慮到

當時的談判環境和雙方之間的關係。如果對方為了自身利益而向你施加壓力，則也必須以高價向對方施加壓力，以保護己方利益；如果雙方關係比較友好，特別是有長時間的合作關係，那麼報價應當穩妥，出價過高則有損於雙方關係，而且如果有很多競爭對手，就必須把報價壓低到對方能接受而繼續談判的程度。

在談判中，獲得資訊的一般手段是提問。為了解對方的想法和企圖，必須十分機警，利用各種方法和技巧去探知對手的需求。為了達到這個目的，與人溝通的方法，是不容忽視的問題。談判老手總是密切注意對方的「心理過程」，因為這一線索足可顯示對方的動機。發問可以說是「心靈之窗」。透過提問，除了可以從中獲得眾多資訊之外，還常常能發現對方的需求，知道對方追求什麼，這些都對指導談判有很大的作用。不僅如此，提問還是談判應對的一個手段。

不同的談判過程，獲取資訊的提問方法不同。為了便於了解，我們可將提問形式歸納為七種類型：一是一般性提問，如「你認為如何？」、「你為什麼這樣做？」等；二是直接性提問，如「誰能解決這個問題？」等；三是誘導性提問，如「這不就是事實嗎？」等；四是發現事實的提問，如「何處？」、「何人？」、「何時？」、「何事何物？」、「如何？」、「為何？」等；五是探詢性的提問，如「是不是？」、「你認為？」等；六是選擇性提問，如「是這樣，不是那樣？」等；七是假設性提問，如「假如……怎麼？」等。這七種類型的提問方式，是有用的談判工具，我們必須審慎地、有選擇地、靈活地運用這一工具。

提問題要恰當，如果提問題能夠得到對方能接受的判斷，那麼這個問題就是一個恰當的問題，反之就是一個不恰當的問題。例如，在經濟合約的再談判過程中，需方與供方在交貨問題上激烈辯論。因供方晚交

貨兩個月，同時只交了一半貨。需方對供方說：「如果你們再不把另一半貨物按時交來，我們就向其他供應商訂貨了。」供方問：「你們為什麼要撤銷合約？如果你們果真撤銷合約，重新訂貨，後果是不堪設想的，這些你們明白嗎？」供方的發言激怒了需方，需方立即撤銷了合約。在這裡供方提出：「你們為什麼要撤銷合約？」這是一個不恰當的問題，因為這個問題隱含著一個判斷，即需方要撤銷合約，實際上需方並沒有說一定要撤銷合約。這樣，需方不管怎樣回答，都得承認自己要撤銷合約。這就是強人所難，逼人就範了，談判自然會不歡而散。所以，在磋商階段，談判者要想有效地進行磋商，首先必須確切地提出爭論的問題，力求避免提出包含著某種錯誤假定或敵意的問題。

下面這個故事可以說明提出恰當問題的重要性。有位牧師問一位長老：「我可以在祈禱時吸菸嗎？」他的請求遭到嚴峻的拒絕。另一位牧師再問同一位長老說：「我可以在吸菸時祈禱嗎？」因為提出問題的措詞不同，使得同一問題變得恰當，投長老之所好，他被允許了。

提問題要有目的性。在談判中，談判者提出的問題要有目的性，也就是說一個問題的提問要把答案引導到某個方向。

在磋商階段，一方為了試探另一方是否有簽訂合約的意圖，是否真正需要這種產品，談判者必需根據對方的心理活動運用各種不同的方式提出問題。

比如，當買主不感興趣、不關心或猶豫不決時，賣主應問一些引導性問題：「你想買什麼東西？」、「你願意付出多少錢？」、「你對於我們的消費調查報告有什麼意見？」、「你對於我們的產品有什麼不滿意的地方？」、「你是不是擔心我們賣的衣服會縮水？」……提出這些引導性的問題後，賣方可根據買方的回答找出一些理由來說服對方促成對方與自

己成交。例如，賣方看到買方對他們生產的洗衣機不太滿意，就問對方在哪些方面不滿意。買方答：「我不喜歡產品的外型，乍看之下不結實。」賣方說：「如果我們改進產品的外型，使之增加防腐能力，你會感到滿意嗎？」買方答：「就這一點而言，那當然好！不過交貨時間太長了。」賣方問：「如果我們把交貨時間縮短，你能馬上決定購買嗎？」買方答：「完全可以決定。」這樣，賣方針對買方的要求，提出一些可供商確的問題，使買方接受了自己的觀點。

提出問題是很有力量的談判工具，因此在應用時必須審慎明確。問題能決定商談、討論或辯論的方向，適當的發問常能指導談判的結果。好像轉動水龍頭控制水量一樣，發問也能控制收集情報的多寡。提出問題還可以刺激對手思考，並且開始慎重地考慮你的意見。當我們需要特定的答案時，我們只提出特定的問題，諸如「現在幾點？」、「你喜歡吃西瓜嗎？」類似的問題很容易回答，答案明確，但本質上我們仍引導和控制對方的思考。如果我們不這樣做，而問對方：「你為何要那樣做？」「你是怎樣做的？」答案就困難多了。為了答覆你的問題，你的對手不得不想得深入一點 —— 他會更謹慎地重新檢視自己的前提，或是再一次評估你的前提。

審慎運用問題，使你能輕易地引起對手立即的注意和對問題保持不輟的興趣。此外，還可將會談引導至你所希望的方向。經常地藉著問題，你的對手會被導向你所期望的結論。

「為什麼」是一句探求原因的問題，甚至有時是在一方說明原因後的進一步探求。比如下列的對話：

「我最多只能出十萬元。」

「為何如此？」

「如果再多出，就無利可圖了。」

「為什麼？」

如此等等。

這種使用「為什麼」的提問方式，在交涉階段初期有積極作用，它可以幫助我們了解對方是如何真正評價事物的。

同時，這也是我們在某一階段提出的一連串問題中的一部分問題。

對於這一策略的反措施是，對對方提出「為什麼」的疑問，只提供最簡要的情況，在直接答案後，不做詳細的解釋。不過要注意，在交涉初期階段，對方有權迫使我們回答對他們有益的情況。

要是對方過於頻繁地發問「為什麼」，比如，在我們試圖提出新的建議和準備讓步的時候，對方就無理要求針對所有細節都加以說明，我們就可以開始進行反擊。

採取「假定……將會」的策略，目的是使談判的形式不拘泥於固定的模式。比如，在談判中，不斷地提出如下種種問題：「如果我再增加一倍的訂貨，價格會便宜一點嗎？」、「如果我們自己檢驗產品品質，你們在技術上會有什麼新的要求嗎？」

在試探和提議階段，這種發問的方法不失為一種積極的方式，它將有助於雙方為了共同的利益而選擇最佳的成交途徑。

然而，如果談判已十分深入，再運用這個策略只會引起分歧。如果雙方已經為報價做了許多準備，甚至已經在討價還價了，而在這時，對方突然說：「如果我對報價做些重大的修改，會怎麼樣？」這樣就可能損及已形成的合作氣氛。

因此，「假定……將會」這個策略，用在談判開始時的一般性探底階段較為有效。

鑑別利益因素往往依賴於雙方之間的溝通。例如，談判中，不妨向對方多問幾個為什麼，如「您為什麼特別注重……，您為什麼不接受……」等問題。以此來探求對方的真實利益所在。

在商務談判中，對於利益問題，應注意以下幾點：

1. 向對方積極陳述你的利益所在，以引起對方的注意並使對方滿足你的利益；

2. 承認對方的利益所在，考慮對方的合理利益，甚至在保證自己利益的前提下，努力幫助對方解決利益衝突問題；

3. 在談判中既要堅持原則（如具體的利益），又要有一定的靈活性；

4. 在談判中對利益作硬式處理，而對人作軟式處理。在談判中要強調你為滿足對方利益所做出的努力，有時也要對對方的努力表示欽佩和讚賞。

【牢記要點】

1. 談判的目的，就是為了調和雙方利益而達成的某種協定。

2. 談判著眼於利益而不是立場。

3. 談判其實就是一個交換利益的過程。

4. 對談判的任何一方來說，都要掌握自己的「給與取」的藝術。

5. 掌握對方需求期望得到的利益會是非常有效果的。

6. 一定要設法了解對方的真正需求是什麼，談判才能更有力量。

【實戰練習】

好了。實踐時間到了。現在，請再體會一下上文中的內容要點，完成下列問題的思考及行動訓練。

1. 案例分析

你賣東西的時候，買主的談判幅度是從期望價（他們希望你賣給他的價格）到拒絕價（他們願意支付的最高價）。我們怎麼知道買主的最高價是多少呢？

編造上級意見來抬高買主底價。他們想花 1.50 美元買一個電源插座，而你要的是 2 美元。你可以說：「我們都覺得這個產品的價格還可以。如果我能讓老闆降到 1.75 美元，你能接受嗎？」用上級主管做擋箭牌，這並不意味著你要以 1.75 美元賣給他們。然而，如果他覺得 1.75 美元也可以，你就把他的談判底價提高到 1.75 美元，與你的要求現在就差 25 美分，而不是 50 美分了。

透過提供品質較差的產品來判斷他們的品質標準。「如果你只付 1.50 美元，我給你看銅接點的插座可不可以？」用這種方法，你或許能讓他們承認價格不是他們唯一的考慮。他們確實關心品質。

推薦品質更好的產品，確定他們願意給出的最高價格。「我們還有更高效能的插座，但是每個 2.50 美元。」如果買主對這種效能感興趣，你知道他願意花更多的錢。

不說你自己是貨主。這種辦法可以解除買主的警惕，她會跟你說些真心話，要是她認為你在賣東西的話，她就不這麼做了。你說：「簡，我喜歡跟你做買賣，但是這件不是我的，以後我們再合作吧。」你以這種方式解除了簡的武裝，稍後你說：「我很遺憾不能賣給你這個插座，但就我們倆說，到底多少錢你買？」她也許會說：「我覺得 1.50 美元是最低的價格，但我想 1.80 美元也是可以的。」

買主有一個期望價，還有一個拒絕價，談判中你不知道他的拒絕價是多少，因為他總是考慮他的期望價。但是運用這些技巧，你應該能夠猜到這個價格。

從我們這部分談論的內容看，關於價格我們有很多要注意的內容：

【切記要點】不要認為價格是對方心中最為關鍵的因素，不要讓價格的問題困擾你。

不要掉入陷阱，認為你賣的只是商品。這只是買主在你身上運用的策略。你不必以低於競爭對手的價格來賣掉你的產品。

2. 選擇答案，測試自己的談判能力。

1）投石問路策略的主要作用是：

　　A、尋找討價還價的藉口

　　B、了解對方對我方開價的反應

　　C、試探對方的底細

　　D、發現成交的機會

2）在商務談判中，最好的提問技巧是提一些：

　　A、使對方捉摸不透的問題

　　B、對方敏感而且難以回答的問題

　　C、使對方感興趣的問題

　　D、對方能回答的問題

3）你對於別人的動機和願望的敏感程度如何？

　　A、高度敏感

　　B、相當敏感

　　C、大約普通程度

　　D、比大部分人的敏感性低

　　E、不敏感

4）你對對方私人問題的敏感程度如何？（非商業性的問題，例如：工作的保障，工作的負擔，和老闆相處的情形等）

    A、非常敏感

    B、相當敏感

    C、一般程度

    D、不太敏感

    E、根本不敏感

5）在商務談判過程的接觸控底階段，應採取以下步驟：

    A、營造談判氣氛

    B、摸清對方人員狀況

    C、修正談判計畫

    E、摸清對方實力

    注：這些題目很簡單，你自己不妨一答，但卻能了解自己是否具有談判潛力。

3. 培訓遊戲

4. 行動建議

◆商業談判十要素

    談判藝術商業管理專家一直強調，成功的商業交易主要依賴於談判的藝術，絕大多數成功商人都是談判高手，這使他們能輕而易舉地完成一筆交易。

    ◆ 傾聽。一個談判高手通常提出很尖銳的問題，然後耐心地傾聽對方的意見。商務專家說，如果我們學會如何傾聽，很多衝突是很容易解決

的。問題的關鍵是傾聽已經成為一種被遺忘的藝術，而很多商人都忙於確定別人是否聽見他們說的話，而不去傾聽別人對他說的話。

◆ 充分的準備。SelfGrowth.com 網站說，要取得商業談判的成功，必須在事前盡可能多地蒐集相關資訊。例如，你的客戶的需求是什麼？他們有什麼選擇？事先做好功課是必不可少的。

◆ 高目標。有高目標的商人做得更出色。期望的越多，得到的越多。SelfGrowth.com 網站的埃德布羅多說，成功的談判家都是樂觀主義者。據布羅多先生說，賣家的開價應該比他們期望得到的要高，而買家則應該還一個比他們準備付的要低的價錢。

◆ 耐心。管理權威認為誰能靈活安排時間誰就有優勢。如果談判時對方趕時間，你的耐心能對他們造成巨大的影響。

◆ 滿意。如果在談判中對方感到很滿意，你已經成功了一半。滿意意味著對方的基本要求已經達到了。

◆ 第一擊。布羅多先生說，想找出談判方渴望的底價，最好方法就是勸誘他們先開口。他們希望的有可能比你想給的還要低。如果你先開口，有可能付出的比實際需求的要多。

◆ 第一次出價。selfgrowth.com 網站說，不要接受第一次出價。如果你接受了，對方會想他們其實能再壓一下價，先還價再做決定。

◆ 讓步。在商業談判中，不要單方面讓步。如果你放棄了一些東西，必須相應地再從對方那裡得到一些東西。如果你不這樣做的話，對方會向你索要更多。

◆ 離開。如果一個交易不是按照你計劃的方向進行，你該準備離開。永遠不要在沒有選擇餘地的情況下談判，因為如果在這種情況下談判，你就使自己處於下風。

拒絕對方：高度藝術化語言

　　拒絕之術，關係到談判成敗。拙嘴笨舌，辭不達意，會使談判者到處碰壁，寸步難行；巧音如簧，口吐蓮花，會使談判者柳暗花明，左右逢源。我們必須進行這種人生修練，摸清其中的門道。

【情景思考】

　　兩個外出工作的老鄉，找到城裡工作的李某，訴說工作之艱難，一再說住店住不起，租房又沒有合適的。言外之間是要借宿。

　　李某聽後馬上暗示說：「是啊，城裡比不了我們鄉下，住房可困難了。就拿我來說吧，這麼兩間小房子，住著三代人，我那上高中的兒子晚上只得睡沙發。你們大老遠地來看我，不該留你們在我家好好地住上幾天嗎？可是做不到啊！」

　　兩位老鄉聽後，就非常知趣地走開了。

【主題解說】

　　「商場如戰場」。這句話已經被人說濫了，但是再重複一萬遍也不為過。在這個戰場上，每個做生意的人都希望掌握精良的武器，使自己得心應手，馬到成功。好口才就是馳騁商戰的利器法寶。

　　然而，只要你留心觀察，會發現身邊就有這些成熟老練的生意人，他們做人的境界很高，處世的功夫很深，做生意的手段很精，辦事說話的方法有道。他們似乎生就一副鐵嘴鋼牙，能夠輕鬆躲過明槍暗箭，能

屈能伸，進退自如，能夠在複雜的人際關係中如魚得水。他們關係順，路子多，成功快，令人欽慕不已，敬畏不已。人生達到這種境界，看似輕鬆自若，殊不知其中傾注了多少心力！

翻手為雲，覆手為雨，這是每一個現代人都想得到的辦事技能，誰擁有靈活的說話辦事招術，誰就能在激烈競爭社會裡永立不敗之地。擁有說話的功夫，精通說話之術，會使你擁有萬人當關，一人能開的不尋常能力，讓你八面玲瓏，編織起一張巨大的人際網路，為自己贏得取之不盡，用之不竭的人際關係資源。會使你在強大的生意對手面前侃侃而談，口若懸河而又滴水不漏。會使你成為一名精明的、老練的、受人歡迎的老闆，要勢得勢，要人得人，要財得財……

把生意場上最直接、最便利、使用率最高的口才技巧和處事方略介紹給你，並努力使你用最短的時間掌握能言善道，精明處事的本領。書中多得是錦囊妙語，多得是奇謀妙計，它們從經商做買賣的實際出發，用實際有效的例證來告訴你說話辦事的方法和各種技巧。一看就懂，一學就會，一用就靈，方便實用。必要時可以現用現查，稱得上是你經商辦事的精明助手、得力祕書和及時參謀。

掌握了書中這些說話辦事的方法和技巧，會使你成為一名成熟老練的生意人，與顧客應酬起來更輕鬆、更容易，使你可以在任何場合面對任何人都能做到從容不迫，瀟灑自如。讓你說得痛快，讓人聽得舒心。讓你在經濟上找到財富，在事業上找到成功。

目的性要強，做到有的放矢。模糊，囉嗦的語言會使對方疑惑、反感，降低己方威信，成為談判的障礙。

針對不同的商品，談判內容，談判場合，談判對手，要有目的性地使用語言，才能保證談判的成功。例如：對脾氣急躁，性格直爽的談判對

手，運用簡短明快的語言可能受歡迎；對慢條斯理的對手，則採用春風化雨般的傾心長談可能效果更好。在談判中，要充分考慮談判對手的性格、情緒、習慣、文化以及需求狀況的差異，恰當地使用目的性的語言。

談判中應當盡量使用委婉語言，這樣易於被對方接受。比如，在否決對方要求時，可以這樣說：「您說的有一定道理，但實際情況稍微有些出入。」然後再不露痕跡地提出自己的觀點。這樣做既不會有損了對方的面子，又可以讓對方心平氣和地認真傾聽自己的意見。

其間，談判高手往往努力把自己的意見用委婉的方式偽裝成對方的見解，提高說服力。在提出自己的意見之前，先問對手如何解決問題。當對方提出以後，若和自己的意見一致，要讓對方相信這是他自己的觀點。在這種情況下，談判對手有被尊重的感覺，他就會認為反對這個方案就是反對他自己，因而容易達成一致，獲得談判成功。

◆靈活應變

當遇到對手逼你立即做出選擇時，你若是說：「讓我想一想」，「暫時很難決定」之類的語言，便會被對方認為缺乏主見，從而在心理上處於劣勢。此時你可以看看錶，然後有禮貌地告訴對方：「真對不起，9 點鐘了，我得出去一下，與一個約定的朋友通電話，請稍等五分鐘。」於是，你便很得體地贏得了五分鐘的思考時間。

◆恰當地使用無聲語言

商務談判中，談判者透過姿勢、手勢、眼神、表情等非發聲器官來表達的無聲語言，往往在談判過程中發揮重要的作用。在有些特殊環境裡，有時需要沉默，恰到好處的沉默可以取得意想不到的良好效果。

◆跨越文化的商業談判

　　為什麼迪士尼公司將卡通形象推銷到日本、法國和香港的時候，採用的談判手段大不相同？

　　迪士尼樂園除了在美國加利福尼亞和佛羅里達之外，在日本和法國也分別開設了一座，在香港也有一間迪士尼樂園。儘管迪士尼的卡通形象在全世界都是一樣的，但是迪士尼公司將這些卡通形象推銷到日本、法國和香港的時候採用的談判手段卻大不相同。這反映出美國公司跨越文化界限的談判技巧越來越成熟。

　　1979 年建造東京迪士尼樂園時，迪士尼公司同意投資 250 萬美元，條件是簽署一個為期 45 年的合約，拿到這個樂園 5% 的食品銷售利潤和 10% 的門票及授權利潤。到 1985 年，當迪士尼公司開始和法國政府談判的時候，東京迪士尼樂園已經為公司每年賺取 4,000 萬美元。

　　在和法國的談判中，迪士尼公司作為樂園的擁有者投資不到 2 億美元，占據 49% 的股份建立了合資公司。這個公司價值達到 30 億美元。儘管現在這個樂園是盈利的，但 1992 年的時候它曾出現過嚴重的經濟危機，債臺高築，遊客稀少。看上去迪士尼公司錯誤地判斷了美國流行文化在法國的市場。

　　香港的交易和上述的兩次又有不同。迪士尼公司將投資 3.16 億美元，占據 43% 的股份。它的合作夥伴不是私人投資者或是一家銀行財團，而是香港政府。當時讓人驚訝的是迪士尼選擇了香港，而不是中國的其他城市。中國民眾必須得到特殊許可才能到香港來參觀迪士尼樂園。據猜想，迪士尼公司和香港政府的這個專案必須每年吸引 500 萬中國遊客和其他國家的遊客才能維持收支平衡；相比之下，巴黎迪士尼樂園則要吸引 1,000 萬遊客才能維持收支平衡。

　　經驗教訓讓迪士尼公司開始注重文化差異和談判的基本原則。跨越文化差異的談判是很艱難的。民族優越感（認為自己的文化方式是最好的）常常使談判者忽略了談判桌上交流用的相關資訊。迪士尼公司應該了解到法國會考慮本國文化的主導地位。迪士尼公司沒有預料到全套「米老鼠文化」搬到法國後會有什麼結果。迪士尼公司在法國的經歷告訴我們：跨文化的交易搞不好會產生不良的爭端。

◆文化如何影響談判策略

　　當人們開始談判的時候，他們的行為是帶有策略性的，而且這種策略是以文化為基礎的。這就是說，以一種文化為背景的談判者很可能帶有一整套行為策略，而以另一種文化為背景的談判者也帶著另一套行為策略。

　　談判策略和文化息息相關，是因為文化在社會交往規範中造成很大作用。這些規範是具有功能性的，表現在一個人在行為時所要做的選擇大大減少，並且這些規範能夠預期同一種文化中其他人的行為。功能性的規範變成制度化。研究顯示，談判者所選擇用於解決爭端、獲取資訊、施加影響以及刺激策略的行為模式，文化有很大的作用。

◆爭端

　　談判者之間的資訊往往不是口頭直接表達，口頭資訊往往是不直接的。例如，一家美國公司向一家德國採購商出售中國生產的腳踏車。這些腳踏車一動就咔咔作響。按照美國的文化，最平常的作法是直接告訴製造商退貨。而在中國，這樣的直接爭端被看作是無禮的和丟面子的。美國公司的經理來到中方的工廠，檢查腳踏車並試騎了幾輛，詢問中方關於腳踏車發出咔咔聲的原因。「這種咔咔聲是正常的嗎？是不是所有的

腳踏車都這樣？你認為德國消費者會覺得這種腳踏車有問題嗎？」問完問題後，這位經理就走了。第二批腳踏車再也沒有了這樣的咔咔聲。有時候非口頭行為也傳播了資訊，如退出談判。

其他時候，不是因為直接對抗，而是有第三方的介入。當一家中美合資企業中的美方經理沒有在報告中獲取他期望的資訊時，他告訴寫報告的中方女僱員召開一個會議討論他的要求，她很有禮貌地搪塞了過去。過了一天，這位女僱員的上司告訴美方經理：報告沒問題，已經涵蓋了應該有的資訊，用不著進行改變。

願意面對面談判的人並不願意面對面地進行對抗。涉及國際性的談判者必須懂得如何直接和非直接地進行對抗。

◆動機

動機也就是談判者的利益所在。談判者或許會考慮自我的利益、對方的利益或者是集體利益。由於文化的不同，談判者的個人利益、他人利益和集體利益的相對重要性也不同。一些文化背景下的談判者更關注個人利益；另一些文化背景下的談判者則視他人利益和個人利益同等重要；而還有一些文化背景下的談判者在設定前提條件、決定接受提議或繼續談判時，考慮到的是集體利益。參與國際性談判的人必須對文化差異導致的談判目的和動機保持敏感。

◆影響

強而有力的姿態是影響對方同意你的要求的一種能力。社會交往中有很多不同基礎的能力，其中，談判協定的最佳可選方案（Best alternative to negotiated agreement）和公平標準對於談判來說尤為重要。

談判協定的最佳可選方案（BATNA）越糟糕，談判者在達成協定的時候越被動，只能不斷讓步。公平標準是決策規則，可能有先例，如合約或法律，也可能是社會地位（如年齡或經驗）和社會觀念（如公正、平等或需求）。

各種文化差異下的觀念導致公平標準很難實現。例如，美國和歐盟之間的「香蕉大戰」就存在著觀念上的差異。作為世貿組織的成員，歐美都應該開放市場，但是法國加大關稅阻止進口美國的香蕉，使得美國香蕉的價格大大高於原來法國殖民地國家的香蕉價格。由於原來的法國殖民地國家的經濟依賴香蕉出口，法國這樣做具有傾斜性，不同於美國資本主義的觀念。

◆資訊

資訊是談判流通的關鍵。關於 BATNA、身分以及其他公平標準的資訊，影響著協定的最終促成。關於利益和前提的資訊也影響著協定的總和。當談判者不懂得對方傳遞的資訊時，談判往往陷於僵局。

下面這場談判開局就很不好。一位美國談判者第一次來到日本，對於談判的開場很困惑，對方一個勁地陳述公司的歷史、創業者和產品的故事，而美國談判者認為應該盡快進入到直接的談判。

為什麼文化影響了談判的策略？

談判者的行為和策略與自身文化的其他特點有很大關係，包括價值取向和社會交往準則等。其中三種是比較多人研究的：個人主義和集體主義的文化價值觀、平等主義和等級主義、溝通中相連含義的深淺。

在對抗中，兩種不同文化的談判者表現不同。上面提到的腳踏車故事中，美國經理採用了溝通相連含義深的文化交流手段。他希望中國同

行能夠從他的提醒中明白這些咔咔作響的腳踏車需要改進，他沒有直接挑起爭端也沒有明說。

文化和談判策略之間有著複雜的連繫。

複雜的原因主要有兩個：其一，談判者不是總表現得像自己的文化模式，文化和文化之間有交疊的部分；其二，文化不是由單一特徵構成的。單一的文化特徵可能重要，也可能不重要。

談判的時候，其他談判者表現出來的策略也會產生影響，談判者之間往往互相汲取對方的策略。如果談判者來自同一種文化，那麼談判行為會得到加強；如果談判者來自不同文化，談判者之間會調整談判策略。

身為國際性事務的談判者必須注意到以下幾點：

◆ 研究只是了解不同文化的談判策略特徵的開始。除動機、影響、資訊和對抗因素之外，還有很多重要的策略差別。

◆ 個別成員的行為可能不屬於文化模式，尤其是在特殊場合下。

◆ 一個談判者的策略不是永恆不變的；談判者會根據需要調整策略。

◆ 要成為一名優秀的跨文化談判者，就必須懂得不同文化中包含的談判策略。

【牢記要點】

1. 談判的目的，就是為了調和雙方利益而達成的某種協定。
2. 談判著眼於利益而不是立場。
3. 談判其實就是一個交換利益的過程。
4. 對談判的任何一方來說，都要掌握自己的「給與取」的藝術。
5. 掌握對方需求期望得到的利益會是非常有效果的。
6. 一定要設法了解對方的真正需求是什麼，談判才能更有力量。

【實戰練習】

好了。實踐時間到了。現在，請再體會一下上文中的內容要點，完成下列問題的思考及行動訓練。

談判的基本功可以總結為：沉默、耐心、敏感、好奇、表現。

◆ 保持沉默

在緊張的談判中，沒有什麼比長久的沉默更令人難以忍受，但是也沒有什麼比這更重要。另外我還會提醒自己，無論氣氛多麼尷尬，也不要主動去打破沉默。

◆ 耐心等待

時間的流逝往往能夠使局面發生變化，這一點總是使人感到驚異。正因為如此，我常常在等待，等待別人冷靜下來，等待問題自身得到解決，等待不理想的生意自然淘汰，等待靈感的來臨……一個充滿活力的經理總是習慣於果斷地採取行動，但是很多時候，等待卻是人們所能採取最富建設性的措施。每當我懷疑這一點時，我就提醒自己有多少次成功來自關鍵時刻的耐心，而因缺乏耐心又導致了多少失敗。

◆ 適度敏感

萊夫隆公司的創始人、已經去世的查爾斯·萊夫遜，多少年來一直是美國商業界人士茶餘飯後的話題。數年前，廣告代理小李華·麥克卡貝正在努力爭取萊夫隆的生意。他第一次前往萊夫隆總公司去見萊夫遜，看到這位化妝品大亨的辦公室富麗堂皇，顯得華而不實，並且給人帶來一種壓迫感。

麥克卡貝回憶道：「當萊夫隆走進這個房間時，我準備聽他來一段滔滔不絕的開場白。」可是萊夫隆說的第一句話卻是：「你覺得這間辦公室很難看，是吧？」

麥克卡貝完全沒有料到談話會這樣開始，不過總算嘟嘟囔囔地講了幾句什麼我對室內裝修有相同看法之類的話。

「我知道你覺得難看」，萊夫隆堅持道：「沒關係，不過我要找一種人，他們能夠理解，很多人會認為這間房子布置得很漂亮。」

◆隨時觀察

在辦公室以外的場合隨時了解別人。這是邀請「對手」或潛在客戶出外就餐、打高爾夫、打網球等等活動的好處之一，人們在這些場合神經通常不再繃得那麼緊，使得你更容易了解他們的想法。

◆親自露面

沒有什麼比這更使人愉快，更能反映出你對別人的態度。這就像親臨醫院看望生病的朋友，與僅僅寄去一張慰問卡之間是有區別的。

5. 提升訓練

某 A 公司欲購日本豐田轎車，先直接向豐田公司代表處詢價，沒有得到答覆，於是該公司轉而請 B 公司（與豐田公司有過交易）代其向豐田公司詢價，A 公司代表給 B 公司打了多次電話催問結果，B 公司代表也找到了在豐田公司的熟人探討可能性，豐田公司代表認為汽車進口需許可證，所需資金金額也較大，需確定了才願報價，B 公司把條件轉告 A 公司代表，A 公司代表認為可以開信用證，進口許可證等車到了再說，

於是 B 公司代表和豐田公司代表均不再表態了，A 公司代表又多次打電話催探詢結果，均未得到報價。

請分析：

1. A 公司採用了何種探詢方式？
2. A 公司與 B 公司是什麼探詢關係？
3. A 公司的探詢工作做得如何？

答案：

1. A 公司採用了直接探詢和間接探詢的方式。直接向豐田公司詢價為直接探詢，電話委託 B 公司向豐田公司詢價為間接探詢。

2. A 公司打電話給 B 公司委託其向豐田公司詢價，雖然方式上為間接探詢，但在法律上尚未構成委託探詢關係，雙方沒有明確的責權約定和探詢條件的約定，只是朋友式的問問而已，不屬於正式探詢。

3. A 公司探詢工作做得不成功。首先不夠嚴謹，沒有準備好探詢的條件（沒資金，沒許可證），也沒有考慮選擇方式和預測後果，直到豐田公司不理才換方式。其次，在間接探詢時，委託人的選擇較正確，但在管理上不完善，雙方關係不明，責任不清，利益沒保證，使間接探詢力道不夠。最後，在策略上有漏洞，急需之意流露無餘，沒有好結果。

活躍氣氛的幽默語言法則

　　幽默語言的魅力，既基於表達者獨特的語言技巧，同時也有賴於交際雙方在共知語境的前提下領悟幽默語言的潛資訊。

【情景思考】

　　安徒生十分簡樸，曾戴著一頂破帽子在街上行走，有個過路人取笑他：「你腦袋上邊那個玩意是什麼？能算是帽子嗎？」安徒生隨即回敬道：「你帽子下面那個玩意是什麼？能算是腦袋嗎？」

【主題解說】

　　在談判中，有時會遇到不好正面拒絕對方，或者對方堅決不肯讓步的情況，此時不妨用幽默法來拒絕對方。所謂幽默法，就是對方提出對你來說不可接受的要求或條件時，不直接加以拒絕，相反全盤接受。然後根據對方的要求或條件推出一些荒謬、不現實的結論來，從而否定了對方的要求或條件。這種拒絕法，往往能產生幽默的效果，所以稱為「幽默法」。

　　在談判時，當問題本身頗為複雜，叫人難以啟口，但卻又非問不可時，通常便得使用「緩動」的技巧。說話的緩動技巧，具有防止對方發怒，使談判得以順利進行的作用。

　　在談判過程中，我們有時難免會變得情緒化，有時則不得不提出某些涉及人身攻擊的問題，有時又不可避免地必須與曾是你手下敗將的談

判對手再度會面。在這樣的情況下，你應該如何處置呢？這裡舉個例子
說明。

假設你現在的談判對手，在不久之前，才和你談過一件有關土地買
賣的問題，當時對方覺得他所提出的價格非常合理，但事後卻愈想愈不
對，愈想愈覺得價格太低，自己吃了個大虧。在這種情況下，當這位談
判對手再度與你面對面，討論另一件有關土地買賣的問題時，必然是心
不平、氣不和的。所以，不論你開出的價格再怎麼合理，對方一定不肯
輕易同意。他之所以不肯同意，並非價格合不合理的問題，而是他已打
定了主意，要以更高的價格賣出土地，以彌補上一次的損失。

類似這樣的例子經常發生。所以，當你發現眼前的談判對手對你心
存不平時，就不得不慎重處理，小心應付，而化干戈為玉帛的最好方
式。一開始便誠懇、開門見山地向對方提出解釋，以消除其蓄積於心中
的不滿與怨氣，讓一切能重新開始。記住，不論做主人或做客人，你都
有必要去應付不合理的要求、令人不快的行為，或者鬧得不像話的場
面。用你的幽默力量去和平解決吧，盡量避免爭端。例如，你想平息餐
桌上的爭論，就說：「不要吵了。該不會是剛剛吃下去的雞在作祟吧！這
裡可不是在鬥雞！」對情緒過於激昂的人，就說：「一個人總得相信些什
麼，我相信我要再喝一杯。」

為了幽默的錯位不是言語失誤（孩子的話當然例外），幽默的錯位是
聽話人完全能夠理解說話人動機的一種語言現象。這種語言現象可以叫
做「故意違反會話合作原則」。人們在日常會話過程中，總是要遵守一定
的合作原則，比如說，關聯原則（後說話的人所說的必須要和前者所說
的有關聯）、品質原則（說話人不能說謊）、數量原則（提供恰當的資訊
量，不要太多或太少）、方式原則（說話的方式要恰當）。現在似乎還要

加上角色原則。如果是故意違背這些原則，就會引起言外之意，幽默也可以說是故意違背會話合作原則的一種言語現象。

從孩子的錯誤中，我們似乎也能有很多啟發，特別是角色的錯位。我們的生活中也常常能見到，例如，學生學著老師的口吻（或者相反），一般人學上位者的口吻等等，總之對立的雙方都可以進行角色的錯位，利用這種錯位而造成幽默。

一天，一個警察發現一個獨自在大街上徘徊的小女孩，她只有兩歲半，金髮碧眼，長得非常迷人，但她說不出自己叫什麼名字，也弄不清住在什麼地方，警察無可奈何，開始翻她的衣袋，希望能找到一點線索，小女孩沒有反抗，但她嫩聲嫩氣地說出的一句話，卻讓警察大吃一驚：「別害怕，我沒帶槍！」

如果把這個故事拍成一段電影小品，一定會惹得觀眾大笑。有很多時候，孩子真的是幽默高手。

也許你可以這麼說：「上一次土地買賣的事已經過去了，現在想來，我確實有些抱歉，不過……」接著便要設法讓對方明白，心中也不再怨恨不平，談判便可以順利地進行了。這就是所謂說話的緩動技巧。

一位女士不小心摔倒在一家整潔無比的商店裡，手中的奶油蛋糕弄髒了商店的地板，便歉意地向老闆笑笑，不料老闆卻說：「真對不起，我代表我們的地板向您致歉，它太喜歡吃您的蛋糕了！」果然，老闆的熱心打動了這位女士，於是下決心「投桃報李」，買了好幾樣東西後才離開。

【牢記要點】

1. 談判的目的，就是為了調和雙方利益而達成的某種協定。
2. 談判著眼於利益而不是立場。

3. 談判其實就是一個交換利益的過程。

4. 對談判的任何一方來說，都要掌握自己的「給與取」的藝術。

5. 掌握對方需求期望得到的利益會是非常有效果的。

6. 一定要設法了解對方的真正需求是什麼，談判才能更有力量。

【實戰練習】

好了。實踐時間到了。現在，請再體會一下上文中的內容要點，完成下列問題的思考及行動訓練。

1. 案例分析

例如，前蘇聯與挪威曾經就購買挪威鯡魚進行了長時間的談判。在談判中，深知貿易談判訣竅的挪威人，賣價高得出奇，前蘇聯的談判代表與挪威人進行了艱苦的討價還價，挪威人就是堅持不讓步。談判進行了一輪又一輪，代表換了一個又一個，就是沒有結果。

為了解決這一貿易難題，前蘇聯政府派柯倫泰為全權貿易代表。柯倫泰是前蘇聯的著名女大使，也是一位傑出的外交家和談判家。聰明的柯倫泰面對挪威人報出的高價，針鋒相對地還了一個極低的價格，雙方無疑進入了一個漫長的、艱苦的討價還價的階段。而且由於雙方都不願做出大幅度的讓步，談判像以往一樣陷入了僵局。挪威人並不在乎僵局，更不害怕僵局，因為不管怎麼樣，蘇聯人想吃鯡魚，就得找我們買，所以是「姜太公釣魚，願者上鉤」。而柯倫泰是拖不起也讓不起，而且還要非成功不可，情急之下，柯倫泰使用了幽默法來拒絕挪威人。

她對挪威人說：「好吧！我同意你們提出的價格，如果我的政府不同意這個價格，我願意用自己的薪資來支付差額。但是，這自然要分期付

款,可能我要支付一輩子。」

挪威的紳士們從來沒有遇到過這樣的談判對手,堂堂紳士能把女士逼到這種地步嗎?所以,在忍不住一笑之餘,就一致同意將鮭魚的價格降到最低標準。而柯倫泰用幽默法完成了她的前任們歷盡千辛萬苦也未能完成的工作。

2. 選擇答案,測試自己的談判能力。

1) 商務談判中,倫理與法律對談判行為的約束範圍是:

    A、完全重疊的

    B、完全不重疊的

    C、不完全重疊的

    D、相互排斥的

2) 當商務談判陷入僵局時,以下哪種技巧有助於改變氣氛?

    A、改變談判話題

    B、改變談判環境

    C、改變談判日期

    D、更換談判人員

3) 下列有關談判氣氛論述中,正確的是:

    A、談判開始瞬間的影響最為強烈,此後,氣氛波動較為有限

    B、當雙方走到一起準備談判時,氣氛就已形成

    C、雙方見面時的寒暄同樣能決定談判氣氛

    D、談判人員的大腦運動是決定氣氛的實質內容

    F、氣氛對談判結果無影響

　　注：這些題目很簡單，你自己不妨一答，但卻能了解自己是否具有談判潛力。

3. 培訓遊戲

4. 行動建議

5. 提升訓練

語言交鋒：論辯的語言法則

　　談判中的辯論是人類語言藝術和思維藝術的綜合運用，技巧性較強。談判論辯的過程就是透過擺籌碼、講價格，以爭取自己的利益和立場。

【情景思考】

　　據說，有一位商人見到詩人海涅（海涅是猶太人），對他說：「我最近去了塔希提島，你知道在島上最能引起我注意的是什麼？」海涅說：「你說吧，是什麼？」商人說：「在那個島上呀，既沒有猶太人，也沒有驢子！」海提回答說：「那好辦，要是我們一起去塔希提島，就可以彌補這個缺陷。」

【主題解說】

　　一般來說，談判者不應與對手辯論，但有時為了證明自身立場的科學和正確，與對手出現分歧以至於進行辯論是難免的。與客戶談判中的辯論，是人類語言藝術和思維藝術的綜合運用，技巧性較強。

　　談判人員在與對手辯論時，要提出論點，擺明分歧，運用科學資料論證自身觀點的正確性；若對手提出毫無根據的指責應進行辯駁，表明自身立場和觀點；原則性問題不妥協，枝節性問題不糾纏，要抓住要害而不是斷章取義地反駁顧客的錯誤觀點，不能強詞奪理也不要得理不讓人；在辯論中要有雄辯的才能，從容不迫、不急不躁、彬彬有禮、不卑不亢，用詞準確鋒利，態度客觀公正，儘管針鋒相對，但不尖酸刻薄。

具體來說，談判者要想使自己在與客戶談判中獲得好效果，應掌握下面幾種「辯」的技巧。

◆辯論的觀點要明確，立場要堅定

與客戶談判中「辯」的目的，就是論證己方觀點，為了能更清晰地論證自身觀點和立場的正確性及公正性，在論辯時要運用客觀材料，以及所有能夠支持己方論點的證據，以增強論辯效果，從而反駁對方的錯誤觀點。

◆辯論的思維要嚴密，邏輯性要強

與客戶談判中之所以出現辯論，往往是因為雙方進行磋商時遇到了難解的問題。因此，一個優秀的辯手，應該是頭腦冷靜、思維敏捷、嚴密且富有邏輯性的人，只有具有這種素養的人才能應付各式各樣的問題，從而擺脫困境，只有思路敏捷、嚴密，邏輯性強，才能在談判中立於不敗之地。

◆辯論時要具有策略眼光

所謂的具有策略眼光是指談判者在辯論過程中，要掌握大的方向、大的前提以及大的原則。在辯論過程中要灑脫，不在枝節問題上與對方糾纏不休，但主要問題上一定要集中精力，掌握主動。在反駁對方的錯誤觀點時，要能夠切中要害，做到有的放矢。同時要切記不可斷章取義、強詞奪理、惡語傷人，這些都是不健康的、應摒棄的辯論方法。

◆辯論的態度要客觀公正，措辭準確犀利

談判者在與對方辯論時，必須要遵循這樣的準則，不論辯論雙方如何針鋒相對，爭論多麼激烈，談判者都必須以客觀公正的態度，準確的

措辭，切忌用侮辱誹謗、尖酸刻薄的語言進行人身攻擊。如果違背了這準則，其結果只會損害自己的形象，降低談判品質，削弱談判實力，不會給談判帶來絲毫幫助，反而可能置談判於破裂的邊緣。

◆辯論時要適可而止

談判者與對方辯論的目的是要證明自己立場、觀點的正確，反駁對方的立場、觀點上的偏差，以便能夠爭取有利於自己的談判結果，切不可認為辯論是一場對抗賽，必須置對方於死地。因此，辯論時應掌握好進攻尺度，一旦已經達到目的，就應適可而止，切莫窮追不捨、得理不饒人。因為談判中，如果對手被你逼得走投無路，陷於絕境，往往會產生更強的敵對心理，甚至於反擊的念頭更強烈，這樣即使對方暫時認可，事後也不會善罷甘休，最終會對雙方的合作不利。

◆辯論時要善於面對優劣勢

在談判者與對方進行辯論時，可能會處於不同的狀態，或是劣勢，或是優勢，那麼此時應如何處理呢？

當談判者處於優勢狀態時，要注意以優勢滔滔雄辯、氣度非凡，並注意藉助語調、手勢的配合，強化自己的觀點，以維護自己的立場。切忌當自己處於優勢時，表現出輕狂、放縱和得意忘形。要時刻牢記：談判中的優勢與劣勢是相對而言的，而且是可以轉化的。相反，當談判者處於劣勢狀態時，要記住這是暫時的，應沉著冷靜、從容不迫，既不可嘔氣、無理狡三分，也不可沮喪、洩氣、慌亂不堪。因為這樣對於挽救自己的劣勢是毫無幫助的。在劣勢狀態下，只有沉著冷靜，思考對策，保持陣腳不亂，才會對對方的優勢構成潛在的威脅，從而使對方不敢貿然進犯。

此外，談判者還要注意一點，就是不管採用上述哪種辯論技巧，都必須要注意自己的儀表和氣度。舉止言談要自然沉穩、恰到好處，尤其要避免語調高亢、吐沫四濺、指手畫腳的不雅行為。因為有時自己的良好形象比語言更重要，它不僅能在談判桌上給對手留下好的印象，而且在一定程度上可以影響談判氣氛。

「辯」的要訣。

◆觀點要明確，立場要堅定。

商務談判中的「辯」的目的，就是論證已方觀點，反駁對方觀點。論辯的過程就是透過擺事實，講道理，以說明自己的觀點和立場。為了能更清晰地論證自身觀點和立場的正確性及公正性，在論辯時要運用客觀材料，以及所有能夠支持己方論點的證據，以增強論辯效果，從而反駁對方的觀點。

◆辯路要敏捷、嚴密，邏輯性要強。

商務談判中辯論，往往是雙方磋商時遇到難解的問題才會發生，因此，一個優秀辯手應該是頭腦冷靜、思維敏捷、講辯嚴密且富有邏輯性的人，只有具有這種素養的人才能應付各式各樣的困難，從而擺脫困境。任何一個成功的論辯，都具有辯路敏捷，邏輯性強的特點，為此，商務談判人員應加強這方面的基本功訓練，培養自己的邏輯思維能力，以便在談判中以不變應萬變。特別是在談判條件相當的情況下，雙方誰在相互辯駁過程中思路敏捷、嚴密，邏輯性強，誰就能在談判中立於不敗之地。這也就是談判者能力強的表現。

◆掌握大的原則，枝節不糾纏。

在辯論過程中，要有策略眼光，掌握大的方向、大的前提，以及大的原則。辯論過程中要灑脫，不在枝節問題上與對方糾纏不休，但在主要問題上一定要集中精力，掌握主動。在反駁對方的錯誤觀點時，要能夠切中要害，做到有的放矢。同時要切記不可斷章取義、強詞奪理、惡語傷人，這些都是不健康的、應予在摒棄的辯論方法。

◆態度要客觀公正，措辭要準確犀利。

文明的談判準則要求：不論辯論雙方如何針鋒相對，爭論多少激烈，談判雙方都必須以客觀公正的態度，準確地措辭，切忌用侮辱誹謗、尖酸刻薄的語言進行人身攻擊。如果某一方違背了一準則，其結果只會是損害自己的形象，降低了己方的談判品質和談判實力，不會給談判帶來絲毫幫助，反而可能置談判破裂的邊緣。

【牢記要點】

1. 談判的目的，就是為了調和雙方利益而達成的某種協定。
2. 談判著眼於利益而不是立場。
3. 談判其實就是一個交換利益的過程。
4. 對談判的任何一方來說，都要掌握自己的「給與取」的藝術。
5. 掌握對方需求期望得到的利益會是非常有效果的。
6. 一定要設法了解對方的真正需求是什麼，談判才能更有力量。

【實戰練習】

好了。實踐時間到了。現在，請再體會一下上文中的內容要點，完成下列問題的思考及行動訓練。

1. 案例分析

克萊斯勒是美國著名的汽車公司，以生產小汽車和卡車為主，同時生產遊艇、坦克、宇航發動機和化工產品。它曾經擊敗老亨利·福特，成為美國第二大汽車公司，並躋身「世界十大企業」之列。然而，全盛時期的克萊斯勒後來也跌入了深淵，年虧損達 1.2 億美元。為了重新尋回昔日的輝煌，克萊斯勒公司想到了艾柯卡 —— 一個使福特公司成績斐然但卻備受屈辱的人。

艾柯卡 15 歲就開始做汽車生意，16 歲就有了自己的汽車，後來又考入著名的利海大學，學了四年的工業和商業課程。畢業後到福特公司做了見習工程師。艾柯卡在福特公司接受了系統性的汽車工程培訓，繼而從事汽車銷售，不到一年就當上了美國賓夕法尼亞州的地區銷售經理，不久又以自己的聰明才智當上了費城的銷售經理。1956 年福特汽車銷售不佳，他別出心裁地制定了「分期付款」的策略，取得了極大的成功。隨後，他不斷得到提拔，1960 年他已經被提拔為副總裁兼銷售經理，後來又被提升為總裁。可是，福特公司的老闆小福特心裡不平衡了，他擔心艾柯卡的成就越大，自己的權力就越會受到限制。於是想盡辦法給艾柯卡製造麻煩，同時架空他的權力，不斷降低他的職位，最後竟然想讓他退休。為了不惹來眾怒，小福特對艾柯卡說：「只要你不去別的公司任職，我每年給你 100 萬美金。」

當克萊斯勒的董事長向艾柯卡求助的時候，正是艾柯卡被遊說退休的時候，此時，艾柯卡雖然對小福特恨之入骨，但每年 100 萬的薪水也令他難以放棄，他無法輕易做出選擇。於是，克萊斯勒公司的說客故意說：「艾柯卡先生，我們知道您為了福特公司做了不少的努力，是福特公

司的功臣，您使福特公司成為美國僅次於通用汽車公司的第二大汽車公司。然而就是您的成就引來了小福特的嫉妒。」

「我知道，我的經營理念與傳統福特家族的管理理念相牴觸。」艾柯卡說。

「福特家族從來都害怕功高蓋主的人，一旦遇到這種情況，他們肯定會解除當事人的職務。」說客挑撥說。

「我知道，這是福特家族一貫的作風。」艾柯卡說。

「您主持設計的新型汽車如果能夠問世，極有可能使福特與通用並駕齊驅，但是卻遭到小福特的無端反對。」說客再次戳痛了艾柯卡的心。

艾柯卡陷入了怨恨之中。說客繼續說：「我們克萊斯勒公司是非常敬重您的經驗和智慧的，而且我們公司的老闆也是個任人唯賢的人，他不像小福特那樣嫉妒賢能。如果您能到我們公司來，必定能做出更好的成績，讓小福特後悔去吧。」

艾柯卡再次陷入了沉默。

說客見艾柯卡似乎動心了，就說：「您到我們公司做董事長兼總經理，雖然沒有您在福特公司拿的退休金多，但是，挽救我們這樣一個面臨危機的大企業，並帶來效益，這是一件壯舉啊。如果您能夠迎接挑戰，克萊斯勒乃至整個汽車界都不會忘記您的。」

艾柯卡被說動了，於是決定到克萊斯勒上班。艾柯卡的到來使克萊斯勒公司看到了希望。但是擺在艾柯卡面前的是一個爛攤子：競爭對手的排擠，石油危機，財政混亂、現金枯竭……面對這樣一副慘狀，艾柯卡發誓一定要讓克萊斯勒重新恢復生機。隨後，他在公司進行了大刀闊斧的改革，使克萊斯勒尋求到了生還的希望。

但是當時嚴重的經濟危機造成經濟大蕭條，這一點是艾柯卡不能控

制的。即使在這樣的情況下，艾柯卡還是申請了政府貸款。這也遭到了同行的反對，因為這通常是被認為「違反企業自由精神的」。隨之，全國輿論界也競相反對，為了爭取國會的通過，他不得不出席令他頭痛的聽證會，說服國會議員同意批准他的貸款。

艾柯卡用雄辯的語言勸說國會議員：「獲得政府貸款並不是我們克萊斯勒的首創。如果它違背了企業自由原則，那麼你們從前為什麼批准其他企業的貸款？」國會議員們面面相覷，一時不知如何作答。

「假如你們說以前批准的貸款是錯誤的，就應宣布那些貸款無效，可惜這一點現在已經不可能了。不過如果你們認為自己做錯了事而引咎辭職，這倒是可以做到。所以『違背自由企業精神』的指責不應該對準我，而是你們，議員先生們。」艾柯卡義正詞嚴地說。

「資助克萊斯勒應該是政府的責任，因為它有上萬名員工。如果得不到貸款，克萊斯勒就得倒閉，那麼這上萬名工人就會失業，這將會給社會帶來嚴重的後果。議員先生們，如果你們是代表這些選民的意願，就不要讓他們失業，否則你們的飯碗也將被砸掉！」艾柯卡向議員們發起了攻擊。

「用企業自由原則反對克萊斯勒獲得貸款，實際上是取消克萊斯勒生存的自由。議員先生們，有什麼比用企業自由原則剝奪企業自由更荒謬的事情呢？」

艾柯卡用這些雄辯打動了參眾兩院的議員，最終政府批准了克萊斯勒公司的政府貸款。克萊斯勒在艾柯卡的領導下，終於走出了困境，並再次迎來了它的輝煌時期。

這個案例其實可以看作兩個談判，首先是克萊斯勒公司代表勸說艾

柯卡加入克萊斯勒的談判。說客利用艾柯卡惱恨小福特的心理，巧妙地運用語言的藝術，最終說服了艾柯卡。說客知道艾柯卡是個很有能力的人，但是卻遭到小福特的嫉妒，以至於一身抱負無法實現。於是，說客就利用艾柯卡具有雄心這一點，激勵他到面臨危機的克萊斯勒工作，以迎接挑戰，向世人證明自己的能力。

其次，是艾柯卡與國會議員的談判，這個談判更加精彩。面對國會議員這些盛氣凌人的對手，艾柯卡明顯處於劣勢。但是艾柯卡卻以其雄辯的口才，擲地有聲的論說和奇妙的思路征服了對手。在談判中，艾柯卡所引述的資料，議員們都很熟悉，但是艾柯卡卻換了一個角度分析，得出了對自己有利的結論，令國會議員不得不信服。

談判就是要說服對方，因此語言作為談判的工具尤其重要。不同情況下應該用不同的語言。克萊斯勒的說客知道福特公司每年給艾柯卡的退休金極高，而本公司給他的薪水可能遠遠不及這些，這時如果直接邀請艾柯卡來公司工作，艾柯卡肯定不會答應。於是說客就用婉轉的語言刺激艾柯卡的事業心，最終獲得成功。而艾柯卡在和議員們談判時，就不能再婉轉了。他深知這種情況下直言的力量，所以抓住對方心理，言之以理，顯得很有說服力。

2. 考一考

商務談判與論辯相比，具有什麼特點？

提示：講究團隊合作，注重實用能力全面發展，知識品味高，實戰性強等。

3. 行動建議

和名人學習論辯技巧。

蘇聯詩人馬雅可夫斯基（Vladimir Mayakovsky）才華橫溢，有傑出的諷刺才能，又具有很強的個性和正義感。他看不慣且不能容忍一切腐敗現象，對此進行猛烈抨擊，但一切依然如故。正因為這樣，所以他對於一切無禮的攻擊、故意吹毛求疵和嘲笑挖苦，均抱以尖銳的諷刺和嘲弄。其幽默是以牙還牙、鋒芒畢露，同時又妙趣橫生。請看他在一次演講中與個別觀眾的交戰：

他剛講了一個笑話。忽然有人喊道：「您講的笑話我不懂！」

「您莫非是長頸鹿！」馬雅可夫斯基感嘆道，「只有長頸鹿才可能星期一浸溼了腳，到星期六才能感覺到呢！」

「我應當提醒你，馬雅可夫斯基同志，」一個矮胖子擠到主席臺上嚷道，「拿破崙有一句名言：從偉大到可笑，只有一步之差！」

「不錯，從偉大到可笑，只有一步之差。」他邊說邊用手指著自己和那個胖子。

詩人接著回答紙條上的問題：「馬雅可夫斯基同志，您今天晚上得了多少錢啊？」

「這與您有何相干？您反正是分文不掏的，我還不打算與任何人分哪！」

「您的詩太駭人聽聞了，這些詩是短命的，明天就會完蛋，您本人也會被忘卻，您不會成為不朽的人。」

「請您過一千年再來，到那時我們再談吧！」

「馬雅可夫斯基，您為什麼喜歡自誇？」

「我的一個中學同學舍科斯皮爾經常勸我：你要只講自己的優點，缺點留給你的朋友去講！」

「這句話您在哈爾科夫已經講過了！」一個人從他座上站起來喊道。

「看來，」詩人平靜地說，「這個同志是來作證的。」詩人用目光掃視了一下大廳，又說道：「我真不知道，您到處陪伴著我。」

一張紙條上說：「您說，有時應當把沾滿『塵土』的傳統和習慣從自己身上洗掉，那麼您既然需要洗臉，這就是說，您也是骯髒的了。」

「那麼您不洗臉，您就自以為是乾淨的嗎？」詩人回答。

「馬雅可夫斯基，您為什麼手指上戴戒指？這對您很不合適。」

「照您說，我不該戴在手上，而應該戴在鼻子上！」

「馬雅可夫斯基，您的詩不能使人沸騰，不能使人燃燒，不能感染人。」

「我的詩不是大海，不是火爐，不是鼠疫。」

總之，對於尖酸刻薄者，對於故意尋釁的敵人，我們不可一味地寬厚下去，讓他小人得意。對這樣的人能忍則忍，忍無可忍時，千萬不要客氣，該反擊時就反擊一把。為人兼有軟硬兩手，才是處世自保並爭取主動的真理。

透過上述例子，談談你自己的感受。

說服：對峙狀態的語言藝術

　　在談判過程中，有的時候需要雙方坦誠相見，雙方經過努力使談判向著一個預定的方向發展。但有的時候由於雙方都要維護自身的利益，不得不在談判中隱藏某些真正意圖，而以某種假定的目標作為迷惑對方的誘餌，即採用暫避鋒芒的戰術。暫避鋒芒即轉移對自己真實意圖的注意力，以求實現預定談判目標的作法。具體地講，就是在無關緊要的事情上，故意糾纏不休，從而分散對方，使對方在不太專注與頑強反對的情況下，達到自己的談判目標。

【情景思考】

　　有一個機關工作人員在餐廳就餐時，發現湯裡有一隻蒼蠅，不由大動肝火。他先質問服務員，對方全然不理。後來他親自找到餐廳老闆，提出抗議：「這一碗湯究竟是給蒼蠅的還是給我的，請解釋。」那老闆只顧訓斥服務員，卻全然不理睬他的抗議。他只得暗示老闆：「對不起，請您告訴我，我該怎樣對這隻蒼蠅的侵權行為進行起訴呢？」老闆這才意識到自己的錯處，忙換來一碗湯，謙恭地說：「你是我們這裡最珍貴的客人！」顯然，這個顧客雖理占上風，卻沒有對老闆糾纏不休，而是借用所謂蒼蠅侵權的類比之言暗示對方：「只要有所道歉，我就饒恕你。」這樣自然就十分幽默風趣，又十分得體地化解了雙方的窘迫。

【主題解說】

　　想要說服他人的人，總是希望自己能夠成功，但是如果不講究手法，不掌握要領，急於求成，往往會事與願違。人們在說服他人時常犯的弊病就是：一是先想好幾個理由，然後才去和對方辯論；二是站在領導者的角度上，以教訓人的口氣，指點他人應該怎樣做；三是不分場合和時間，先批評對方一番，然後強迫對方接受其觀點等等。這些作法其實未必能夠說服對方，因為這樣做，其實是先把對方推到錯誤的一邊，也就等於告訴對方，我已經對你失去信心了，因此，效果往往十分不理想。

　　說服他人的基本要訣，主要包括以下幾個方面：

◆取得他人的信任。

　　在說服他人的時候，最重要的是取得對方的信任。只有對方信任你，才會正確地、友善地理解你的觀點和理由。社會心理學家們認為，信任是人際溝通的「過濾」。只有對方信任你，才會理解你友善的動機，否則，如果對方不信任你，即使你說服他的動機是友善的，也會經過「不信任」的「過濾器」作用而變成其他的東西。因此說服他人時，若能取得他人的信任，是非常重要的。

◆站在他人的角度設身處地的談問題。

　　要說服對方，就要考慮到對方的觀點或行為存在的客觀理由，亦即要設身處地為對方想一想，從而使對方對你產生一種「自己人」的感覺。這樣，對方就會信任你，就會感到你是在為他著想，這樣，說服的效果將會十分明顯。

◆創造出良好的「是」的氛圍。

從談話一開始，就要創造一個說「是」的氣氛，而不要形成一個「否」的氣氛。不形成一個否定氣氛，就是不要把對方置於不同意、不願做的地位，然後再去批駁他、勸說他。比如說：「我曉得你會反對……可是事情已經到這一步了，還能怎樣呢？」這樣說來，對方仍然難以接受你的看法。在說服他人時，要把對方看作是能夠做或同意做的。比如「我知道你是能夠把這件事情做得很好，卻不願意去做而已」；又比如「你一定會以這個問題感興趣的」等等。商務談判事實表明，從積極的、主動的角度去啟發對方、鼓勵對方，就會幫助對方提高自信心，並接受已方的意見。

美國著名學者霍華曾經提出讓別人說「是」的 30 條指南，現摘錄幾條如下，供談判者參考。

◆盡量以簡單明瞭的方式說明你的要求。

◆要照顧對方的情緒。

◆要以充滿信心的態度去說服對方。

◆找出引起對方注目的話題，並使他繼續注目。

◆讓對方感覺到，你非常感謝他的協助。如果對方遇到困難，你就應該努力幫助他解決。

◆直率地說出自己的希望。

◆向對方反覆說明，他對你的協助的重要性。

◆切忌以高壓的手段強迫對多。

◆要表現出親切的態度。

◆ 掌握對方的好奇心。

◆ 讓對方了解你，並非是「取」，而是在「給」。

◆ 讓對方自由發現意見。

◆ 要讓對方證明，為什麼贊成你是最好的決定。

◆ 讓對方知道，你只要在他身旁，便覺得很快樂。

◆說服用語要推敲。

在商務談判中，欲說服對方，用語一定要推敲。事實上，說服他人時，用語的色彩不一樣，說服的效果就會截然不同。通常情況下，在說服他人時要避免用「憤怒」、「怨恨」、「生氣」或「惱怒」這類字眼，即使在表述自己的情緒時，比如像擔心、失意、害怕、憂慮等等，也要在用詞上注意推敲，這樣才會收到良好的效果。

一般說來，爭辯中占有明顯優勢的一方，千萬別把話說死，即使對方全錯，也最好以雙關影射之言暗示他，迫使對方認錯道歉，從而體面地結束無益的爭論。

「不過……」這個「不過」，是經常被使用的一種說話技巧。有一位著名的電視節目主持人在訪問某位特別來賓時，就巧妙地運用了這種技巧。「我想你一定不喜歡被問及有關私生活的情形，不過……」。這個「不過，等於一種警告，警告特別來賓」，「雖然你不喜歡」，「不過我還是要……」。在日常用語中，與「不過」同義的，還有「但是」、「然而」、「雖然如此」等等，以這些轉折詞做為提出質問時的「前導」，會使對方較容易作答，而且又不致引起其反感。

「不過……」具有誘導對方回答問題的作用。前面所說的那位主持人，接著便這麼問道：「不過，在電視機前面的觀眾，都熱切地希望能更

進一步了解有關你私生活的情形，所以……」。被如此一問，特別來賓即使不想回答，也難以拒絕了。

【牢記要點】

1. 談判的目的，就是為了調和雙方利益而達成的某種協定。
2. 談判著眼於利益而不是立場。
3. 談判其實就是一個交換利益的過程。
4. 對談判的任何一方來說，都要掌握自己的「給與取」的藝術。
5. 掌握對方需求期望得到的利益會是非常有效果的。
6. 一定要設法了解對方的真正需求是什麼，談判才能更有力量。

【實戰練習】

好了。實踐時間到了。現在，請再體會一下上文中的內容要點，完成下列問題的思考及行動訓練。

1. 案例分析

美國經濟學家、羅斯福總統的私人顧問薩克斯受愛因斯坦等進步科學家的委託，要設法說服羅斯福總統重視原子能的研究。1939 年 10 月 11 日，在薩克斯面見羅斯福時，他先把愛因斯坦的信當面交給總統，然後朗讀了科學家們關於核裂變的備忘錄，竭力想說服羅斯福總統。羅斯福聽了那些論證嚴密、道理深奧生澀的論述後，反應十分冷淡地說：「這些都很有趣，不過政府若在現階段干預此事，看來還為時過早。」

納粹德國在 1939 年春夏之交，連續多次召開了原子能科學家會議，研究製造鈾裝置的問題。薩克斯又根據可靠消息得知，德國人突然禁止從他們的占領國捷克斯洛伐克出口鈾礦石。如果數百萬德國鋼鐵軍團再

裝備上當時絕無僅有的核武器，歐洲戰局將難以設想，問題的嚴重緊迫性使薩克斯下定決心，一定要想辦法說服總統。

第二天早上 7 點，羅斯福總統因為昨天對薩克斯提案的斷然拒絕而感到有些歉意，便邀請薩克斯共進早餐。於是，薩克斯感到這是一個大膽進言的好機會。但見面後，還沒待薩克斯開口，羅斯福就以攻為守地說：「你又有什麼絕妙的想法？你究竟要用多長時間才能把話說完？」總統把刀叉遞給薩克斯時又補充說：「今天不許再談愛因斯坦的信，一句話也不許說，明白嗎？」薩克斯胸有成竹地看了總統一眼，見總統正微笑地看著自己，便說道：「我今天想講點歷史，不再談核武器。英法戰爭時期，在歐洲大陸上不可一世的拿破崙，在海上卻屢戰屢敗。這時，一位年輕的美國發明家富爾頓來到了法國皇帝面前，建議把法國戰艦的桅杆砍掉，撤去風帆，裝上蒸汽機，把船上的木板換成鋼板。可是拿破崙卻想，船沒有帆就不能走，木板換成鋼板，船就會沉沒。於是，他斷然轟走了富爾頓。歷史學家在評論這段歷史時認為，如果當時拿破崙採納了富爾頓的建議，19 世紀的歷史就得重寫。」

薩克斯說完之後，目光深沉地注視著總統。羅斯福沉思了幾分鐘，然後取出一瓶拿破崙時代的法國白蘭地，斟滿了酒，把酒杯遞給薩克斯，說道：「你勝利了。」薩克斯激動得熱淚盈眶。從此揭開了美國製造原子彈歷史的第一頁。

暫避鋒芒是一種實用性很強的談判策略，它的主要作法是指在商務談判桌上變換談判目標，透過轉移對方注意力的方法，達到談判的目的。具體地說，就是談判者在談判議題進行不下去時，既不強攻硬戰，也不終止談判，而是巧妙地將議題轉移到無關緊要的事情上且糾纏不休，或在對自己不成問題的問題上大做文章，迷惑對方，使對方顧此失

彼。這種談判策略的特點是富有變化，靈活機動，避開對方的鋒芒，且不破壞談判的和諧氣氛，從而在對方毫無警覺的情況下，實現預期的談判目標。

從上述案例可以看出，薩克斯是一位深知策略的優秀談判家。在談判中，戰術技巧的隱匿性常常能帶來巨大的成功。有時，對方立場堅定，態度強硬，任你磨破嘴皮，就是不改初衷。在這種情況下，為了不至於浪費更多的時間和精力而盡快地達到目標，可以繞過正面的話題，避開對方正常的心理期待，採取曲線進攻的戰術，從一個對方意想不到的方向進攻，讓對方的思維、判斷在不知不覺中脫離其預定軌道，按照你所設計的導向去思維。等到對方的心理逐漸適應你的思維邏輯之後，再轉而實施正面突擊，往往會出現風向驟變的奇蹟。薩克斯之所以能最終說服羅斯福總統，也正是採用了這一戰術。

在第二次見總統時，羅斯福原以為薩克斯會繼續大談愛因斯坦的信，談原子彈對於國家的前程怎樣，納粹德國又是怎樣在發展核武器。但薩克斯卻不是沿著這個思路講下去，而是顧左右而言他，用講歷史故事的方法引起總統的興趣，避開了總統不談愛因斯坦信的設防，進一步用拿破崙的失敗來暗喻製造原子彈對國家和歷史的重要性。從而薩克斯以自己的知識和能力，使總統相信愛因斯坦的建議將會給國家帶來最大利益，是最理想的選擇。國家利益和民族前途是改變總統想法的槓桿，迂迴曲折的策略戰術是改變總統初衷的手段，最終導致了羅斯福總統做出果斷的決策。

2. 選擇答案，測試自己的談判能力。

1）如果你想鼓勵對方講話，習慣上採取什麼形式？

　　A、插話

　　B、肯定對方

　　C、認真傾聽

　　D、裝作不在意

2）你認為說服對方最有效的方式是：

　　A、從不同方面勸誘

　　B、讓對方感到你誠實可信

　　C、讓對方敬佩你

　　D、讓對方感到震懾

　　注：這些題目很簡單，你自己不妨一答，但卻能了解自己是否具有談判潛力。

3. 提升訓練

　　X 公司受到某工廠委託採購電腦的生產裝置及軟體技術。X 公司指定了李先生為主談，工廠張總工程師及裝置科長、技術科長帶著近 8 名工程師組成了談判組。李先生與張總工程師召集全體人員對外方的報價進行全面研究，尤其是對具有競爭力又適合工廠需要 Y 國電腦公司的報價條件進行了分析。

　　對裝置的構成和相應價格進行了分類：條件合理、不合理、相當不合理、很不合理。並對各類條件擬出了談判目標。

　　對技術構成內容及價格進行了分析，得出了初步結論，價格太貴。怎樣壓價，需要了解對方的價格解釋，並設定了最低成交價。

　　對技術服務的構成、數量、水準及時間進行了分析，認為技術指導類偏高，培訓量偏長，有些輔助條件（吃、住、行、醫療、保險等）還不太清楚。

　　談判組織結合引進目的和預算做了可行性分析，認為預算合理。然後將上述各項內容做了談判計畫：最低成交點，談判起點（從澄清技術條件和價格構成開始），談判過程（何時付價，何時還價，怎麼討，怎麼還），並將計畫透過表格和文字說明形成一個談判方案，共同向雙方（公司和工廠）的負責人進行了彙報，雙方負責人對其中的技術水準和最終價格條件給了最後的指示。

　　問題：

　　談判組的談判準備得如何？

　　他們的準備包含的內容是否符合談判的流程要求？為什麼？

第四章
瘋狂價格交鋒

無論什麼樣的談判，價格交鋒勢所難免。商業談判的主要內容本來就是價格、交貨期、付款方式及保證條件這四大項，而價格是談判的焦點。怎麼樣才能獲得一個雙方都能接受的談判價格是談判的中場。

一切的智慧格殺就在此充分展現。

漫天要價，就地還錢

先報價和後報價都各有利弊。談判中是決定「先聲奪人」還是選擇「後發制人」，一定要根據不同的情況靈活處理。

【情景思考】

美國著名發明家愛迪生在某公司當電氣技師時，他的一項發明獲得了專利。公司經理向他表示願意購買這項專利權，並問他要多少錢。當時，愛迪生想：只要能賣到 5,000 美元就很不錯了，但他沒有說出來，只是督促經理說：「您一定知道我的這項發明專利權對公司的價值了，所以，價錢還是請您自己說一說吧！」經理報價道：「40 萬元，怎麼樣？」還能怎麼樣呢？談判當然是沒費周折就順利結束了。愛迪生因此而獲得了意想不到的鉅款，為日後的發明創造提供了資金。

【主題解說】

談判不是在演戲，也不是彩排，而是智慧的格殺，實力的角鬥。

如果要問談判能給談判者最多的啟示是什麼？它給談判者的成功感覺是自由地運用智慧瘋狂一把。

商業談判的主要內容是價格、交貨期、付款方式及保證條件這四大項，而價格因素是談判中的焦點。談判中，報價是必不可少的中心環節。那麼，究竟是哪一方應先報價？先報價好還是後報價好？還有沒有別的報價方法？

　　賣主能不提供資料和成本分析表給買方嗎？這是很難做到的。但是，倘若運用了以下的方法，即使是最堅持的買方也會讓步的。因為：

1. 為公司的政策所禁止；
2. 無法得到詳細的資料；
3. 以某種方式提供資料，即使這些資料根本沒有作用；
4. 找藉口長期拖延下去；
5. 向對方解釋無法提供資料的原因，例如，防止商業祕密或者專利品資料外洩；
6. 解釋：倘若要拼合成本和價格分析表的話，需要高昂費用；
7. 使買方公司的某個高階人員替賣方說明，賣方的價格一向很公道，否則早就禁不起競爭了。賣主所提供的資料和他所下的決心是成正比的，一聲堅定而巧妙的「不」，對自己是相當有利的。

　　依照慣例，發起談判者應該先報價，投標者與招標者之間應由投標者先報，賣方與買方之間應由賣方先報。先報價的好處是能先行影響、制約對方，把談判限定在一定的框架內，在此基礎上最終達成協定。比如：你報價一萬元，那麼對手很難奢望還價至一千元。某些地區的服裝商販就大多採用先報價的方法，而且他們報出的價格，一般超出顧客擬付價格的一倍乃至幾倍。1 件襯衣如果賣到 60 元的話，商販就心滿意足了，而他們卻報價 160 元，考慮到很少有人好意思還價到 60 元，所以一天中只需要有一個人願意在 160 元的基礎上討價還價，商販就能營利賺錢。當然，賣方先報價也得有個「度」，不能漫天要價，使對方不屑於談判──假如你到市場上問小販雞蛋多少錢 1 斤，小販回答道 300 元錢 1 斤，你還會費口舌與他討價還價嗎？先報價雖有好處，但它也洩露了一些情報，使對方聽了以後，可以把心中隱而不報的價格與之比較，然後

進行調整：合適就拍板成交，不合適就利用各種手段進行殺價。

一般來說，如果你準備充分，知己知彼，就要爭取先報價；如果你不是行家，而對方是，那你要沉住氣，後報價，從對方的報價中獲取資訊，及時修正自己的想法；如果你的談判對手是個外行，那麼，無論你是「內行」或者「外行」，你都要先報價，力爭牽制、誘導對方。自由市場上的老練商販大多深諳此道。當顧客是一個精明的家庭主婦時，他們就採取先報價的技術，準備對方來壓價；當顧客是個毛手毛腳的小夥子時，他們多半先問對方「給多少」，因為對方有可能報出一個比商販的期望值還要高的價格。

先報價與後報價屬於謀略方面的問題，而一些特殊的報價方法，則涉及到語言表達技巧方面的問題。同樣是報價，運用不同的表達方式，其效果也是不一樣的，下面舉例說明之。保險公司宣傳：參加液化石油氣綜合保險，每天只交保險費 10 元，若遇到事故，則可得到高達十萬元的保險賠償金。這種說法是用「除法報價」的方法。它是一種價格分解術，以商品的數量或使用時間等概念為除數，以商品價格為被除數，得出一種數字很小的價格商數，使買主對本來不低的價格產生一種便宜、低廉的感覺。如果說每年交保險費 3650 元的話，效果就差的多了。因為人們覺得 3650 是個不小的數字。而用「除法報價法」說成每天交 10 元，聽起來就容易接受了。

由此發想，既然有「除法報價法」，也會有「加法報價法」。有時，怕報高價會嚇跑客戶，就把價格分解成若干層次漸進提出，使若干次的報價，最後加起來仍等於當初想的總價。？

比如：文具商向畫家推銷一套筆墨紙硯。如果他一次報高價，畫家可能根本不買。但文具商可以先報筆價，要價很低；成交之後再談墨價，

要價也不高；待筆、墨賣出之後，接著談紙價，再談硯價，抬高價格。畫家已經買了筆和墨，自然想「配套成龍」，不忍放棄紙和硯，在談判中便很難在價格方面做出讓步了。

採用「加法報價法」，賣方依恃的多半是所出售的商品具有系列組合性和配套性。買方一旦買了元件 1，就無法割捨元件 2 和元件 3 了。針對這一情況，身為買方，在談判前就要考慮商品的系列化特點，談判中及時發現賣方「加法報價」的企圖，挫敗這種「誘招」。

一個優秀的業務員，見到顧客時很少直接逼問：「你想出什麼價？」相反，他會不動聲色地說：「我知道您是個行家，經驗豐富，根本不會出 20 元的價錢，但你也不可能以 15 元的價錢買到。」這些話似乎是順口說來，實際上卻是報價，片言隻語就把價格限制在 15 至 20 元的範圍之內。這種報價方法，既報高限，又報低限，「抓兩頭，議中間」，傳達出這樣的資訊：討價還價是允許的，但必須在某個範圍之內。比如上面這個例子，無形中就將討價還價的範圍規定在 15 至 20 元之間了。

此外，談判雙方有時出於各自的打算，都不先報價，這時，就有必要採取「激將法」讓對方先報價。激將的辦法有很多，這裡僅僅提供一個怪招 —— 故意說錯話，以此來套出對方的消息情報。

假如雙方繞來繞去都不肯先報價，這時，你不妨突然說一句：「噢！我知道，你一定是想付 30 元！」對方此時可能會爭辯：「你憑什麼這樣說？我只願付 20 元。」他這麼一辯解，實際上就先報了價，你儘可以在此基礎上討價還價了。

從以上的敘述可以看出：商業談判中的報價與商品定價是有些雷同的，從某些方面也可以說，談判中的報價就是一種變相的商品定價，因此在談判中的報價技法就可以借鑑一下商品定價的方法與策略。

第四章
瘋狂價格交鋒

　　亨利‧季辛吉（Henry Alfred Kissinger）曾經說過：「談判桌上的結果取決於你的要求誇大了多少。」是不是很有意思？一個世界上最偉大的國際談判大家公開表示，如果你想同他談判，你應該知道他要求的東西比他想從你這裡得到的東西要多。「我的買家又不是傻瓜。我要的多了，他們馬上就會看出來的。」當你這樣想的時候，你就要特別記住上面的原則。因為即使你的想法是對的，這一策略仍不失為高明的談判策略。

　　想想為什麼開價要高於你想得到的實價。

　　如果你確信買家不想做這筆買賣，那你就是給他實價又有何意義呢？

　　如果你知道要價比買主支付的價格高，那你為什麼還要開高價呢？

　　你明明知道買家心裡清楚他們永遠不會出那麼高的價錢，而你為什麼還要買家按你的上限掏錢呢？

　　為什麼你推測他們願意買你的額外擔保服務，即使你知道他們過去沒有先例？

　　如果想想這些，或許你就能想出一大堆理由來說明你為什麼要開高價了。

　　第一個明顯的理由就是：它留給你一定的談判空間。你總可以降價，但永遠不可能抬價（我們在談判後期策略中會告訴大家如何一點點加碼，有些東西在末尾比開始更容易得到）。你應該問的是你的最大可信價到底是多少，因為這是你要的最高價格，但一定要讓買家看到有砍價的可能。

　　你對對方了解得越少，你的開價應該越高，這有兩個原因。第一，你的判斷也許有誤，如果你對對方以及他的需求了解得不多，他也許願意出超越你所想的價格。

246

　　第二個理由是，如果你們剛剛建立關係，你做出更多讓步，可以表明你有更大的合作誠意。你對買家及其需求越是了解，你越應該重新考慮自己的立場。相反，如果對方不了解你，他們的最初要求可能也讓你無法接受。

　　如果你索要的價格遠遠超過你的最大可信價，那就意味著有某些伸縮性。如果你的開價讓買家無法接受，而且你的態度是「要買就買，不買走人」，談判甚至無法開始。買家的態度可能是「那我們沒什麼好談的了」。但是，如果你暗示某些彈性的話，你索性就提出一個無法接受的價格。你可能說：「如果我們更準確地了解了你們的需求，我們可能會有所調整，但我們要根據訂貨的數量、包裝的品質和供貨的緊迫程度來定，我們的最低價格可能是每件 2.25 美元。」此時，買家可能想：「真是讓人難以接受。但似乎還有商量餘地，所以我跟他談談，看我能砍到多少。」

　　銷售人員的問題就在這裡。你實際的最大可信價或許要比你想要的高出很多。我們都怕被對方嘲弄（後面討論強制力的時候我會多談這一點），我們都不願意處於被買主嘲笑或壓倒的位置。所以，或許很多年來你降低了你的最大可信價，開價低於買家可能認為是不合理的最高價格。

　　如果你是個積極的思考者，開價要高於實價的第二個理由就是：你也許能以該價格成交！你不知道世界哪天就出現了奇蹟。或許銷售人員的守護神正站在雲端看著你：「哦，看某某公司的銷售員，他辛辛苦苦這麼久了，我們讓他歇歇吧！」所以你可能得到你所要的。

　　開價高於實價的第三個原因是：高價會增加你的產品或服務的外在價值。當你給買家看你列印的價目單的時候，你傳遞給他的資訊是這些

細目的潛在價值。顯然,這對缺乏經驗的買主的影響要大於對有經驗的老手的影響,但影響總是有的。我們等一下來研究它。讓我拿阿斯匹靈作例子。

人人都知道阿斯匹靈就是阿斯匹靈。大品牌和你在藥局裡買的學名藥沒有什麼不同。所以我告訴你大品牌賣 2 美元,學名藥賣 1 美元,你選擇哪個?我猜是價格低的。那麼如果我告訴你大品牌的今天只賣 1.25 美元,你或許就猶豫不決了。你知道兩種藥相同,但現在僅差 25 美分,這似乎是筆好交易。

我們再補充一點。如果我向你解釋為什麼大品牌貴一些呢?如果我告訴你說我相信大品牌比普通學名藥的品質管制水準要高一些呢?注意我沒有說它就是品質管制水準高,而是說我相信如此。我也沒說高的品質管制水準會產生什麼不同,即使事實如此,差別小到沒人知道它們有區別,或者不受這種區別影響。然而,現在你或許願意多付 25 美分來買大品牌的阿斯匹靈,僅僅因為我在你意識裡灌輸了更高的價格,並且給了你一個理由。所以我不希望聽見你告訴我說,因為你的競爭對手同樣的東西要價較低所以你也不能開高。如果大的藥品公司可以讓人覺得他們的阿斯匹靈更好,那麼你也能讓人覺得你的產品更好,其中一種最好的方法就是更高的價格。所以要價要高的第三個原因是抬高你的產品或服務的外在價值。

第四個原因就是:避免產生由談判對手自負引起的僵局。看看波斯灣戰爭(你記得波斯灣戰爭嗎?有線新聞電視網中播放的?)1991 年,我們要求薩達姆·海珊做些什麼?小布希總統在全國演說中,透過運用一串漂亮的頭韻法描述了談判開局的情勢。他說:「我不是吹牛,我不是恐嚇,我不是恃強凌弱。他必須做三件事。必須撤出科威特,必須恢復

科威特的合法統治（不要做蘇聯人在阿富汗做的事情，扶植一個傀儡政權），必須償還他所帶來的損失。」這是一個既清晰又明確的談判立場。

問題是這也是我們的底限，也是我們最基本的要求。毫無疑問，情況陷入僵局。因為我們沒有給薩達姆‧海珊保留自尊的空間。

如果我們說：「好吧，我們希望你和你的黨羽全部流放，我們希望在巴格達建立一個非阿拉伯人的中立政府。我們希望在聯合國的監督之下撤除所有軍事設施。此外，我們要求你離開科威特，恢復科威特合法政府，償還你造成的一切損失。」那麼，我們可能已經得到了我們要的東西，同時又讓薩達姆‧海珊挽回了自尊。

沒有經驗的談判手總是想一開始就給最優惠的價格。一個銷售人員這樣對銷售經理說：「今天我要帶著這份協定出去，我知道競爭很激烈。我知道他們正在全城招標。我們大打折吧，不然我們就得不到訂單了。」只有談判高手知道要價高的價值。這是創造一種讓買家感覺自己贏了的唯一途徑。

在高度公眾化的談判中，比如棒球運動員和飛行員的罷工，雙方最初的要求都是無法接受的。我記得曾經參與過一次工會的談判，我幾乎不相信他們的最初要求。工會的要求是給僱員漲三倍薪資。公司則說，如果工會提出這樣的要求，公司根本沒有可能生存，也就說不上為工人支付薪資了。然而高明的談判對手知道在這種類型的談判中，人們的最初要求總是很極端，所以他們並不以為然。他們知道隨著談判的進展，會有一種折中的方案，找到雙方都能接受的解決辦法。那麼他們就可以召開記者招待會，宣布他們在談判中贏了。所以，尤其是面對一個自負的買主，通常要給他留一些空間，讓他覺得自己贏了。

談判高手要的總要比自己實際想得到的多。

讓我們再來概括一下上面的規則：

1. 可以留出一定的談判空間。你總可以降價，但不能上抬。
2. 可能僥倖得到這個價格。
3. 這將提高產品或服務的外在價值。
4. 避免由於談判雙方自尊引起的僵局。
5. 創造一種對方取勝的氣氛。

討價指談判對手首先報價之後，談判者認為離自己的期望目標太遠，而要求對方改變報價的行為。這種討價要求既是實質性的也是策略性的。其主作用是引導對方改變原來的期望值，並為自己的還價做準備。

討價的策略主要包括三部分：選擇討價方式；確定討價的次數；在討價之後對對手進行分析。

◆討價方式的選擇

討價包括籠統討價和具體討價兩種方式，應視不同的情況選擇不同的討價方式。

籠統討價是全面討價，即從總價和內容的各方面要求對方說明，它常常用於對方報價後的第一次討價。由於討價剛開始，對價格的具體情況尚欠了解，因而宜從整體的角度去討價，籠統地提出要求。對方為了表示良好態度，可能調整價格。這樣可以循序而進。

具體討價是目的性討價，是就分項價格和具體的內容要求改善報價。它常用於對方第一次改善價格之後，或不採用籠統時價方式的報價，如浮報、灌水、內容簡單的報價，此時一般適用有目的性的、要求明確的討價。具體討價一般應從浮報最多的那一交易條件著手，然後再

對水分中等的那些交易條件進行討價，最後談及水分較少交易條件的討價問題。

◆討價次數的確定

　　討價次數既是一個客觀數，又是一個心理數。討價次數與對對方報價的評價息息相關，評價是討價的前提和依據，當對方對他的報價改變到符合你評價的程度，這即為客觀的討價。討價的心理數是指對手對你的討價做了反應，他答應你會考慮你所提出的條件。

　　而談判者此時的任務就在於，如何使討價的心理次數與客觀次數趨於一致，即如何使你的討價奏效。從心理因素分析，一般談判者均有保持良好談判心態的要求，也想維護自己的形象，因此，姿態性的報價改變是可能的，那麼，就存在了一次討價的前提。

　　但是在一般情況下，對於同一價格的討價，一次可能會成功；兩次，對方可以接受；而三次，對方就可能反感了。因此，在討價時，最好是籠統討價方式與具體討價方式結合使用，採用分階段式的討價。即將討價過程分為三個階段：第一階段的討價方法是籠統討價，要求對方從整體上改善報價；第二階段討價進入具體內容，採用目的性討價方法，找出明顯不合理及浮報、灌水的項目，要求對方改善報價；第三階段在灌水項目下降的情況下，再採用全面討價方法，從整體上要求對方改變報價。

◆討價後對對手的分析

　　談判者在討價得到對方反應後，對之進行分析是討價後的重要事項。若首次討價對方就能改變報價，說明對方報價中灌水的部分不

少，又或者顯示對方急於促成交易的心理。但是一般來說，對方最初都會固守自己的價格立場，不會輕易還價。另外，即使報價方做出改變報價的反應，還要分析其改變是否具有實質性內容。只要沒有實質性改變，談判人員就應繼續抓住報價中的實質性內容，或關鍵的謬誤緊盯不放，迫使對方做出實質性改變。同時，依據對方的許可權、成交的決心、雙方實力對比及關係好壞，判定或改變討價策略，進一步改變對方的期待。

談判者必須對雙方提出的交易條件全面且深入的理解和評價，要從各條件之間的連繫、合約之間的連繫上分析對待每一條件，切忌盲目衝動，輕易或無原則地討價還價。

報價制定的策略，也就是怎樣報價的問題。談判者在報價時，為了使自己的報價對談判結果造成較大影響，須遵循以下標準進行報價：

◆ 高限定價

所謂高限定價是指談判者所確定的最高期望價格。只要能找出理由，都應採用高限定價。與客戶談判的經驗證明，報價取高是一條金科玉律，即在談判報價中應提出最高的可行價格。因為從心理學的角度看，談判者都有一種要求得到比預期更多收穫的心理，而且研究結果也表明，在與客戶談判中，談判者喊價較高，則雙方往往能在較高價位成交。

高限定價的好處主要有：當賣方報價較高並且有理、有據時，買方往往會不得不重新評估對方的保留價格（即討價還價中的臨界價格）。這樣，價格談判的合理範圍便會發生變化，很顯然，這種變化是有利於賣方的。

◆ 高價報價也會讓對方衡量和思考他們的條件。

◆ 策略性的虛報，為雙方下一步的討價還價提供了周旋餘地。因為，在討價還價階段，談判雙方經常會出現相持不下的局面，為了打破僵局，推動談判的流程，有時候需要談判雙方根據情況適當地做出讓步，來滿足對方的某些要求。故而，談判開始的「高賣價」可為討價還價過程準備了有用的交易籌碼。

◆ 初始報價對談判者最終所獲得的物質利益具有不可忽視的影響。如果能夠堅持較高的賣價，那麼，在談判不致破裂的情況下，往往會有很好的收穫。

初始報價高是合情合理的，但是在談判中要注意分寸，不能「獅子大開口」、「漫天要價」；而且不管你報的價格有多高，都必須有令人信服的理由，否則，可能會導致談判破裂。

◆基準定價

所謂基準價，是指最低可接受的價格，它是談判者談判的最終目標。定好基準價，為與客戶談判中商品作價做好準備。

基準價主要由生產成本、平均利潤率和供求關係諸因素共同決定。其中成本是主要價格依據，也是基準價的最低界限。一般基礎價不能低於產品成本。

影響供需關係的因素也很複雜，經濟因素、社會因素、心理因素等都會影響商品價格。

在與客戶談判中確定基準價有重要意義。談判者可據此避免拒絕有利條件；避免接受不利條件；避免魯莽舉動和各行其是。

◆低價報價

所謂低價報價方式（也稱日本式報價方式），其一般特徵是，將最低價格列在價格表上，以期首先引起買主的興趣。由於這種低價格一般是以對賣方最有利的結算條件為前提，而且，這種低價格條件交易的各方面很難全部滿足買方的需求，如果買主要求改變有關條件，則賣方就會相應提高價格，因此買賣雙方最後成交時，往往高於價格表中的價格。

面臨眾多的競爭對手，低價報價方式是一種策略式報價。因為它一方面可以排除競爭對手而吸引買主，在與其他賣方競爭中取得優勢和勝利；另一方面，當其他賣主紛紛敗下陣來時，買主原有的市場優勢已不復存在，此時是一個買主對一個賣主，誰也不占優勢，從而可以坐下來慢慢地談判，然後把價格一點一點提上去。

無論報出什麼樣的價格，談判者在報價時都必須注意其表達方式，其表達策略主要有以下幾點。

準確明白。準確是指報價數字是一就是一，不要含糊不清。明白地讓對方聽清楚，如果口頭報，輔以事先準備好的報價表，遞給對方邊聽邊看，其效果更好。如果沒有報價表或報價單，口頭報價時，也應拿出紙，寫上相應的數字，送給對方，增加視覺印象，以免出現數字差錯，產生不應有的阻力。

堅定乾脆。報價要堅定而果斷，沒有保留，毫不猶豫，這樣才能給對方留下己方認真而誠實的印象。欲言又止，吞吞吐吐，必然導致對方的不信任。

報價應該乾脆，不要對新報價格做過多的解釋、說明和辯解，沒有必要為合乎情理的事情解釋和說明，因為對方肯定會對有關問題提出質詢。如果在對方提問之前就主動地加以說明，會使對方意識到你最關心

的問題，這種問題對方可能尚未考慮。有時過多的說明和辯解，會使對方從中找出破綻或突破口。

化整為零。化整為零策略就是在報價時把一個本來很高的價格作為被除數，以商品的使用時間、商品的數量等要領為除數，透過計算得出低廉的價格，讓對方從心理上認為此價格比較划算、便宜。

如：一位業務員要賣一臺 2,500 美元的彩色電視機，他對猶豫不決的顧客說：「2,500 美元一臺不貴，你算算，一臺彩色電視機 2,500 美元，壽命 2.5 萬個小時，每小時只需一角錢，你說便宜不便宜？計算公式：2,500 元 ÷ 25,000 小時＝ 0.1 美元／小時。」

業務員在報價時，可以採取這種表達策略，有時可能會得到買主的認同，但是千萬不要運用得太弱智，以免讓對手認為你看不起他、欺騙他，那樣反會給談判帶來不必要的障礙。

談判者在報價時，還必須要注意報價的時機，因為有時不論你報出的價格有多合理，但此時對手的興趣如若在商品自身的使用價值上，那麼你的價格無法使他產生成交的欲望。所以談判報價時，應先談商品的使用價值，等對方了解了其使用價值後，再談價格問題。

因此，如在談判的開始階段對方就詢問價格，此刻你最好迴避報價。因為，當對方還未聽到你的產品介紹或未看過示範，一般來說，他對產品的興趣不大。因此，當對方過早要求了解價格時，可以假裝沒聽見，繼續產品的使用價值問題。也可以做如下回答：「這要看產品的品質如何」、「這取決於您選擇哪種型號的產品」等，待介紹完產品的技術優勢後再回答為宜。但若是對方堅持要馬上答覆他的問題，就不能拖延了，再拖延就是不尊重了。此時，談判人員應當建設性地回答這一問題，把價格與使用壽命等連繫在一起回答，或者把價格與達成協定可得

到的好處連繫在一起回答。

除了上述幾種策略外，業務員在報價時還可以採取下面幾種策略進行報價。

◆成本加成策略。

所謂成本加成策略，是指在以成本為中心定價的基礎上提出報價的方法。

這種報價策略報出的價格一般接近對方接受的價格，再降低的可能性不大。

成本加成策略一般適用於老朋友，即有長期的往來，且彼此都熟悉產品的生產過程、成本及產品的用途。透過協商，議定出一個大致上合理的，彼此可以接受的價格。

成本加成策略作為一種謀略來講，一方面要求己方態度要誠懇、坦誠，但不等於無利可圖或做虧本買賣，而是透過基本的算帳方法，以取得合理的利潤。值得注意的是，產品成本的計算方法不同，成本的金額則不同。如完全成本、變動成本的計算方法不同，得出的結論也不同，自然報出的價格亦不同。同時也不意味著一定要賣最低價格。

◆留有餘地策略。

指在與客戶談判中，當對手提出某一價格要求時，談判者不應馬上對他的要求做出答覆，而是先答應其中的一點，剩下的留出餘地，以備討價還價用。

其實這種策略和準確報價並不矛盾，因為兩者的目的是相同的，都是為了達成協定，只是實現的目標和途徑不同而已。其適用情況是如果

我們發現談判對手比較自私，此時最好採取留有餘地策略，這不是「以其人之道還治其人之身」，而是要有效地克服對方自私自利的心理障礙，在討價還價之中順利實現我方要求，最後謀取達成協定。

【牢記要點】

1. 談判的目的，就是為了調和雙方利益而達成的某種協定。
2. 談判著眼於利益而不是立場。
3. 談判其實就是一個交換利益的過程。
4. 對談判的任何一方來說，都要掌握自己的「給與取」的藝術。
5. 掌握對方需求期望得到的利益會是非常有效果的。
6. 一定要設法了解對方的真正需求是什麼，談判才能更有力量。

在談判中，存在這麼一種人，只顧漫天要價，毫不理會對方的感受，妄想一口吃成胖子，把對方當成「肥羊」。這樣只會令對方非常反感，有氣度的對手雖然不表露，但卻是鐵定了心：絕不能與這種人合作。所以，要替對方設身處地想一想，不妨誠心一點，從關心對方的角度出發，以俘虜對方的心。

何經理為一個公司作專案研究，專案做出來後，他開了個恰當的價，並且誠懇地告訴對方，賺了大錢以後再說吧。說不定，以後的許多機遇就在等著他。

【實戰練習】

好了。實踐時間到了。現在，請再體會一下上文中的內容要點，完成下列問題的思考及行動訓練。

1. 案例分析

　　一次，中日雙方就 FP － 418 貨車品質問題進行談判。在此之前，雙方為了贏得這場談判都作了精心的準備。談判一開局，中方簡明扼要地介紹了 FP － 418 貨車在中國各地的損壞情況及使用者對此的反映。中方雖然隻字未提索賠的問題，但是已經為索賠問題提供了充足的事實根據，展示了中方談判的技巧和威勢，恰到好處地拉開了談判的序幕。日方對此早有預料，因為 FP － 418 的品質是個無法迴避的問題。

　　日方心中有鬼，為了避免在這個對己不利的問題上糾纏，日方不動聲色地說：「是的，有的車的確有輪胎炸裂、擋風玻璃破碎、電路故障、鉚釘震斷的情況，還有的車架偶有裂紋。」日方的回答表面上看似是自責，其實是為了避重就輕，將談判之舟引入己方劃定的水域。

　　中方知道對方的用意，便反駁道：「貴公司代表都到現場看過，經商檢和專家鑑定，鉚釘非屬震斷，而是剪斷的。車架出現的不僅僅是裂紋，而是裂縫、斷裂！而且車架的斷裂不能用『偶有』來形容。最好還是用更科學、更準確的資料來說明問題。」

　　日方看中方態度強硬，便說：「對不起，我們對此尚未有準確的猜想。」

　　「那麼對 FP － 418 貨車的品質問題，貴公司是否能做出統一的回答呢？」

　　「中國的道路有問題。」日方轉變了話題，答非所問。

　　中方立即反駁說：「諸位已經到現場考察過了，這種說法是缺乏依據的。」

　　中方步步緊逼，日方處處設防，談判氣氛逐漸緊張。中日雙方在談

判開局不久就在如何認定 FP－418 貨車品質問題上陷入僵局。日方堅持中方有意誇大貨車品質問題：「FP－418 貨車的品質問題不至於糟糕到如此程度，這對我們公司來說，從沒有發生過，這簡直是不可理解的。」

面對日方的死不承認，中方認為該列舉出證據了，便將有關資料往對方面前一推說：「這裡有商檢、公證機關的公證結論，還有商檢拍攝的錄影。」聽到這，日方再也不敢堅持了，急忙說：「不！不！對商檢公證機關的結論，我們是相信的，我們是說貴國是否能夠做出適當的讓步，否則，我們無法向公司交代。」至此，日方在品質問題上設下的防線已經被攻破。隨即進入到談判的艱苦階段──關於索賠的問題。

中方主談者深知在技術業務談判中，必須用事實和科學的資料才能服人，不能憑想當然。於是他胸有成竹地發問：「貴公司對每輛車支付的加工費是多少？此項總額又是多少？」「每輛車 10 萬日元，共計 5.84 億日元。」日方接著反問道：「貴國報價多少？」中方立即回答：「每輛車 16 萬日元，共計 9.5 億日元。」

日方代表淡然一笑，與其副手耳語一陣，問：「貴國報價的依據是什麼？」中方代表將各損壞部件如何修理、加固、花費多少工時等逐一報價。「如果貴公司覺得我們的報價偏高，你們派人來我們這裡維修也可以。不過，我們計算過了，這樣貴公司的花費恐怕是目前報價的好幾倍。」

這下可嚇壞了日方代表。日方被中方如此精確的計算所折服，態度明顯好轉，說：「貴國能否再壓低一點價格。」中方回答：「為了表示誠意，我們可以考慮貴公司的要求。那麼貴公司每輛車的報價是多少呢？」「12 萬日元。」日方回答說。「13.4 萬日元，如何？」中方問。「可以接受。」

　　日方知道中方已經做出讓步了，就很快接受了此項索賠的協定。

　　然而真正艱苦的談判還在後面，即雙方就幾十億日元的間接經濟損失的談判。在這一巨大數目的索賠談判中，日方率先發言，他們採用逐項報價的方法，最後提出可以支付 30 億日元的賠償。說完就仔細地打量著中方代表的臉。中方代表仔細揣摩日方所報資料中的漏洞，把對方所使用的所有「大概」、「猜想」、「預計」等含混不清的字眼都挑出來，有效地抵制了對方渾水摸魚的談判手段。中方在談判前就經過充分論證，認為此項索賠金額為 70 億日元。當日方聽到此報價後，不禁目瞪口呆，連連說：「差額太大了！太難接受了。」

　　雙方互不相讓，都知道如果誰先讓步了，就有可能輸掉這場談判。

　　「貴國提出的索賠數目太高了。若不壓半，我們會被解僱的。我們家裡都有老婆孩子，還請貴方為我們考慮一下吧。」老謀深算的日方代表試圖喚起中方代表的同情心，以減少賠償金額。「我們也不想難為你們。但是貴公司生產的產品品質的確太差了，造成我們這麼大的經濟損失。如果你們做不了主，請貴方的決策人來和我們談。」日方代表沒有辦法，只好提出休會，隨即與總部聯繫。接著，談判重新開始。

　　此論談判一開始就充滿了火藥味，雙方舌戰了好幾個回合，也不分勝負。此時，中方意識到，畢竟己方是受害者，如果談判破裂最終受害的還是自己，如果訴諸法律，對誰都不好。為了維護已經取得的談判成果，中方開始率先讓步，說：「如果貴公司有誠意的話，我們雙方均可適當讓步。」

　　「我公司願賠 40 億日元。」日方退了一步，並聲稱這已經是最高限度了。而中方則要求 60 億日元，雙方報價還有 20 億日元的差距。

　　談判到了這個地步，雙方都不想前功盡棄，幾經周折，雙方最後決

定接受 50 億日元的賠償報價。除此之外，日方還願意承擔下列三項責任：確認在中國出售的全部 FP－418 貨車為不合格產品，同意全部退換；新車必須重新設計試驗，並請中方專家驗收；在新車未到之前，對舊車進行緊急加固。

至此，一場特大索賠案談判成功。

在這個談判中，有哪些值得我們借鑑呢？

答案提示：

首先，雙方在談判前都做了精心的推演和準備，掌握了詳細的資料和消息。尤其是中方代表注意運用具體事例和證據，特別是用精確的計算來強化己方觀點。

其次，也是重要的一點是，雙方並沒有固執己見，而是根據情況的變化，適時做出讓步，最後雙方都有所獲得，有所失，真正做到了互惠雙贏。

2. 選擇答案，測試自己的談判能力。

1）價格性質主要指：

    A、交易價格便宜還是貴

    B、可接受還是不可成交價

    C、交易價格是固定定價還是浮動價

2）談判中，一方首先報價之後，另一方要求報價方改善報價的行為被稱作什麼？

    A、要價

    B、還價

C、討價

D、議價

3）坦誠式開局策略適用於：

A、高調開局氣氛

B、低調開局氣氛

C、自然氣氛

D、高調氣氛、低調氣氛和自然氣氛

4）在價格洽商上最好的辦法是：

A、就價格談價格

B、把價格條款與其他條件相結合

C、採取價格分解

D、報價固定

5）你正準備向有意向購買一個電腦系統的使用者報價，你會採取何種報
價方式？

A、在報價單上逐項列明每一配置的價格。

B、在報價單上粗略地將裝置區分，並報每一類的價格。

C、只報總價。

注：這些題目很簡單，你自己不妨一答，但卻能了解自己是否具有
談判潛力。

3. 想一想

因造酒廠的員工要求增加薪資，一位工會職員便為此事向廠方提出
了一份書面要求，一週後，廠方約他談判新的勞資合約。令他吃驚的

是，廠方花很長時間向他詳細介紹銷售及成本情況，反常的開頭叫他措手不及，為了爭取時間考慮對策，他便拿起會議資料看了起來。最上面一份是他的書面要求。一看之下他才明白，原來是在打字時出了差錯，將要求增加薪資 12％打成了 21％。難怪廠方小題大做了。他心裡有了底，談判下來，最後以增薪 15％達成協定，比自己的期望值高了 3 個百分點。看來，他原來的要求太低了。

分析：

出價的高低背後倚靠很多技巧和策略支持，從而影響著彼此的心理及認可的變化度。價格是談判中不可迴避的內容，而且是影響談判成功或失敗的重要內容。

還價，不能多也不能少

還價是一種反擊。

還價時，必須要弄清對方如此報價的原因，明白他真正的期望值，然後再分析判斷談判形勢和雙方實力，以此為根據對他還價。

【情景思考】

你想到一家公司擔任某一職務，你希望年薪 2 萬美元，而老闆最多只能給你 1.5 萬美元。老闆如果說「要不要隨便你」這句話，就有攻擊的意味，你可能扭頭就走。而實際上老闆往往不那樣說，而是這樣跟你說：「給你的薪水，那是非常合理的。不管怎麼說，在這個等級裡，我只能付給你 1 萬元到 1.5 萬元，你想要多少？」很明顯，你會說:「1.5 萬美元。」，而老闆又好像不同意說：「1.3 萬美元如何。」你繼續堅持 1.5 萬美元。其結果是老闆投降。表面上，你好像占了上風，沾沾自喜，實際上，老闆運用了選擇式提問技巧，你自己卻放棄了爭取 2 萬元年薪的機會。

【主題解說】

談判就是討價還價的過程。報價之後，必有還價。

還價也叫回價，是談判者對於對方報價所做的反應性報價。它以討價為基礎，在對方報價以後，經過討價摸清對方可妥協的價格，再依據自己的既定策略，提出可接受的價格回饋給對方。它劃定了與報價相對立的另 —— 條邊界，雙方將在這兩條邊界內進行你來我往的舌戰。

還價一般有以下三種方法。

◆比照還價法

所謂比照還價法，是指談判者透過對對方報價的分析，對比參照報價，按照──定的升降幅度進行還價的方法。從性質上講，還價的方式有按比價還價和按分析成本還價兩種。具體又分為以下作法：

◆ 逐項還價。比如對某裝置逐臺還價，對安裝除錯費、培訓費、技術指導費、資訊費等分項還價。

◆ 分組還價。根據價格分析時劃出的價格差距等級分別還價。如對方報價過低，還價時可盡量抬高。

◆ 總體還價。把貨物與軟體分別集中，提出兩個不同的還價或僅還一個總價。

還價要有一定分寸和技巧。

比如，當對方的報價連同主要的合約條款向談判者提出之後，談判者即應仔細過目，對其全部內容包括細節部分，都要瞭如指掌。同時透過其報價的內容，來判斷對方的意圖。並在此基礎上分析出：什麼樣的條件能使對方感到滿意；怎樣能使交易既對自己有利又能滿足對方的某些要求。為此，就必須設法探測對方報價中，哪一項是至關重要的，哪一項是次要的，哪一項又是引起自己讓步的籌碼。

◆反攻還價法

所謂反攻還價法，是指談判者用反駁攻擊的辦法，部分甚至全部否定對方報價的方法。

正常情況下，對方報價後，一般不立即予以回覆。而是根據對方報價的內容，檢查、調整或修改自己原來確定的總價格設想，籌劃新的意圖，進而反駁攻擊，最終否定對方的報價。

　　反攻前要做好資料預備，確定對策，以及反攻的實施安排。通常的作法是列出提問表和實施要點表來同對方交涉。

◆求疵還價法

　　所謂求疵還價法，是指（賣方）談判人員採用挑剔的方法提出部分真實、部分誇大的意見，以此否定對方（賣方）報價的方法。

　　採用這種方法的目的，是讓對方知道你的精明強幹，不會輕易受騙，迫使他一再讓步，替自己爭取更有利的討價還價地位。這種方法不僅行得通，而且卓有成效。開始要求越高，所能得到的也越多。因此，你可以在一定範圍內一而再、再而三地迫使對方讓步。

　　但是在採用上述策略進行還價時，談判人員要使自己的還價策略達到後發制人的效果，發揮其威力，就必須做好以下準備：

　　首先，應根據對方對己方（買方）討價所做出的反應，和自己所掌握的市場行情、商品比價資料，對報價內容進行全面的分析，從中找出突破口以及報價中相對薄弱的環節，作為己方還價的籌碼。

　　其次，根據所掌握的情況對整體交易做出通盤考慮，估量對方及己方的期望值和保留價格，制定出己方還價方案中的最低目標。

　　最後，根據己方的目標設計出幾種不同的方案，以保持己方談判立場的靈活性。

　　還價的目的不僅僅是為了提供與對方報價的差異，而應著眼於如何使對方承認這些差異，並願意向雙方互利性的協定靠攏，保持談判立場的靈活效能、保證討價還價過程，價格磋商過程便能順利進行。

【牢記要點】

1. 談判的目的，就是為了調和雙方利益而達成的某種協定。
2. 談判著眼於利益而不是立場。
3. 談判其實就是一個交換利益的過程。
4. 對談判的任何一方來說，都要掌握自己的「給與取」的藝術。
5. 掌握對方需求期望得到的利益會是非常有效果的。
6. 一定要設法了解對方的真正需求是什麼，談判才能更有力量。

【實戰練習】

好了。實踐時間到了。現在，請再體會一下上文中的內容要點，完成下列問題的思考及行動訓練。

1. 案例分析

有位顧客在看二手摩托車，從反應來看，似乎挺滿意的樣子。沒多久，他開口問店主：「請問賣多少錢？」

「14,700 元。」

顧客笑著說：「我看也就值 9,000 元。」

店主應答說：「你在開玩笑，9,000 元哪能買到這樣的摩托車。」顧客停頓了下，然後正經地單刀直入問道：「底價多少錢？直接開價好了，大家省麻煩。」

店主一看對方認真了，於是以最簡單也是最直接的方法回應：「不要老是問我底價多少嘛！你先告訴我喜不喜歡？如果真要買的話我們再談價。」

顧客一聽，也很直接：「就是喜歡才問你底價啊！否則我站在這裡幹什麼？」

「這輛車是從 15,000 元降下來的，已經降了 1,300 元，如果你真那麼有誠意，我很願意推薦你買這輛車。這輛車八成新，磨合得已沒問題。原車主現在發了點小財，鳥槍換炮，換了一輛小汽車，所以這輛摩托車本身是沒什麼問題，價錢也是很公道了。」

顧客說：「好吧，我看我們都是實誠人，12,500 元，就是它了。」

1980 年代中國光冷加工的水準較低，為改變這種狀況，南京儀表機械廠將引進聯邦德國勞（LOH）光學機床公司的光學加工裝置，機械廠的科技情報室馬上分析勞公司的生產技術情報。在與勞公司談判時，勞公司提出要轉讓給中方 24 種產品技術，中方先前對勞公司的產品技術進行了研究，從 24 種產品技術中挑選出 13 種引進，因為這 13 種產品技術已足以構成一條完整的先進生產線。同時中方也根據對國際市場情報提出了合理的價格。這樣，中國既買到了先進的裝置，又節約了大量的外匯。事後勞公司的董事長 R· 柯魯格讚嘆道：「這次的商務談判不僅使你們節省了錢，而且把我們公司的心臟都掏去了。」

分析一下，中方為何大勝呢？

2. 選擇答案，測試自己的談判能力。

1）當你買東西時，對於說出一個很低價格，感覺如何？

　　A、太可怕了

　　B、不太好，但是有時我會如此做

　　C、偶爾才會做一次

　　D、我常常如此嘗試，而且不在乎如此做

　　E、我會使它成為正常的習慣而且感覺非常舒服

2）商務談判中，作為摸清對方需求，掌握對方心理的手段是？

    A、問

    B、聽

    C、看

    D、說

3）談判中的討價還價主要展現在什麼上？

    A、敘

    B、答

    C、問

    D、辯

4）在一方報完價之後，另一方比較好的策略是？

    A、馬上還價

    B、置之不理、轉移話題

    C、請對方做出價格解釋

    D、亮出己方的價格條件

5）買方還價時應：

    A、對方報價離自己目標價格越遠，還價起點越低

    B、對方報價高自己目標價格越近，還價起點越低

    C、對方報價離自己目標價格越遠，還價起點越高

    D、對方報價高自己目標價格越近，還價起點越高

    注：這些題目很簡單，你自己不妨一答，但卻能了解自己是否具有談判潛力。

3. 想一想

　　林老闆在一項採購洽談業務中，有位賣主的產品喊價是 50 萬，林老闆和成本分析人員都深信對方的產品只要 44 萬就可以買到了，一個月後，林老闆和對方開始談判，賣主使出了最厲害的一招。他一開始就說他原來的喊價有錯，合理的開價應該是 60 萬元。聽他說完後，林老闆不禁開始懷疑自己原先的估價，心想，可能是估算錯了。60 萬元的喊價到底是真的還是假，林老闆也不清楚，最後以 50 萬元的價格和賣方成交，感到非常的滿意。

　　問題：

1. 賣主用了什麼策略？
2. 如何對付這種策略？

4. 提升訓練

　　你是電腦銷售人員。你正向某政府機關負責電腦採購的主管推銷你的電腦。該主管說，他們很想購買 10,000 元左右的 PIII600 電腦，但他的上級負責人給他的預算只允許他購買不超過 8,000 元的電腦，此時，你怎麼辦？

　　A、表示抱歉，你無法將價格壓到他的預算之內。

　　B、運用你的特權，或申請特價，向他供貨。

　　C、詢問他購買格較高機器的原因，並請他考慮購買價格 8,000 元以內的機器。

　　你選擇哪項，試說明理由。

以不變應萬變：收回承諾

「收回承諾」作為一種談判的技巧，有時候為達到某種目的，不妨使用一次，有時候也確實有令人意想不到的效果。但是這種方法不宜多用，多用此法者，很可能會被人認為你言而無信，這當然是很糟糕的。另一方面，如果對方一旦識破你的企圖，此法不僅不能發揮作用，甚至可能弄巧成拙。

【情景思考】

在兩條道路的交叉路口有一棵樹，一位聖人在樹下苦思冥想，他的思緒被一名朝他飛奔而來的年輕人打斷。

「救救我，」那年輕人哀求道，「有個人誤稱我行竊，他正帶領一大群人追捕我。他們要是抓住我，就會剁掉我的雙手。」他爬上那棵樹，藏在枝葉中。「請你別告訴他們我躲藏在哪裡。」他乞求道。

聖人犀利的目光洞悉年輕人對他講的是實話。稍過片刻，那群村民趕到了，為首者問：「你看沒看見有一個年輕人從這裡跑過去？」

許多年以前，這位聖人曾發誓永遠講真話。所以，他說他看見過。

「他往哪裡跑啦？」為首者問道。

聖人並不想背叛清白無辜的年輕人，可是，他的誓言對他來說是神聖不可違犯的。他朝樹上指了指。村民們把小夥子從樹上拖下來，剁掉了他的雙手。

聖人臨死的時候面對老天的最後審判，因為對這個不幸年輕人的行

為而遭到了譴責。「可是，」他抗議道，「我已經發過神聖的誓言，只講真話，我有義務恪守誓言。」

「就在那一天，」上天回答道：「你熱愛虛榮勝過熱愛美德。」

【主題解說】

談判的大量實踐告訴我們，許多談判者為了爭取更好的談判結果，往往以極大的耐心，沒完沒了地要求、要求、再要求，爭取、爭取、再爭取。碰到這種對手實在讓人頭痛，儘管已經滿足了對方的許多要求，使他一次又一次受益。可他似乎還有無數的要求在等待你，而你不願意一而再、再而三地答應對方的要求，此時對付他的有效方法就是「中途變價法」，即改變原來的報價趨勢，報出一個出乎對方意料的價格來，從而遏制對方的無限要求。這種方法徹底改變了原來的報價趨勢，從而爭取談判成功的報價方法。所謂改變原來的報價趨勢是說，買方在一路上漲的報價過程中，突然報出一個下降的價格，或者賣方在一路下降的報價過程中，突然報出一個上升的價格，從而改變了原來的報價趨勢，促使對方考慮接受你的價格。

雖然重信守諾是為人永久稱頌的處世信條，反悔行為素為君子不齒。然而凡事過猶不及，我們的文化長久以來將我們教育成一個絕對與人為善的好人，使得在許多應該維護自己利益的時候都不據理力爭。因此，懂得反悔之道，是一個人通權達變，實現自我價值的必要開端。如果反悔對人對己都沒什麼壞處，而對於成功合作，玉成好事有促進之益，為何要執迷於愚忠之謬呢？具體的人際交往中，反悔術講求「毀諾」要有禮有節。「我保證」是語言中最危險的句子之一，所以在許諾時就應該八成把握只說五成，而不應把話說絕說滿，免得忽生變故時沒有迴旋

餘地。至於不能兌現的請求有時也可答應下來，但也應許諾巧妙，緩兵有術，更不應經常以拖延去反悔。

重信守諾是一個人基本的立足特質，然而不懂變通，把它抬高到一個絕對不可越過半步的「雷池」，則是僵死呆板的表現。許多人執迷不悟，不懂反悔之道，因一時的輕率許諾和錯誤決定而處處受限制，這是一種愚忠，一種短見，一種只有傻瓜才會做的事情。

限制我們主動實現自我價值的最大不利承諾，便是與人為善，做個好人。

從兒提時代開始，大多數人所受的教育都是，世界上最高的獎賞莫過於得到他人的贊同。興許這麼多話語表達不出其中的真諦，可是我們接受的教育中皆含有這種意思。為了討得父母親的歡心，我們俯首貼耳，言聽計從；為了贏得老師的歡心，我們勤奮好學，規規矩矩；我們跟同伴一起玩自己的玩具，這樣他們就喜歡我們；當我們試圖依照自己的意願行事時，就會被指責為自私。為了獲得別人的讚許，在我們幼小的心靈中分不清什麼是好的思想，什麼是壞的思想。其實，那些教導我們辨別好壞的人們，自己也是這種是非觀念模糊的受害者。

隨著我們漸漸長大，情況變得很明瞭，老是聽從別人，尋求他人的贊同，並不是能夠出人頭地的最有效途徑。儘管如此，多數人依然繼續這種無效的行為。有時候，我們嘗試著做一些自私的舉動，可是由於受到早期環境的薰陶，我們往往發現它給我們帶來苦惱，好人不應該常常表現得自私自利。儘管我們知道自己努力爭取獲得成功，需要採取某種以自我為中心的措施，但是我們仍然繼續要做好人。這樣做的唯一報償就是自認為自己高尚的美德是對的。

假如你不理直氣壯地堅持要求得到直正屬於自己的東西，別人不會

273

幫助你。即使你果真維持自己的權利,很多人也會企圖恫嚇你。他們希望壓得你低人一等,使你灰心喪氣,這樣你就不會阻礙他們前進的路途。

芭芭拉是一家電視臺的新聞主播。她在這家電視臺做了五年多,她的新聞節目最近被評為當地第一流節目,可是這五年來她攀登事業頂峰的路並不總是一帆風順、輕而易舉。

三年以前,當她不得不與電視臺談判簽訂合約時,她遇到了一些嚴重的阻力。電視臺經理暗示她,他與她續簽合約,她應該感到幸運。她很清楚地聽出了言下之意:「你是個女人,女人們不應該咄咄逼人。」

當她要求修改合約時,電視臺經理大發雷霆,她強烈地相信本身的自我價值,拒絕讓步。每天新聞部主任都把她叫到自己的辦公室,對她的工作橫加指責,每回訓斥結束時總是說:「簽這個合約吧。」四個月過去了,她仍然毫不動搖。最後,電視臺經理答應了芭芭拉提出來的每一項修改要求。

然而,在簽訂合約之前,她徵求一位律師的意見。這位律師建議在措辭上做幾處小小的改動。她回到電視臺告訴他們此事時,他們大吃一驚,又一次暴跳如雷。她的上司們直言不諱地說,他們認為她的行為太自私,不道德。即使這時,芭芭拉也不讓步。最終,根據雙方都能接受的意見,對合約的措辭進行了修改。

最近,芭芭拉與同一家電視臺又簽訂了一項為期三年的合約,這一回容易多了。正如她說的那樣:「如今,他們知道我是什麼樣一個人,我說到做到。跟我在一起工作的很多人對我說,我應該要求比我真正想要的更多,然後再讓步,這樣能使主管們有勝利感。可是,我不以為然。我要求他們給我提供必要的條件,而其他錦上添花的條件我不會奢求。」

　　這個故事的意義不在於芭芭拉的談判手法。應該注意和分析使芭芭拉如此堅強的精神。她被迫每日頂住電視臺負責人以威脅、淫威和侮辱等形式的恫嚇。與此同時，她又不得不以一個妙趣橫生的記者的職業風度，興致勃勃地面對攝影機鏡頭每夜播送新聞。她從不讓談判中滋生的情緒影響自己的工作。芭芭拉具有強烈的自我價值觀，保護了自己免受淫威的傷害，讓自己為了獲得應得之物而戰。

　　整個文化用教育強迫我們將它對我們的期望，誤以為是我們必須遵守的、出於自願而許下的諾言。別人告訴我們（用他們的評價）身為好人或者女人，就應該如何如何去為人處世。然而我們一旦不事反悔，唯唯諾諾，便變成了一個無法自保的受害者，一個人善被人欺的佐證，一個欺騙性諾言下的犧牲品。

　　承諾也會產生權勢。向對方做出承諾，就能產生說服對方的籌碼，相對也可以向對方要求對我方有利的承諾。承諾說服力可以用在很多方面，在談判中尤其可以造成很好的作用。

　　其實，在討價還價中，最佳手法就是推拉式較量，看誰能堅持到最後。

　　老練的漁夫懂得如何釣魚。先拋釣桿，魚上鉤之後，讓魚隨鉤先逃一下，有點緩衝時間，再加點壓力，把魚釣上來。談判新手也一樣，必須學會成功談判的步調永遠是「推 —— 推 —— 拉」，絕不是硬邦邦、氣勢洶洶的。

　　硬上、硬來，毫不通融，以氣勢壓人的談判方式不會有效，因為它忽略了對手的立場，在獨裁國家及戰俘集中營裡無談判可言，只有權威和必須屈服於權威的人。但是在談判的舞臺上，永遠有兩方，對談判的進行和結果均有所貢獻，這便說明了「推 —— 推 —— 拉」理論的重要

性了。因為經由此流程，你才能獲得自己想要的利益，同時與你的對手保持互相敬重的關係。

「推——推——拉」理論賦予談判生氣、力量，因為它避免了會議時一面倒的情形。在談判中，你予對手有所取，便必須有所捨，縱使是形式上、禮貌上的，例如，在最近的談判會議中，兩位律師爭議商業租約中的一些條款，爭議的焦點是條款中證明房客必須繳納稅款和水電費。房客的律師支持房東必須裝置一架更具效力的新鍋爐，並在建築物重要部分加設絕緣物，以便房客能控制開支。

房客的律師很清楚地指出，現在是買方市場。如果房東幾項要點不做讓步的話，他的工人寧可退出交易。房東的律師深知房客律師說的是真話，此時市場不利於賣主，所以他勸委託人最好做必要的重點改善。可是房東覺得這房子一直沒給他帶來好運，這間房已有十二個月沒租出去，故不願意把錢投資在這差勁的建築物上。兩位律師聚在一起，討論解決途徑。房東的律師與委託人商計之後，提出此建議：房客仍然堅持要新的鍋爐和絕緣物，然而房客願意先支付改善專案的款項，可是必須按月按期由房租中予以扣除，直到所有改善專案的款項全部收回。此建議房東頗滿意，交易隨即達成。

成功的原因是房東律師為其委託人所運用的「推——推——拉」策略。他先堅持他的要求，採取強硬的策略，然後在如何履行要求上緩和一下口氣。他推，再推，可是在推得太過分之前，緩和一下壓縮的空氣和強硬的口氣，然後以令他滿意的交易條件把他一舉拉上來。當然，此「推——推——拉」的策略也可轉變成「拉——拉——推」的策略。有時情勢使然，必須運用相反的策略，以收異曲同工之妙。

一位我認識的部門副總近來要吸收一位野心勃勃、充滿幹勁的銷售

經理來提升業績，他不惜大事花費，以專機接送此位大人才，集會地點設於昂貴的飯店，給予貴賓歡迎與款待等。他用盡了心思，讓對方吃夠了甜頭，為了就是釣尾大魚上鉤。但是這位副總另有高招在後，當他覺得目標人物已經自滿、自信於其談判情勢時，他立即與另一企業界炙手可熱的成功人士約談同樣的職位。他讓他的目標人物確實知道這次的約談。隨即魚上鉤，這吃夠甜頭的人才還沒來得及做太多考慮便簽了合約，擔任銷售經理。

　　和成功談判的其他層面一樣，這「推 —— 推 —— 拉」理論的最重要層面是，你很清楚自己的需求，以及你有能放棄的事物。若掩飾自己的需求能加速目標達成的話，就快掩飾呀！

　　知道你的優先次序

　　讓我們假定你與上司在談判，重新界定你在公司的角色，如果你的上司和絕大多數人一樣，很自然地會認為此舉意味著你想加薪。或許真是如此，但是也可能你是一位有遠見的人，你希望重新調整你的職位，使其與未來領域的前景相協調。依你的例子來說，讓我們假定此意味著你集中更多的時間、精力在機器技術方面，較少時間在尋找、接待新的顧客上。你了解在短期之內，你將失去一些生意。可是這改變絕對必要，因為你覺得市場將有所改變，使得目前的機器廢棄不用。你進行談判的真正目標是重新調整你職掌的優先次序，而且你也擁有可資談判的立場，那就是你已經有一整年不曾調薪了。所以你決定先堅持你的薪資要求，進行「推 —— 推」的階段，然後再聲言放棄，提出你的真正目標 —— 重新調整職位來代替加薪。如果你正確地評估過上司的目標是保持薪資總額不多於去年的百分之七，那麼你可能會在此談判會議上大獲全勝 —— 獲得些許的加薪，以及足夠的時間來做你認為重要的工作。

　　談判時必須把「推 —— 推 —— 拉」技巧與談判的特質合而為一，它必須是你的一部分，就如同點頭、微笑是你的一部分一樣。它就像網球選手的正擊一樣，是比賽的核心。練習「推 —— 推 —— 拉」技巧與談判的特質合而為一。它必須是你的一部分。練習推 —— 推 —— 拉技巧，最後你便能感覺到成功的韻律傳遍整個談判過程，這便是有取有捨、相互合作、讓步的韻律，顯示你已經逐漸成為商場重要的談判專家。

　　「推 —— 推 —— 拉」技巧的改良是學習立即認出交易中對你來說較不重要的部分，予以美化，然後把它當成黃金般地贈給你的對手。我們的一個朋友是個精明的老律師，他便以送一件禮物給對手的方式完成交易，這件禮物不送出，他遲早也必須折價廉售。他那時正在賣他的夏季小別墅，而由互相讓步的原則下，他已接近交易的完成。他堅持他的售價，而買主夫婦則一再遲疑，只是一味找反對理由。我的朋友暫時退出談判，請年輕的買主幫他把他的獨木舟放入河水中，然後請這年輕人帶著太太泛舟一遊，由其夫妻倆私下商談。那對夫妻泛舟歸來，不等他們開口，我的律師朋友宣布他要把獨木舟送給他們，因為他們似乎很喜歡獨木舟。

　　在經過如此一番激烈的討價還價之後，這對無經驗的年輕夫婦突然間嚐到甜頭，終於上鉤了。這艘獨木舟是個漂亮的東西，如果這對夫妻自行購買的話，就要花不少錢，我們的這位律師朋友知道，這艘獨木舟對他們來說要比對他自己要貴重得多。首先，使用過的獨木舟市場價格疲軟，在報紙上刊登廣告招攬可能的買主又是件煩人的事。獨木舟送給這對夫妻，反正他遲早會廉價賣給他們。

　　然而，對這對期望享受夏日別墅的鄉下風光的夫婦來說，這艘獨木

舟代表著一筆他們可以省下來的花費。結果，交易就這樣完成了。雙方談判結束時，都是贏家，或者他們認為自己是贏家。

小李是一位積極進取的印刷機業務員，這兩年來，他一直是公司裡的首要業務員，他做事全力以赴，人又能幹。他的技巧是和顧客談顧客最重要的需求，那就是在充滿競爭的商場裡，得以擊敗競爭對手的原因。小李準備許多論文、圖表、統計數字，證明機器的品質和可靠性都遠遠超越其他競爭廠牌，而且他還指出他的公司每年占有廣大的市場。市場特別重要，因為機器的市場越大、銷路越好、公司擁有越多訓練有素的技術員，購買機器的公司行號獲得技術幫助的機會也增多。

小李毫不放鬆地談論此機器的優點，讓顧客喘不過氣來。不過這只是他銷售策略的第一階段而已。銷售策略的結尾不是在「推 —— 推 —— 」階段，而是在拉階段。他問顧客是什麼讓他們遲疑訂購呢？答案絕大部分是金錢問題。顧客解釋如果他要租用這種較昂貴機器的話，他必須在生意增加時才能辦到。小李回答說：「正因為這款新機器的特點和便利，它更利於做生意。」他緩和地打出最後一擊，然後離開推的方向。

「這些機器必須早四個月訂貨。除非你現在訂貨，不然你在最旺季的時候將收不到機器。我告訴你我將怎麼處理。現在就向我訂貨，至少讓我把你列入訂貨名單。如果你改變心意，我保證我會歸還你的頭期款，縱使機器已經送給你也一樣算數，你還是可以將其送回，不花你一分錢，如果你決定要的話，那麼你在最需要它的時候，它便能發揮最大功效了。」

讓我們分析一下事情的經過。這位顧客一再地被施以壓力，考慮一部現代化機器的優點。在絕大部分的場合，顧客深知這些優點，實在不

需要告訴他們。不過由於印刷術是技術不斷更新的事業。機器和效能很快會過時、被淘汰，故又另當別論。此顧客在努力地審慎考慮，而機器優點又一再地向他疲勞轟炸：「我是很想要那部機器，問題是太貴了，誰付得起啊！」所以當小李提供無義務的訂購時，對許多顧客來說是無法抗拒的。他深知極少有顧客會在機器送去後，把機器再退回的。他的銷售紀錄證實他的洞察力。

【牢記要點】

1. 談判的目的，就是為了調和雙方利益而達成的某種協定。
2. 談判著眼於利益而不是立場。
3. 談判其實就是一個交換利益的過程。
4. 對談判的任何一方來說，都要掌握自己的「給與取」的藝術。
5. 掌握對方需求期望得到的利益會是非常有效果的。
6. 一定要設法了解對方的真正需求是什麼，談判才能更有力量。

【實戰練習】

好了。實踐時間到了。現在，請再體會一下上文中的內容要點，完成下列問題的思考及行動訓練。

1. 案例分析

美國商人山姆去聖多明哥旅遊，在街上一家皮件商店的櫥窗裡，看到了一只皮箱和自己家裡的一模一樣，忍不住停下來看了看。皮箱店的老闆正在門口拉生意，看見山姆，馬上上前推銷。好話說盡，山姆就是不買。同為商人的山姆，為了看看店主到底有些什麼推銷的手段，站著沒走。店主看山姆不動心，把價格一再下降，從 20 美元、18 美元、16

美元……12 美元、11 美元，可是山姆還是不買他的皮箱，而老闆又不想再跌價了，在報出了「11 美元」以後，突然改變下降的趨勢，報出了一個上升的價格「12 美元」來，當感到奇怪的山姆揪住「11 美元」不放時，老闆順水推舟地以 11 美元的價格把皮箱賣給了山姆。

再如，皮特律師準備購買一幢度假別墅，已經與一房產商進行了幾輪討價還價，皮特的報價一路上升，房產商的報價一路下降，雙方基本已就房屋的價格達成一致。可精明的皮特看中了別墅裡的全套法國路易時代家具，這套家具至少要值 10 萬美元，而房屋的價格中並不包括家具在內，怎麼樣才能少花錢，把這套家具也吃下來呢？深諳談判之道的皮特決定採用「中途變價法」來對付房產商。

在兩人再次談判時，皮特突然把原來答應的價格下降了 10 萬美元，說是從其他管道得知，原來答應的價格太高，他吃虧了，而且他的太太也反對以原來答應的價格成交。房產商很氣憤，但又不願失去這個顧客，兩人又陷入激烈的討價還價之中。在接下來的談判中，皮特始終堅持價格下降 10 萬美元，使得房產商十分沮喪。

就在房產商有點絕望之時，皮特像說漏嘴似的，在有意無意之中，透露了他的太太喜歡那套法國路易時代的家具。聰明的房產商馬上明白是怎麼回事了，他提出如果要那套家具的話，必須在皮特原來答應的價格上，再加上 5 萬美元。而皮特則堅持房屋加家具以原來答應的價格成交。接著，兩人就在 5 萬美元的框架裡討價還價了，雙方再各自做出些讓步，房產商的價格下降些，皮特的價格上升些，最後雙方在原來價格的基礎上加了 2 萬美元成交。

精明的皮特採用了「中途變價法」，僅用 2 萬美元，就買下了原來要用 10 萬美元才能買到的法國路易時代的家具。

2. 選擇答案，測試自己的談判能力。

1）對於接受影響你事業的風險，感覺如何？

　　A、比大部分人更能接受大風險

　　B、比大部分人更能接受相當大的風險

　　C、比大部分人能接受較小的風險

　　D、偶爾冒一點風險

　　E、很少冒險

2）對於接受財務風險的態度如何？

　　A、比大部分人更能接受大風險

　　B、比大部分人更能接受相當大的風險

　　C、比大部分人接受較小的風險

　　D、偶爾冒一點風險

　　E、很少冒險

3）面對那些地位比你高的人，感覺如何？

　　A、非常舒服

　　B、相當舒服

　　C、複雜的感覺

　　D、不舒服

　　E、相當不舒服

　　注：這些題目很簡單，你自己不妨一答，但卻能了解自己是否具有談判潛力。

3. 提升訓練

你有一輛舊車想出售，認為能賣五萬元，就心滿意足了。在你到報社刊登售車廣告之前，有人出六萬元現款買你那部車。此時你明智之舉是什麼？

A、立即接受他的建議。

B、告訴他三天以後再答覆他，因為你想看看廣告效果再說。

C、跟他討價還價。

你選擇哪項，試說明理由。

扼住對方的喉嚨：價格反制

價格反制是一種反守為攻的談判技巧。對於談判對手而言，是「恐怖戰術」。所以，它也可以說是一種以退為進的防衛戰。反擊能否成功，就要看提出反擊的時間是否掌握得當。

【情景思考】

當你身為顧客與店主進行談判時，你有沒有運用語言技巧呢？我們不妨先看一則笑話。有一次，一個貴婦人打扮的女人牽著一條狗登上公共汽車，她問售票員：「我可以給狗買一張票，讓牠也和人一樣坐個座位嗎？」售票員說：「可以，不過牠也必須像人一樣，把雙腳放在地上。」售票員沒有給否定答覆，而是提出一個附加條件：像人一樣，把雙腳放在地上。去限制對方，從而制服了對方。

【主題解說】

客戶一方的權勢運用可以告知業務員如下內容：如他的品質不理想，或是沒有透過檢驗將拒絕付款等，以製造業務員擔心無法成交的壓力。這是買方可以創造的談判權勢。此時，業務員可能會採取降價求售的低姿態策略，買方就可以達到砍價的目的。

在採購談判中，買方可以創造的權勢籌碼包括：這次的訂單數量很大、公司的知名度高、將選擇三家做進一步比較、總經理下令要節省成本 10％等等。以上策略都將造成賣方壓力而使其降低銷售條件。

賣方則可以表示：我公司目前訂單不斷，若不早一天簽訂採購合約，

恐怕屆時無法如期交貨；賣方也可以說：這是新研發的產品，剛剛上市，效能特別好，所以要買就快，晚來就買不到了；若買方要求砍價，也可以使用攀交情的方法請對方不要為難你；另外，運用苦肉計表示獲利微薄，請勿砍價，也可以創造權勢說服買方。

◆ 適時反擊

反擊能否成功，就要看提出反擊的時間是否當掌握得準確。反擊只有在對方以「恐怖戰術」來要脅你時方能使用，所以，它也可以說是一種以退為進的防衛戰。湯姆成功的例子，就足以顯示反擊正是所謂的「借力使力」，就是利用對方的力量，再加上自己的力量，發揮「相乘效果」，一舉獲得成功。

其次要注意的是，使用反擊法時，如果對方認為你不是個「言行一致」的人，效果就要大打折扣了。強生相信湯姆是個「說到做到」的人，所以在湯姆尚未正式宣戰前，便做了讓步。情況如果恰巧相反，結果也自然大不相同了。所以，在使用反擊法之前，你必須先行了解，在談判對手眼中，你是否是個言行一致、說到做到的人。

◆ 攻擊要塞

談判，尤其是有關公務的談判，參加者通常不止一人。在這種「以一對多」或「以多對多」的談判中，最適合採用的，就是「攻擊要塞」。

談判對手不止一人時，實際上握有最後決定權的，不過是其中一人而已。在此，我們姑且稱此人為「對方首腦」，稱其餘的談判副將們為「對方組員」。「對方首腦」是我們在談判中需要特別留意的人物，但也不可因此而忽略了「對方組員」的存在。

談判時，有時你無論再怎麼努力也無法說服「對方首腦」，在這種情

況下，就應該轉移目標，向「對方組員」展開攻勢，讓「對方組員」了解你的主張，憑藉他們來影響「對方首腦」。其過程也許較一般談判辛苦，但是，不論做任何事，最重要的就是要能持之以恆，再接再厲，始能獲得最後的成功。這正如古時候的攻城掠地一般，只要先拿下城外的要塞，就可以長驅直入了。

攻占城池，要先拿下對城池具有保護作用的要塞，如此一來，就能如入無人之境了。同理，在無法說服時，便應改弦易轍，設法透過「對方組員」來動搖「對方首腦」的立場。

使用「攻擊要塞」戰術時，關鍵在於「有變化地反覆說明」。很顯然地，「對方首腦」已經不止一次聽過你的主張，而現在，如果要再拿同樣的說詞對「對方組員」展開遊說，「對方首腦」故然感覺興味索然，「對方組員」也一樣，不可能專心聆聽你一成不變陳述方式。所以，目的雖然相同，但是，在反覆說明的過程中，就要特別留意其中的變化性，以免收到反效果。另外應注意的是，縱然你已經認真地說服了「對方組員」，但是，這卻無法保證「對方組員」也會像你認真說服他們般的去說服「對方首腦」。要是「對方組員」不肯這麼做，即使你用盡了全力，「攻擊要塞」戰術還是難奏其效的。

【牢記要點】

1. 談判的目的，就是為了調和雙方利益而達成的某種協定。
2. 談判著眼於利益而不是立場。
3. 談判其實就是一個交換利益的過程。
4. 對談判的任何一方來說，都要掌握自己的「給與取」的藝術。
5. 掌握對方需求期望得到的利益會是非常有效果的。
6. 一定要設法了解對方的真正需求是什麼，談判才能更有力量。

【實戰練習】

好了。實踐時間到了。現在，請再體會一下上文中的內容要點，完成下列問題的思考及行動訓練。

1. 案例分析

出售奧運電視轉播權，一直是主辦國的一項重大權益。1980 年奧運在莫斯科舉行，蘇聯人當然不會放過這一機會。

在蘇聯人出售莫斯科奧運電視轉播權之前，購買奧運電視轉播權的最高價格是 1976 年美國廣播公司購買的蒙特羅奧運轉播權，其售價是 2,200 萬美元。那麼蘇聯人該怎麼做呢？

早在 1976 年蒙特羅奧運專案比賽期間，蘇聯人就邀請了美國三家電視網的上層人物到聖勞倫斯河上停泊的蘇聯輪船阿列克賽·普希金號上，參加了一次十分豪華的晚會。蘇聯人的作法是分別同三家電視網的上層人物單獨接觸，提出的要價是 21,000 萬美元現金！這個價格可比歷史上的奧運轉播權最高售價還要高出近十倍。不管別人如何想，蘇聯人就是這麼出價的。之後，蘇聯人就把美國國家廣播公司、全國廣播公司和哥倫比亞廣播公司的代表請到了莫斯科，請他們參加角逐。美國廣播公司體育部主任茹恩·阿里芘後來說：「他們要我們像裝在瓶子裡的三隻蠍子那樣互相亂咬，咬完之後，兩隻死了，獲勝的一隻也被咬得爬不起來。」

這一招似乎很靈，三隻蠍子互相亂咬的結果，在談判進入最後階段時，三家電視網的報價分別是：全國廣播公司 7,000 萬美元，哥倫比亞廣播公司 7,100 萬美元，美國廣播公司 7,300 萬美元。

這時候，一般人認為美國廣播公司會占上風。因為他們以前搞過奧運轉播十次中的八次，經驗最豐富，而且這時的報價也最高。可是哥倫

比亞廣播公司突然從德國慕尼黑僱來一個職業中間人鮑克。在鮑克的幫助下，1976 年 11 月蘇聯談判代表同哥倫比亞廣播公司主席佩里進行了會晤。會晤時達成了一項交易，哥倫比亞廣播公司同意把價格再次提高，甚至還提出了更多的讓步條件。

談判進行到這個階段，人們都認為哥倫比亞廣播公司已穩操勝券了。可是蘇聯人在 12 月初又宣布了另一輪報價。哥倫比亞廣播公司的經理們坐立不安了，於是又返回莫斯科準備最後攤牌。

最後攤牌的日子是 12 月 15 日，蘇聯人向三家電視網表明：時至今日所得到的結果只不過是每家都有權參加最後一輪報價。這使美國人極為憤怒，蘇聯人這種蠻橫無禮的作法一時間把美國人氣跑了。

可是蘇聯人還是有辦法的，第一，它宣布轉播權已名花有主，屬於美國 SATRA 公司。這是一家很小的公司。蘇聯人的話聽起來就像宣稱大美人已與一位兩歲的嬰兒訂婚那麼荒唐，蘇聯人要的就是這個，它又使眾多的追求者看到希望。第二，請中間人鮑克再次與三家電視網接觸，鮑克能言善辯，長於周旋，是個架梯子的老手。經過這一番努力後，奄奄一息的鬥士們終於又爬回了競技場……

最後，蘇聯人以 8,700 萬美元的價格把 1980 年莫斯科奧運的轉播權售給了美國國家廣播公司。這個價格是上屆奧運的四倍，比蘇聯人原先所實際期待的價格還要高出 2,000 萬美元。

2. 選擇答案，測試自己的談判能力。

1）你對於解決問題是否有創見？

　　A、非常有

　　B、相當有

C、有時候會有

D、不太多

E、幾乎沒有

2）假如聽過對方四次很詳細的解釋。你還是必須說第四次「我不了解」，你的感覺如何？

A、太可怕了，我不會那麼做

B、相當困窘

C、會覺得很不好意思

D、感覺不會太壞，還是會去做

E、不會有任何猶豫

3）討價的力道規則具體表現為？

A、絕不留情、要求苛刻、次數多

B、虛者以緊、蠻者以硬、善者以溫

C、狠擠油水、不怕對抗、力求多得

注：這些題目很簡單，你自己不妨一答，但卻能了解自己是否具有談判潛力。

3. 訓練要點

怎麼樣贏得價格談判？基本認知：價格談判是整個銷售談判中最艱難的部分。

現在就徹底消除你心理上的價格障礙，樹立更重要的觀念：價格發揮不了主導作用，至關重要的是價值。

在多數情況下，報價的時機比報價的內容更重要。

演練創造良好的報價時機，精心「打扮」價格，使客戶沒有如鯁在喉的感覺。

練習用價格界限、折扣、包裝、分級等措施定價。

抵禦價格進攻，而不陷入價格防衛困境。

面對凶狠的壓價，運用理性談判絕招化解僵局。

訓練方法：分組討論、案例學習、分析及演練。

4. 提升訓練

你是一個電腦供應商。一天下午你的一個大客戶打電話給你，要你立即趕往國際機場，商談向你批次購機事宜。他在電話中說，他有急事到東京。你認為這是一個難得的機會。終於在他登機前十五分鐘趕到機場。假如你能以 XX 最低價向他提供 XX 型號的機器，他願意和你簽一年的供貨合約，這情況下你怎麼辦？

A、給他最低價

B、報給他比最低價格稍高的價格

C、給他比最低價格高許多的價格，給自己留有談判的餘地

D、祝他旅途愉快，並告訴他，你將和他手下的人先談一談具體配置和供貨細節，並希望他回來之後給你來電和你祥談。

你選擇哪項，試說明理由。

雙贏法則：做到禮尚往來

　　談判不能簡單地計較得失，千方百計維護自己的利益。而實際上應該是為談判雙方尋求對雙方都有利的解決方案。如果將雙方的利益比作一張餅來切，那麼律師並不是僅僅注重切在什麼地方，而更應注重在切分這塊餅之前，盡量使這塊餅變得更大。這就是提醒我們應該在談判中注重創造雙贏的解決方案。

【情景思考】

　　「嗨，邁克，真高興和你合作。說真的，我得到的，正是我想要的。」
　　「是的，我也是。」
　　高手讓買家覺得他賺了，拙劣的談判對手讓買家覺得他賠了；談判高手讓買主覺得他贏了，拙劣的談判手讓買家覺得他輸了。我教你如何讓你的買家總覺得自己贏了。
　　第二天早晨，他們醒來的時候不會這樣想：「現在我知道那個銷售業務的對我做了什麼，別讓我再碰上他。」而是應該讓他們覺得同你一起度過了一段非常愉快的談判時光，他們迫不及待地想再次見到你。

【主題解說】

　　實踐表明，成功的談判應該使雙方都有贏的感覺。只有雙方都是贏家的談判，才能使以後的合作持續下去，雙方才會在合作中取得各自的利益。因此，如何多方尋求雙方都接受的解決方案，乃是談判的關鍵所在，特別在雙方談判處於僵局時更是如此。

　　然而，在許多談判中，談判的結局並不理想。談判者更注重追求單方面利益，堅持固守自己的立場，從來不考慮對方的實際情況。為什麼談判者沒有多方尋找解決方案，沒有實現談判雙方的利益最大化？

　　有經驗的談判專家認為，導致談判者陷入上述談判失誤主要有如下四個障礙：

1. 是過早對談判下結論。談判者往往在缺乏想像力的同時，看到對方堅持其立場，也盲目地不願意放棄自己的既有立場，甚至擔心尋求更多的解決方案會洩露自己的資訊，減低討價還價的力量。

2. 是只追求單一的結果。談判者往往錯誤地認為，創造並不是談判中的一部分；談判只是在雙方的立場之間達成一個雙方都能接受的點。

3. 是誤認為一方所得，即另一方所失。許多談判者錯誤地認為，談判具有零和效應，給對方所做出的讓步就是我方的損失，所以沒有必要再去尋求更多的解決方案。

4. 是認為談判對手的問題始終該由他們自己解決。許多談判者認為，談判就是要滿足自己的利益需求，替對方想解決方案似乎是違反常規的。

　　於是，找出雙贏的解決方案才是聰明之舉。

　　身為談判人員，你可能聽說過，談判的目的是達到一個雙贏的結果。創造性的結局是當你和買家離開談判桌的時候，你們兩人都覺得自己贏了。你可能聽過下面的故事，它可以說明你們兩個人的情況：兩個人都想要一顆橘子，但是讓他們頭痛的是只有一顆橘子。於是他們商量了一會，決定最好的方式是從中間分開，各要各的一半。為了保證公平，他們決定一個人切，一個人選。然而當談論各自的用途時，他們發現一人需要榨汁，另一人需要橘皮做蛋糕。他們奇蹟般地發現他們都能贏，沒有人輸。

在現實中，這是有可能的，但並不經常如此。讓我們看看這種情況：當你坐在一個買主面前——如果你能巧妙地說服買主同你坐在一起的話——他想要和你一樣的東西，恐怕就沒有奇蹟般的雙贏結果了。他想要最低的價格，你想要最高的價格；他想降低你的底限來接近他的底限。

雙贏的解決方案就是替對方著想，並讓對方容易做出決策的方法：讓對方覺得解決方案既合法又正當；讓對方覺得解決方案對雙方都公平；另外，列舉對方的先例，也有利於促使對方做出決策。

雙贏在絕大多數的談判中都是應該存在的，創造性的解決方案可以滿足雙方利益的需求。這就要求談判雙方發現共同利益的所在。每個談判者都應該牢記：每個談判都有潛在的共同利益；共同利益就意味著商業機會；強調共同利益可以使談判更順利。另外，談判者還應注意談判雙方的相容利益，這兩種不同的利益同時並存，並不矛盾或衝突。

出色的談判要採取不同的策略，它告訴你如何在談判桌上取勝，同時讓買家覺得他也贏了。實際上能否達到這種目的是談判高手的指標。

現在我們來談談談判獲得雙贏的一個策略：禮尚往來。禮尚往來策略告訴你無論什麼時候買家要你做出讓步的時候，你自然應該要求一些回報。第一次使用這個策略，你就能賺回你花在這本書上的錢，而且從此每年讓你賺上千塊錢。

比如說你銷售割草，你賣給一家五金店一大批貨物，他們要求你在他們開業之前 30 天發貨。業務經理打電話給你說：「我們的商店裝潢提前完工，我們想把開業時間提前。你們能不能下星期三之前提前發貨？」你可能想：「太好了。貨已經在倉庫裡備好了，所以我寧願提前裝貨，儘早收款。如果你們願意，我們明天就發貨。」

　　儘管你的第一直覺反應是：「沒問題。」但我還是希望你使用禮尚往來策略。

　　我希望你說：「坦白說，我不知道是否能那麼快發貨。我得與排程人員商量一下（記住負責人要是模糊的實體概念），看看他們怎麼說，但我先問你一個問題，如果我們能及時發貨，你給我們什麼回報？」「邁克，我們的商場就要開業了，我們原來說的星期五發貨能不能提前到星期一呀？」

　　「可以可以，但我得和幾個部門協調，比較麻煩一點。這樣吧，你們先付一半的貨款，我去跟總經理說一聲，他一高興，下個命令，一切都好辦。」

　　「行，就這樣。」

　　如此可能發生下面一種或三種情況：

　　1. 你也許真能得到回報。他們可能在想：「我們遇到問題了，我們得給他一點刺激讓他提前發貨。」於是他們對你做了一些讓步。他們也許馬上會說：「我會告訴出納今天開支票給你，」或者「你們幫了這個忙，12 月我們在芝加哥開的分店也用你的貨。」

　　2. 索要一些回報就能提升讓步的價值。談判的時候為什麼要把自己的東西給別人呢？總要得到點什麼，你以後也許用得著。「你還記得去年8 月，你要我們提前發貨嗎？你知道說服我們這裡的人讓他們改動發貨日期有多難嗎？我們為你做了那麼多，你也別讓我們等貨款。今天給我們支票，好嗎？」當你提高讓步的價值時，以後可以利用它禮尚往來了。

　　3. 阻止沒完沒了的過程。這是你為什麼使用禮尚往來策略的主要原因。如果他們知道每次對你有什麼要求的時候，你們會要求相應的回報，這能阻止他們不斷回過頭來要得更多。我說不清有多少銷售員在討論會上找到我或打電話給我，說：「羅傑，能幫個忙嗎？我們覺得已經做

了一筆稱心的買賣，認為根本不會有什麼問題。談判剛一開始，他們就要求我們做一個小小讓步。我們很高興有這筆生意，所以我告訴他們：『當然可以。』一週以後，他們又給我打了一個電話要求再做一個小小的讓步，我們說：『好吧，我想可以。』從此之後，要求一個接一個。現在我們好像要被拖垮了。」他們應該早在對方第一次要求小小讓步的時候，就應該要求回報。「如果我們同意，你給我們什麼？」

我培訓 50 家生產辦公裝置的公司的高階銷售人員，他們有一個要害財務部門，與最大的客戶談判最大的買賣，這些人都是高手。討論會上有個人剛與一家飛機製造商談了一筆 4,300 萬美元的生意。（這還不是最高紀錄。我在一家規模巨大的電腦生產商培訓總部進行培訓的時候，聽眾中有一位剛剛談完一筆 30 億美元的生意，他也在我的講座上聽課。）

這個要害財務部有自己的副總經理。事後他來找我，告訴我說：「羅傑，你講的禮尚往來方法是我在所有講座上聽到的最有價值的一課，幾年以來我一直參加這樣的討論會，覺得該聽的都聽到了，但是從沒有人告訴我，不要求回報就做讓步是一個多大的錯誤。你的這個看法以後能為我們節約成千上萬美元。」

替我製作了培訓錄影帶的傑克‧威爾遜告訴我，在我教他這個策略以後，他賺了幾千美元。一家電視製作中心打電話給他，表示他們的一個攝影人員病了，傑克是否介意他們請一個已經與傑克簽約的攝影人員來幫忙？這只是出於禮貌打的電話。過去，傑克可能會說：「沒問題。」然而這一次，他說：「如果我答應，你們給我什麼好處？」出乎他的意料，他們說：「跟你說吧，下次你用我們演播室的時候，如果使用超時的話，我們可以減免超時費。」他們向傑克做出了幾千美元的讓步，這是他從沒有要求過的。

請一字不差地使用我教你的策略。如果你改變一個字，效果就大大不同了。例如，如果你把「如果我們為你做這些，你為我們做些什麼呢？」改成「如果我們為你做這些，你也得給我們做這些。」你就表現出了對立情緒，這是談判中非常敏感的時刻：對方面臨壓力，而且在請求你施惠，然後你企圖利用這種情況，要求一些具體的回報。不要這樣，這會使談判當場破裂。當你問他們能給你什麼回報的時候，他們可能說：「沒門。」或者，「你繼續跟我們做生意，就是你得到的好處了。」這也不錯，因為你問一問就有所收穫，你沒有什麼損失。如果必要，你可以堅持要求對方給予回報，你說：「除非你們願意接受一筆應急運費，否則我想我們的人不會同意。」或者，「除非你提前付款。」

對策：

如果買主用這個策略對付你，那你怎麼辦？比如你已經對買主提出了一個合理的要求，或許你賣的東西是緊俏商品，你請買主現在接一半貨，另一半週末運到。你知道這不會給買家帶來多大的不便，但是他決定利用這一點，向你要些回報。這裡是三種可能的回答：

問他要什麼，如果合理，給他。記住我告訴你的，把精力集中在談判問題上，不要因為買主難為你，就覺得不高興，然後把一個小問題變成大問題。

告訴他，你給他的已經是世界上最優惠的價格了。

把責任推給上級。

拒絕他的要求，但做出一些象徵性的讓步，讓買主容易接受一些，這樣他就會覺得自己贏了。

當對方要求小的讓步的時候，你應該索要一些回報。

這樣表達你的意思：「如果我為你們做這些，你為我們做什麼？」

你可能馬上得到回報。

可以抬升讓步的價值，以便以後使用禮尚往來的策略。

最為重要的，它會阻止沒完沒了的要求。

不要改變措辭，或要求什麼具體的東西，因為那會產生對立情緒。

禮尚往來確實是雙贏的展現，也是談判者長久共事的基礎。

【牢記要點】

1. 談判的目的，就是為了調和雙方利益而達成的某種協定。

2. 談判著眼於利益而不是立場。

3. 談判其實就是一個交換利益的過程。

4. 對談判的任何一方來說，都要掌握自己的「給與取」的藝術。

5. 掌握對方需求期望得到的利益會是非常有效果的。

6. 一定要設法了解對方的真正需求是什麼，談判才能更有力量。

【實戰練習】

好了。實踐時間到了。現在，請再體會一下上文中的內容要點，完成下列問題的思考及行動訓練。

1. 案例分析

讓我們看看中歐紡織品貿易談判。

2005 年 6 月 11 日零點，在上海西郊賓館 7 號樓的中歐紡織品談判室外，閃光燈泛起一片銀潮。中國商務部部長薄熙來把一件灰色短袖翻領 T 恤送給了歐盟貿易委員曼德爾森（Peter Benjamin Mandelson, Baron Mandelson）。看到這件特殊的禮物，曼德爾森和歐盟大使都不禁大笑起來，這一場景第二天出現在世界上許多報紙的頭條版面上。

　　這件在中國生產的法國鱷魚牌 T 恤是薄熙來選定的禮物。眾所周知，歐盟最早對中國紡織品提出磋商並打算設限的產品就是 T 恤。現在，中歐紡織品貿易爭端已畫上了句點，無怪乎這件意味深長的禮物引起了在場眾人的陣陣笑聲和掌聲。

　　這輕鬆愉快的氣氛來之不易。此前的 10 個小時，在這間談判室外，包括法新社、路透社、美聯社、德新社、BBC 等媒體在內的近百名中外記者一直焦急地等待著，他們目睹了神色嚴峻的中歐官員進進出出，每個記者都試圖透過他們的表情揣測談判進度。

　　歐盟貿易委員曼德爾森是在 6 月 10 日下午 2 點來到談判地點的，從他最終決定啟程到第二天抵達上海，其間不過十來個小時。薄熙來把曼德爾森迎進談判室後，雙方即開始閉門談判。

　　在外等候的記者們從談判室偶爾開啟的門縫中發現，中歐雙方的官員居然是站著談判。一位參加談判的中方官員後來證實了這一點，他介紹說，談判剛開始的時候，雙方是按照慣例坐在談判桌前展開討論的。曼德爾森在闡明了歐方立場以後表示，6 月 11 日是結束中歐關於亞麻紗和 T 恤兩種紡織品正式磋商的最後期限，歐盟總部 25 國的代表正在等候他的消息，希望談判在 4 點鐘以前有結果。薄熙來則回應，如果按照歐方的要價，談判不可能在 4 點結束，晚上 9 點談完就不錯。他讓曼德爾森決定是否需要馬上打電話給歐盟總部，談判的氣氛驟然緊張起來。

　　此後，雙方圍繞著如何確定中國輸歐紡織品數量的基數，在談判桌前展開辯論，兩邊都拿出了各自測算的大量數據和圖表。中方還有商務部副部長高虎城和部長助理傅自應，有外貿司、世貿司和談判辦的十來人；歐方則有來自英、法、德和西班牙、丹麥的十來位官員和專家。

　　大約談了兩個多小時以後，曼德爾森提議稍事休息，讓各自的技術

官員們對測算的數據重新分析。於是雙方都站了起來，但誰也沒有離開談判室，而是自然而然地走到一起，圍成一個一個小圈子繼續情不自禁地談起來，一談又是兩個小時，但誰也沒有再回到座位上。

有旁觀者說：談得可熱鬧呢！站累了，他們就靠在談判桌上；困了，就喝咖啡。一位曾經參加過許多談判的官員表示，像這樣幾個小時站著談判的場景他從未經歷過。

薄熙來與曼德爾森避開眾目，在賓館園林冒雨邊走邊談，來回走了好幾公里。

傍晚 6 點左右，歐方官員離開了談判室，據說他們要回房間進行內部討論。隨後，薄部長和中方官員也到談判室外的小咖啡廳休息。看見這麼多在外等候的中外記者，薄熙來走過來。記者們馬上發出連珠炮似的問題，薄熙來微笑著告訴大家，談判還要進行一陣子，提醒「大家不要餓壞了，先去吃點東西」。按照薄熙來的安排，現場工作人員很快拿來了幾箱礦泉水和一些點心，犒勞苦苦等候的記者們。此後，記者們又找機會向部長追問談判是否「卡住」，薄熙來只說了一句「今天天氣不錯」，而此時窗外正飄著濛濛細雨。

隨後，薄熙來離開了談判現場。據知情人士透露，這期間他和曼德爾森跑到西郊賓館的大院裡蹓躂，冒著雨，撐著傘，來回走了好幾公里，好像是圍繞談判的主要分歧在交換意見，邊走邊談。可惜不知情的記者們錯過了這些場景。

本該正常開始的晚餐卻拖了 4 個多小時，歐方一度縮回到原來的立場。

晚上 7 點多，現場傳出消息，雙方即將開始晚餐。隨後，中歐雙方的官員進入餐廳。可是晚餐並沒有像外間想像的那樣如期開始。據西郊

賓館的服務員介紹，儘管廚師精心準備的第一道菜已經端上餐桌，但是用餐者卻仍然固執地站在餐桌旁邊展開辯論，侍應生們只好一次次拿礦泉水和小餅乾給大家充飢。

有人透露，這時談判的焦點仍然是基數問題，因為能否確定一個合理的基數，對最後確定增長量至關重要，所以薄熙來一直在談這個問題，而歐方也十分頑強。幾經反覆，聽說歐方終於在五六個小時的長談之後同意了中方的意見，但在其他方面又出了問題。眼看雙方就要達成一致的時候，歐方似乎突然縮回到原本的立場，談判又陷入僵局，餐廳裡沉寂下來，薄熙來起身離開了談判現場。下一步怎麼樣？是個懸念，誰也不知道會發生什麼。40 多分鐘以後，他重新回到餐廳，對曼德爾森說「我們吃飯吧」。有人看了錶，已經晚上 10 點半了，而此時曼德爾森卻要求再談 5 分鐘。雙方這一談又是 40 多分鐘。

零點剛過，雙方宣布和解。曼德爾森說，中歐達成的協定是個「Win、Win、Win」的協定。

晚上 11 點半，薄熙來走出餐廳，再次出現，等待得十分辛苦的記者馬上追問結果，他請大家不要著急，「也許再過幾個小時，結果就會出來了」。當他返回餐廳不久，裡面就傳出一陣響亮的掌聲，服務生告知，兩方人都站起來鼓了掌。隨後，晚餐終於開始了。只見，雙方官員拿著檔案頻頻進出餐廳，工作人員也開始布置新聞發布會的會場。疲倦不堪的記者們又興奮起來，把新聞發布臺圍了個水洩不通，等待著最後的消息。大家都知道，無論是萬里之遙的歐洲大陸、歐盟總部，還是成千上萬的中國紡織企業，這時都在期待著談判的結果。

零點剛過，薄熙來和曼德爾森終於步出餐廳，他們直接走到新聞發布臺前，共同宣布中歐雙方已就紡織品貿易問題達成一致。一時間，現

場沸騰了，許多記者抄起手機，以最快的速度搶先發出新聞。

在隨後的發布會上，曼德爾森說，中國是個「負責任和很有價值的合作夥伴」，中歐達成的協定是個「Win、Win、Win」的協定，即三贏的協定，是符合歐洲紡織產業、中國出口商及其他出口國等各方利益的共贏結果。他十分認真地把一枚帶有歐盟標誌和中國國旗的徽章別在薄熙來的西裝上，並說「這次中歐貿易談判的成功本身就是一枚紀念章」。

上百組、近萬個數據成為中方最有說服力的談判武器。「這次的結果是值得用 10 個小時！」

薄熙來表示，曼德爾森先生專程來談紡織品問題，即使談不成，這種尋求解決問題的舉動也是值得稱讚的，因為這表明了對中國業界的尊重。雙方最終達成一致，說明中歐策略合作夥伴關係不是一句空話，雙方都很珍視它。協定將為中國紡織企業創造穩定、可預見的出口環境，也將為歐盟營造穩定的進口市場。他說「我們從昨天已經談到了今天，這 10 個小時讓大家都累了，但談判的結果說明，談這 10 個小時還是值得的」。

中外媒體已見證 10 個小時峰迴路轉的談判。商務部一位工作人員深有感觸地說，談判最終能取得成果，遠非這 10 個小時所能涵蓋。中歐談判前，中國商務部的官員每天都透過越洋電話和歐方進行磋商。這些天來，僅薄熙來就和曼德爾森進行了 3 次長時間的電話交談。臨近談判，工作人員又在部長的授意和親自督戰下，夜以繼日地工作，針對各種方案仔細測算核對了上百組、近萬個數據。這兩天，上海西郊賓館 7 號樓簡直成了辦公樓。談判結束後，記者們都發稿去了，中歐官員又花了一整夜的時間來仔細核對文字。據說，商務部條法司的官員還為此特地趕來「審稿」。

　　10 個小時的艱苦談判，得到令人滿意的雙贏結果，為解決紡織品貿易問題有了一個好的開局，薄熙來和曼德爾森在談判結束後相視開懷而笑的場景，給所有在場的人留下了難忘的印象。它再次表明，在處理貿易爭端時，只有友好磋商才是解決問題的正確選擇，才可能讓雙方有最後的開懷一笑。

　　問題：在這次談判的結尾，為什麼雙方都笑了？

2. 選擇答案，測試自己的談判能力。

1）對方的滿足對你有什麼影響？

　　A、非常在乎，我盡量不使他受損害

　　B、有點在乎

　　C、中立態度，但我希望他不被傷害

　　D、有點關心

　　E、各人都要為自己打算

2）當你約好和某單位的電腦採購主管談購機事宜，你如約而至，卻發現將和你談判的是該主管的授權人（或手下），這時你怎辦？

　　A、堅持要與該主管談判。

　　B、問授權人（或其手下）是否有決定權，無須徵求主管的意見。

　　C、以「邊談邊看」的方式與授權人（或其手下）進行談判。

　　注：這些題目很簡單，你自己不妨一答，但卻能了解自己是否具有談判潛力。

3. 提升訓練

　　一位承包商說「我的收費在 600 至 700 元之間」，買主認為價格是 600 元，賣主則以 700 元標價。他們彼此想的就是達成協定的基礎。有時買主雖然滿懷希望，但預算仍會高些，他的預算可能早定在 700 元了，所以最後確定為 690 元，買主會高興的，甚至覺得省了 10 元錢，若賣主進一步向買主說明本來價格是 750 元，那麼買主便會更相信自己做成了一筆好買賣，甚至會慷慨而爽快地付出其他的額外費用。

　　該案例說明了什麼？

　　提示：

　　如果想知道你所購買的產品價格是否公道，最好的辦法是參考某個固定標價。但有時生產流程包含不確切因素，很少有人願意給出固定標價。這時，你應該讓每個賣主定出最高和最低的標價，並且寫明人工材料費和工作時間的演算法，然後再找出各賣主一致憂慮的問題，先和自己達成協定是要點所在，也是機會所在。

一點一點吃掉你：價格蠶食

　　蠶食戰，是一種以小積大，步步進逼，逐漸達到預期談判效果的策略。在許多談判中，由於雙方不是立即達成協定，尤其不會馬上做出利益上的讓步，就為蠶食戰奠定了實踐的基礎。

【情景思考】

　　孫臏是中國歷史上偉大的軍事理論家和指揮家，他參與指揮的兩次戰役桂陵之戰（西元前 354 年）和馬陵之戰（西元前 342）創造了兩個著名戰術，即圍魏救趙和增兵減竈，後者還被羅貫中在《三國演義》中加以發揮，創造出諸葛亮減兵增竈的故事。儘管增兵減竈屬於軍事策略，減兵增竈屬於想像，但如果我們換一個角度思考，它們對於我們改善管理卻不無啟發意義。一般來說，增兵增竈和減兵減竈都屬於正常情況，孫臏的高明之處在於透過「減竈」來向龐涓示弱，誘騙龐涓輕兵追擊，結果被孫臏伏擊。諸葛亮的高明之處在於利用曹操的多疑，使其不敢追擊。

　　在銷售管理中或一般管理中，如果要獲得良好效益，就必須對人員和費和加以控制，使其相互協調。「兵」相當於銷售收入，而「竈」則是人員與費用。軍事謀略需要欺騙對手，而管理謀略則在於如何尋求內部的平衡與協調；軍事上要增兵減竈或減兵增竈以迷惑敵人，而管理上則要追求增兵增竈與減兵減竈的協調以獲得預期利潤。但在實際經營過程中，「兵」和「竈」的不協調經常發生，因此它便成了管理者面臨的嚴峻挑戰。

【主題解說】

　　談判的目的就是要獲得利益，而且是要盡可能提高獲利。但是，由於談判的雙方都抱有同樣的目的，在很多場合裡，一方的得就意味著另一方的失。因此，在談判過程中，每取得一些利益都需要付出相應的努力。如何在談判中獲得盡可能多得利益，而又能夠得到對方的認可，就包含著一個取之有道的問題。

　　一般來說，人們容易滿足對方的比較小要求和比較少利益，而對於對方較高且較多的要求和利益就感到困難。因此，高明的談判者絕不會一開始就提出己方的所有要求，而是在談判過程中使己方的要求一點點地得到滿足，這樣累加起來，實際則是滿足了己方的所有要求。這就好比蠶吃桑葉一樣，一次吃一點，最後將一片片的桑葉全部吃完。這就是談判中的「價格蠶食」法。

　　使用「價格蠶食」法的談判策略，最關鍵的在於，爭取利益的時候一定要循序漸進，如果連腳跟都未站穩，就想一口吃，正如一把就從對方的口中把香腸全部奪過去一樣，對方無論如何也要同你爭執到底，到頭來連一片香腸都得不到。正因為這樣，在談判過程中往往會將自己的全部利益分散，使利益散布在各條款中，最終將各條款中得到的利益加在一起，就構成了自己的總體利益，將各個區域性的利益加在一起，就構成了自己的全部利益。

　　中國古代兵書上有「增兵減竈」之計，說的是在增兵後，還減少爐竈，以掩蓋真實兵力，出奇制勝的策略。在商務談判中，為了增加費用，提高價格，還要有理可講，或增加討價還價的設防地位，而故意多列名目的作法，即稱之「挖竈增鍋」。與增兵減竈的本意相反，一個是有真實兵力，故意讓人認為沒有；一個是無真實價值而故意讓人感到有，但目的卻

是一致的，均是為了讓對手相信虛假的資訊。其效果在於，某個虛名被認可，即意味著某點的利益被承認，某點的計謀即成功。談判中是一個名目、一個名目的進行，成功一個則得利一個（守者成功，則守者得利；攻者成功，則攻者亦得利），猶如蠶食一樣，故也將其列入蠶食戰之中。

蠶食戰的具體辦法包括：擠牙膏、連環馬、挖竈增鍋、小氣鬼、步步為營等。

◆擠牙膏

即談判中針對某個談判條件，一點一點地施加壓力，促使對方一點一點地逐步改善其應允的交易條件的作法。由於其表現形式酷似擠牙膏，故命之為擠牙膏戰術，外國談判手則形容其為「切香腸」戰術。

該策略首先重在「壓」，即以說理壓對手讓步。若理不充分，擠壓則無力。其次，要有耐心，即在說理與時間安排上應充分。己方充分論述理由，同時允許對方充分考慮。最後，態度要友好，讓對方在平靜中反省自己的條件。

◆連環馬

即在談判中堅持你要我讓一步我也要你讓一個條件，以保證互換條件的作法。

其表現手法有：一是堅持互換條件，絕不白白讓出一個條件。例如，賣方要求降低技術效能，買方就要求降低價格；買方要求提高技術效能，賣方就要求提高價格或降低合格率，等等。除了這一對一的交換外，還有在總體概念上的互換作法，例如，你同意我的支付條件，我即接受你的價格；或者我今天讓了你，明天換你讓我，等等。

該策略應注意：其一，盡量爭取以小換大，至少相當。其二，盡量即刻交換清帳，盡量少延遲兩個互換條件的兌現，以免造成誤解。其三，貴在靈活適時，將所有可交換的條件記下，伺機以此去換取自己所需要的條件，或逼對方讓步。

◆挖竈增鍋

具體作法有：賣方做報價時，將價格內容列得十分詳細，如裝置主機、附件、配件、安裝除錯、實習、運費、包裝費、數據、指導等，一一列出。有的數據長達幾十頁，各種名稱十分費解，而其中的虛報防不勝防，有的純虛，有的虛虛實實，買方欲想進攻則不容易。作為賣方，運用此策略，比什麼都不詳細告訴買方效果好。有的人認為該策略不易防守，其實，既然要用該策略，就不難防守。

不過，運用此策略應注意：一是，各種「竈」要挖得在理；二是，盡量讓其可比性小，且難於查對。

◆小氣鬼

即在討論各種條件時，對讓出的條件斤斤計較，雞毛蒜皮均不輕易放過的作法。此策略突出：讓了一點條件即大肆渲染，糾纏對手不放，即使拿不到真實條件，也有消耗對手銳氣的效果。

具體作法有：計小利。例如，某公司在談判實習人員的交通費時，賣方僅同意「從其住地到現場之間的交通中的某一段，即住地到地鐵站的費用」。又如，談判賣方人員攜帶家屬的問題，買方堅持：只有連續在買方現場工作 6 個月的賣方人員，才能攜帶家屬，3 個月不行，若要探親，全部自費。讓小步，即每次條件的改善，均如「扭秧歌」，步伐邁出

很大,落地時卻很近,半步半步地扭向前。

運用此策略時,應首先談好大帳,再談小費,無大帳好談時,小費亦大帳。其次,表現「小氣」,也應立足於「小道理」。此外,當對手正動用此計謀時,自己不可用,應先破之。可以譏諷來刺激對手,並守住自己的原立場不動,但可以宣告:「只有對方放棄這種作法時,才願重新審查現持立場。」當對方裝大方時,自己則可動用計謀。

◆步步為營

即在談判各種文字或數字條件時,對於每一次的進退均採用一步一戰的作法。它既是進攻之計,也是防守之計。主要展現:進則頑強地挪動,不求大成,但求有進;退則堅固抵抗,寸土必爭地計算微小的退讓。它與小氣鬼之計的不同之處在於:一個展現在「量」的計較上,一個展現在「力」的計較上。步步為營時,既近則求大,不嫌大,退不得大,但不忌諱大,關鍵是,不讓對手輕易地得到。在其較量的形式上和部分條件的進退上,步步為營具有蠶食戰的特徵,故列入該類計策。從談判的精神看,又有強攻戰的特點,鑒於「寸土必爭」主要特徵,仍將其列入蠶食戰。

具體作法有:理不說盡不移步,即必須讓對手把理講清、講盡,自己才改變一下原立場;理不奏效不撤離,即自己的理由無結果,絕不放棄,直到對手有所採納,做出退讓為止。

運用此策略主要突出說理,做到頑強、耐心地說理,以理服人,不服不罷休。

談判高手總能考慮進行蠶食的可能。掌握時機是很重要的 —— 抓住對方因壓力有所緩解,且談判成功而大舒一口氣的時機。

另一方面，當心買主在最後一刻，即你感覺良好的時候，蠶食你的可能性。此時，你是最為脆弱的，你最容易做出讓步，然後半個小時以後你就後悔：「我到底做了什麼？我沒有必要那麼做。我們已經達成了所有協定。」

【切記要點】

運用精心設計的蠶食策略，在談判結束時你可以得到客戶先前不願意接受的東西。

蠶食策略之所以有用，是因為買主一旦做出決定，心情會徹底改變，談判開始時，他的心理可能反覆考量是否購買你的產品，但一旦決定購買，你就可以蠶食更大的定單，或更好的產品和服務。

願意做進一步努力是區別出色的業務員和不錯的業務員的標準。

寫明任何額外的特徵、服務或專案的費用，防止買主對你進行蠶食，不要給自己妥協的權力。

當買主對你進行蠶食的時候，用一種溫和的方式讓對方覺得沒什麼困難。

為了避免談判後的蠶食，書面說明一切細節，並運用能使他們感覺自己贏了的策略。

【牢記要點】

1. 談判的目的，就是為了調和雙方利益而達成的某種協定。
2. 談判著眼於利益而不是立場。
3. 談判其實就是一個交換利益的過程。
4. 對談判的任何一方來說，都要掌握自己的「給與取」的藝術。
5. 掌握對方需求期望得到的利益會是非常有效果的。
6. 一定要設法了解對方的真正需求是什麼，談判才能更有力量。

好了。實踐時間到了。現在，請再體會一下上文中的內容要點，完成下列問題的思考及行動訓練。

1. 案例分析

保險公司一向都拉攏向銀行貸款購買新房屋的人加入保險，如果所有權人死亡，或者遭到變故不能繳納銀行的分期貸款時，保險公司可以用保險額代為交納，保障所有權的安全。有一家保險公司在這方面的業務比其他同行慢了一步，但卻發現一個重要的事實，那就是有幾家大銀行都限定和一家保險公司進行業務來往。公司對業務員指示，一定要使用新戰術開啟門路，不然該公司很難打入這幾家大銀行的業務名單中。於是，保險公司的業務員就到銀行找到該業務承辦人，他向承辦人勸說道：「我們公司正在計劃一種嶄新的服務辦法，難道您不想了解一下嗎？」銀行承辦人並不認識這位業務員，他打量了對方一會說：「是嗎？如果你們真的有新方法的話，我倒是願聞其詳。」

業務員見對方並沒有拒絕自己的推銷，就耐心細緻地對銀行的承辦人說：「是這樣的。我們絕對不會像貴銀行所指定的保險公司那樣向客戶叩首拜託，也不同目前，在顧客一到銀行辦理完貸款手續，就馬上登門拜訪的作法。我們的方法完全不同，我們要用郵寄廣告的方式來拓展業務，所以請貴銀行把尚未加入保險的客戶名單抄一份給我們。如果你們的貸款由我們的保險公司來做加倍保障的話，你們也就可以放心了。」面對這樣的業務介紹和請求，銀行方面一時間也找不出拒絕的理由。結果，因為大多數的房屋主人都已經購房多年，加上這家保險公司的各種條件比其他保險公司優惠很多，再加上他們的地位、想法、金錢

都比購房當時進步多了，所以這種郵寄宣傳勸誘的方式，獲得了極大的成功。

在短時間內，這家新興的保險公司終於掌握了房屋抵押貸款保險業90%以上的業務。不久以後，這家公司又派人到各大銀行去遊說，他們告訴銀行：「目前我們公司已經爭取了整個市場的90%的業務。貴銀行認為我們該不該爭取100%呢？」各大銀行迫於該公司強大的業務量和高比重的市場份額，只好選擇與他們合作。後來，這家公司成為當地唯一受市立銀行協會所指定的保險公司。緊接著，他們又用同樣的戰術在全國各地獲得輝煌戰果，成為全國受理該項業務最多的保險公司。

保險公司為了取得與銀行談判的勝利，成功地採用了「義大利香腸」法的談判策略。第一步，保險公司首先從銀行那裡得到尚未參加保險的客戶的名單，向他們寄送保險廣告。透過廣告宣傳，使越來越多的客戶投保。第二步，當保險公司爭取到90%的市場之後，他們又勸說銀行，使他們進一步爭取到市場的100%，使其成為當地唯一受市立銀行協會指定的保險公司。第三步，保險公司以此為基礎，採用同樣的辦法向全國出擊，最終成為同產業中遙遙領先的公司，獲得了前所未有的談判勝利。

2. 行動建議

在談判桌上，如果對方在價格上挑毛病，提出價格太貴了，應該想辦法搞清楚這個太貴的含義是什麼。

◆（一）總的經濟狀況不佳導致價格太貴

對方目前的經濟狀況不好，或是欠缺支付能力，或是計劃支付的資

金有限，或是他正打定主意要同其他供貨者談一談，這些都有可能是對方覺得「太貴」的原因。如果經過觀察，發現對方確實經濟狀況不好，在相當一段時間內都無力購買，那麼最好的辦法是暫時放棄。

◆（二）暫時的經濟狀況不佳導致價格太貴

如果對方稱目前沒有足夠的現款，可以主動建議其他支付方式，如果對方仍不接受，說明這一說法是一種託辭。

◆（三）手頭沒有足夠的款項導致價格太貴

多發生在中間商身上。資金沒有周轉到手，這種情況下無需降價，賒帳就可以解決問題。

◆（四）想付出的款項有限導致價格太貴

這是在談判中要求對方殺價的最常見原因。如果對方不準備花太多錢來購買，說明沒有刺激起對方獲得這一產品的強烈願望。

◆（五）對方對價格有自己的看法導致價格太貴

說明對方不接受你的價格，必須動用大量事實解釋，改變對方的看法。

◆（六）同類產品及代用品導致價格太貴

如果對方用同類產品及代用品的低廉價格與你的產品價格相比較，則要設法讓他們確實知道你的產品優點和能夠給他們更多的利益，從而刺激他們享有的欲望。

◆（七）競爭者的價格導致價格太貴

如果對方以競爭者的價格作參照，提出價格不合理的話，你應該解釋價格不同的原因，指出對方在進行價格比較時忽略了某些方面。如果價格比競爭者高出很多，那麼必須做出如下選擇：或者向對方提供一些補償，或調整價格，或堅持原價，能賣多少就賣多少，就是談判毫無結果也在所不惜。

◆（八）從前的價格導致價格太貴

現在的價格高於從前的價格，對方要求恢復原來的價格。這時談判者應解釋價格上漲的原因，並指出現在的價格已經很低了，或者可以看在老關係的面上，在其他方面提供一些好處。

◆（九）習慣性壓價導致價格太貴

面對討價還價的老手，最好的辦法是對此置之不理，或將其視為玩笑，把話題集中在產品優點或其他問題上。

◆（十）出於試探價格的真假導致價格太貴

如果對方在試探你，那麼價格在雙方之間已不是障礙，只要以禮相待而不為之所動，對方自然不再繼續堅持。

討論：談判者在價格上輕而易舉地讓步是否恰當？為什麼？

3. 提升訓練

有個跨國公司的高階工程師，他的某項發明獲得了發明的專利權。一天，公司總經理派人把他找來，表示願意購買他的發明專利，並問他

想以多少的價格轉讓，他對自己的發明到底值多少錢心中沒數，心想只要能賣 10 萬美元就不錯了，可他的家人卻事先告訴他，至少要賣 30 萬美元。到了公司總經理的辦公室，因為一怕老婆，二怕經理不接受，所以膽怯，一直不願正面說出自己的報價，而是說：「我的發明專利在社會上有多大作用，能給公司帶來多少價值，我不會太清楚，還是先請您說一說吧！」這樣無形中把球踢給了對方，讓總經理先報價。

總經理只好先報價，「50 萬美元，怎麼樣？」這位工程師簡直不相信自己的耳朵，直到總經理又說了一次，才意識到這是真的，經過一番裝模作樣的討價還價，最後以這一價格達成了協定。

可見，這位工程師就是靠了經理的先報價，才及時修改了自己的報價，得到了意想不到的收穫。

曲線救國策略：服務貶值

　　談判中，有時候不妨瞞天過海。由於某些原因增大了服務的風險和難度，服務存在潛在貶值，影響和削弱了談判籌碼的作用，我們就應該曲線救國。

【情景思考】

　　提起美國芝加哥的大都會酒店，恐怕許多人都曾聞其名。這是一套12層共有300個房間的大建築，地處市南，地位極佳，在1920年代初因義大利裔黑手黨頭目卡邦（Alphonse Gabriel Capone）租用其中兩層的50個房間作為總部後，大都會酒店更是名聞遐邇。只是好景不長，1947年卡邦死於梅毒，之後，黑手黨開始沒落，大都會酒店也空置至今。1991年曾有傳說酒店裡藏有珠寶，可經挖掘搜尋後，只找到一堆屍骨，給大都會酒店又增添了一層神祕的氣氛。此後，芝加哥市政府先後採取了一連串措施：查封該樓，不准入內；列為古蹟，不准拆除……而最為令人吃驚的，則是於1992年宣布出售大都會酒店，售價一美元。而且至今尚無人問津。

　　一美元可買下一家大酒店，這不是天方夜譚式的大笑話嗎？

　　當然不是。其實，像這樣廉價的房屋在全美各州均有買賣，房屋大多外表破敗不堪，房主已無法出售或抵押而由政府收回統一處理。但是根據美國有關法律，購買這類舊房不准拆卸，必須由買家在購入後一年內將其翻新，且至少使用五年以上方可轉手。前不久，一名失業男子花

一美元在維珍尼亞州的一個小鎮買了一所兩室的住房，而在室內拾得 73 美分，實際上，只用 27 美分便得到了這所住房。但是，他的翻修工程卻花去了 3,000 美元。

大都會酒店也是一樣，它雖年久失修但不准拆除，只許翻新，以求重現該樓及其附近當年的繁榮舊貌。據預算，它的修理翻新需要耗資近一億美元。

問題就在這裡！

一美元買下一家大酒店固然令人神往，再要用一億美元在購入一年內翻新大酒店則使人望而卻步、咋舌不已。

【主題解說】

在商業談判中，也常常有這種情況。賣主常以比較低的價格與買主簽訂一份合約，為了圖一利，買方也願意選擇最低價商品的賣方，卻忽視額外專案的開支。買主在簽約之後，會發現還必須在修理、改裝、零配件供應、技術諮詢等方面付出更多費用，否則，買進的商品根本無法使用。賣主卻從這些增加的額外費用中賺足了錢。

當然在商業交易中，買主也可以經常擺出低姿態，以吸引賣主。例如，他們可以在口頭上給予一堆承諾，實際上卻大扣折扣，提出一些看似容易其實卻十分困難的條件；他們答應按期付款卻是一拖再拖；他們許諾長期向賣方購買零配件，實際上卻另尋賣主等等。這是一個買賣雙方都可運用的策略。讓我來告訴你服務貶值的原則，教你一些對付買家時能派上用場的道理：你對他們所做的任何讓步都會很快失去價值；你買的任何有形物質過些年後可能都會升值，但是服務在你提供之後似乎很快就會貶值。

　　由於這個原因，談判高手都明白，做任何讓步的時候都應該立刻要求回報，因為你給人家的好處很快就會失去價值。兩個小時以後它就會大大貶值。

　　房地產商非常熟悉服務貶值這個原則。當房主的房子賣不出去的時候，推銷房子的人提出給自己6%登記註冊費來解決這個問題。聽起來並不是多大一筆錢。然而，當她找到了買主，提供了這種服務的時候，那6%費用突然聽起來是很大一筆錢。「6％！那就是12,000美元呀！」賣主說道：「為什麼，她幹了什麼？她所做的不過是把它放在一個註冊服務上。」其實房地產商經銷房產，又談判合約，做得比賣主多得多。但你要記住這個原則：你提供完服務以後，服務就會很快貶值。

　　我相信你經歷過這樣的事情，不是嗎？買主給你打電話，你同他做的是一小筆生意。他們那裡現在一片混亂，因為他們的長期供貨商現在沒有給他們裝貨，整條生產線就要停工了，除非你明天一大早運一船貨給他們。聽起來是不是很熟悉？於是你徹夜不眠，重新安排各地的船隻，克服一切困難保證及時把貨物運到，以使他們的生產正常執行。你甚至親自到買主的工廠，親自監督卸船。買主喜歡你這樣！他來到碼頭上，你正在用手揮去身上的塵土，他說：「難以相信你能為我們做這麼多。真是難以相信！你們太讓人難以置信了。愛你，愛你，愛你。」

　　於是，你說：「喬，很高興為你這麼做。必要的時候我們能提供這種服務。現在你是不是應該考慮讓我們公司做你的獨家供應商？」

　　他回答：「聽起來是個好主意，不過我現在沒有時間，因為我得過去看看生產線，保證它正常運轉。星期一早晨10點來我辦公室，我們再商量。中午來更好，我請你吃飯。我真的感謝你為我們所做的一切，你真是太棒了。愛你，愛你，愛你。」

於是，一個週末你都在想：「哥們！我成了！他欠我的！」然而星期一過去了，還是和往常一樣難以和買主談判，出什麼差錯了？服務貶值產生了作用。你提供完服務以後，它會迅速貶值。

這個例子告訴你，如果你在談判中做出讓步，必須立刻要求回報，不要等，不要坐在那裡想。因為你給他們好處，他們欠你的，他們以後真的會償還給你嗎？帶著世界上所有的善意，你服務的價值仍然迅速貶值。

水電工都知道這一點，不是嗎？他們知道一定要在做事之前而不是之後與你談判。我房子外面有一根水管出了問題。我請來的水電工看了看之後，慢條斯理地搖搖頭說：「道森先生，我知道問題出在哪裡了，我能幫你修好，你得給我 150 美元。」

我說：「好吧，修吧。」

你知道他花多少時間做完嗎？5 分鐘！我說：「等一等，你做 5 分鐘就要 150 美元嗎？我是全國知名的演講者，我也沒賺這麼多錢！」

對策：如果你提供某種服務，切記：一旦服務完成，它就會迅速貶值。開始工作之前先商量好價格，商量好一個公式，一旦情況變化你應該增加費用。如果能夠，要先讓對方付款，如果不能，則任務進行中逐步收款，或任務完成以後儘快收款。

【切記要點】

實物的價值可能上升，但是服務似乎總是貶值。不要做出讓步，並相信對方以後會償還。工作之前談好價錢。

另外還有一種雙重貶值：智慧和服務有價值。

這一問題似乎沒有討論的意義，但您肯為「智慧」和「服務」付多

少錢呢？這似乎就不那麼好回答了。有一個人的親身經歷或許能說明問題。

　　10 年前我還是一個廣告業務員，常常會與廣告客戶在「廣告創意費」上發生爭執。無論你如何解釋這個創意多麼好，或者客戶多麼喜歡這個創意，善良的客戶往往笑著跟你說：「在國內，嘿嘿，創意值幾個錢？」這一「嘿嘿」就自然而然地「黑」掉了創意中「智慧的價值」。如果碰上一個「市場無賴」，那一定會「說」得你滿地找牙：「你不是賺了 10%的代理費了嗎？還要什麼創意費？真是笑話！」

　　這幾年在國外，聽說國內 IT 媒體率先給廣告代理公司 15%甚至更多的折扣。原以為廣告代理公司日子可以好過一些，客戶也終於成熟到更加看重、尊重廣告公司在「智慧和服務」上的價值。但今年 2 月後才知道，現在的情況比以前還要糟。不用說創意費，現在多數本土廣告公司在 IT 產業連廣告代理費都已經被擠壓到了 5%，甚至更低。也就是說很多廣告人不但拿不到創意費，連應得的 15%服務費也要拱手送還給廣告主 8 到 10 個百分點。顯然，國內 IT 界的廣告代理公司陷入了智慧與服務的「雙重貶值」困境。這種困境是一把雙刃劍，廣告人和客戶都會遭受到巨大傷害。

　　首先，廣告主透過擠壓廣告公司代理費，降低行銷成本的手段極不明智。這只可能降低廣告公司的代理服務水準，使服務品質難以保證。由於廣告業是一項智力和服務密集型產業，融合了客戶代表、創意人員、製作人員、媒體計劃發布人員的智力、體力和大量的時間、精力，因此廣告公司最大的成本應該是「時間成本」——即單位時間內（月、季、年）獲得一個廣告客戶利潤總量的成本。在廣告公司中，同樣是三個人一個客戶服務小組，可以用 5 到 6 個月在一個 200 萬元的代理專案

上賺到 20 到 35 萬元的毛利（10% 到 15% 的代理費），而在另一個一年廣告預算有 400 萬元的客戶上只能賺到 20 萬的毛利（5% 代理費），廣告公司會做怎樣的客戶選擇呢？誰能得到最有實力的客戶代表、創意大師、文案專家和製作高手的優質服務呢？縱觀中外成功的廣告主，無一不是充分尊重廣告代理公司在「智慧和服務」方面的價值。

其次，「雙重貶值」使廣告主根本不可能接近廣告公司最具價值的核心部分，根本無法獲得真正屬於自己的高標準、高水準、高品質服務。現在一些公司採用公開招標方式招募廣告代理，這本無可厚非，但是一些中小企業的廣告主在招標標準、流程控制、招標管理等方面，都非常不規範和不專業，又怎能規範廣告代理公司呢？一些廣告主採用每個季度一「招」的作法，實際上大大增加了經營管理成本，降低了管理效率。對其進行服務的廣告公司也噤若寒蟬，朝秦暮楚，根本不可能全面理解廣告主的業務發展方向，並為其進行全面企劃和深入服務。頻繁招標，趕跑了真正需要的「智慧和服務」。

再者，由於市場競爭的加劇，廣告公司、諮詢公司擁有的外部資源越來越有價值。廣告公司和客戶一樣，都要實現盈利。「雙重貶值」必定會使廣告公司調整業務，這對於被服務的廣告客戶是巨大的損失。因為廣告主與廣告公司之間的了解是一個漫長的互動過程，需要經過時間的考驗。「時間成本」的概念同樣適用於廣告主 —— 即維持一個相對穩定廣告服務的公司為你服務，可以減低你在行銷管理上的成本。

這就是蠶食戰的奧祕所在。

【牢記要點】

1. 談判的目的，就是為了調和雙方利益而達成的某種協定。
2. 談判著眼於利益而不是立場。

3. 談判其實就是一個交換利益的過程。

4. 對談判的任何一方來說，都要掌握自己的「給與取」的藝術。

5. 掌握對方需求期望得到的利益會是非常有效果的。

6. 一定要設法了解對方的真正需求是什麼，談判才能更有力量。

【實戰練習】

好了。實踐時間到了。現在，請再體會一下上文中的內容要點，完成下列問題的思考及行動訓練。

1. 案例分析

萊曼先生要購買冰箱。到了商店以後，銷售員問明了萊曼所要的規格，告訴他這款冰箱售價 500 歐元。萊曼先生走過去這裡瞧瞧，那裡摸摸，然後對銷售員說：「你剛才說這款冰箱非常的好，各方面都比其他冰箱更有優勢。可是你看看，冰箱的外表一點都不光滑，而且還有一些小瑕疵！你看這裡，是不是？這個小瑕疵好像是個小刮痕！有瑕疵的貨物通常不都是要打一點折扣嗎？如果真的是刮痕的話，可能冰箱的品質會出問題啦，你說是不是？」這是萊曼先生挑剔商品外觀。

看到銷售員不知該說些什麼，站在那裡欲言又止的樣子，萊曼先生又問銷售員：「你們店裡這種型號的冰箱一共有幾種顏色？可不可以讓我看看樣品？如果能的話，我想先看看樣品再決定。」對於這樣難纏的顧客，銷售員好不容易聽到一個比較容易解決的要求，於是馬上為他拿來了冰箱的樣品本。萊曼先生指著店裡沒有的顏色說：「這種顏色和我的廚房顏色正好相配，其他顏色跟我家廚房的顏色搭配都不協調。顏色不好的話，價格還那麼高，如果不能夠調整價錢，我就得重新考慮是否在你

們這裡買了。我想別的商店可能有我需要的顏色，我一定能夠找到我想要的顏色的冰箱。」這是萊曼先生挑剔商品顏色。

過了一會，萊曼先生又開啟了冰箱，反覆看了幾遍之後問銷售員：「這冰箱附有製冰器嗎？」銷售員心想當然有了，你不是已經看過了嗎。於是態度和藹地回答萊曼：「是的，這個製冰器一天 24 小時都可以為您製造冰塊，每小時只需要 2 分錢的電費。只要您需要，隨時都可以取用冰塊。」沒想到這個回答立刻令萊曼先生非常擔憂起來。他對銷售員說：「這太不好了。我有個孩子得了慢性喉頭炎，醫生說他絕對不能夠吃冰的，絕對不可以。但是我的孩子偏偏喜歡吃冰，如果家裡隨時有冰給他吃，那可就太麻煩啦！你可不可以把製冰器取下來，我不需要購買它。」銷售員回答說：「對不起，製冰器是冰箱的一部分，它是絕對無法拆下來的。即使拆下來，也不會有人特地購買這種產品，因此您必須帶著製冰器一同買下冰箱。」萊曼先生又接著說：「我知道，但是這個製冰器對我根本沒有用，而且還會帶給我的家庭很多不便，卻要我來付錢，這太不合理啦。價格能不能便宜一點？」這是萊曼先生挑剔商品的結構和設計。

銷售員早就對萊曼先生吹毛求疵的作法感到難以適應，無論冰箱的哪個方面，萊曼先生都找出了商店必須降價的理由。談判的結果，由於萊曼一再挑剔，銷售員不得不將冰箱的價格一再下降，終於使萊曼先生得以最低的買價購買了那臺冰箱。而實際情況是，萊曼先生對那臺冰箱非常滿意，冰箱的所有缺點其實根本不存在，但是萊曼先生卻利用冰箱各種不存在的瑕疵和缺點，爭取到了最低的價格。

分析：

這就是使用吹毛求疵來讓對方服務貶值的談判方法。

這是從多方面挑剔賣方，可以是確實存在的問題，也可以是有意製

造出來的問題。這樣做的結果，既可以使對方降低要求，又可以提供對方做出讓步的足夠理由和藉口，讓對方從心理上接受自己所做的讓步。萊曼先生在冰箱並不存在任何問題的情況下，從一個幾乎看不見的小瑕疵入手，為他所鍾愛的冰箱挑出了一大堆並不存在的毛病，導致銷售員對自己的貨品非常缺乏信心，只有用降價的方式來滿足對方的要求，而價格恰恰是萊曼先生唯一真正關心的問題。

2. 選擇答案，測試自己的談判能力。

1）經過艱苦的談判，雙方達成了協定，在將要簽定合約之前，該買家提出了最後一個要求：即要求我們提供的顯示器要是 OSD 選單的。而我們本來就是用 OSD 選單顯示器。面對這個「額外」要求，你怎麼辦？

　A、告訴買家，如要 OSD 的顯示器必須額外付費。

　B、告訴買家，一切照辦。

　C、問他為何有這種要求，重要性如何？

2）你和一個已與你訂購許多機器的大客戶在商談購機事宜，談判中，該客戶說，如你不在以後的機器中每臺優惠 100 美元，他將購買別牌的機器。該客戶已是我們較大的客戶，今後將有 5,000 臺的購機量，面對他的要求，你該怎麼辦？

　A、禮貌的拒絕他。

　B、接納他的要求。

　C、提出一個折中的解決方案。

　D、表示你要考慮。

注：這些題目很簡單，你自己不妨一答，但卻能了解自己是否具有談判潛力。

3. 培訓遊戲

4. 行動建議

5. 提升訓練

讓你沒有理由說出口：釜底抽薪

有些談判手段是想辦法使談判緩和，防止僵局惡化，那只是暫救一時的治標辦法。而「釜底抽薪」是事件爆發或爆發後尋求徹底整頓的一種手段，是一個治本的辦法。

【情景思考】

生物學家巴斯德（Louis Pasteur），一次在實驗室工作時，突然一個男子闖進來，指責他誘騙了自己的老婆。爭論中雙方提出決鬥。清白又占理的巴斯德完全可以將對方趕出門去，或者奮起決鬥，但是那樣並不能解決問題，甚至會造成兩敗俱傷的惡果。這時候巴斯德沉著地說：「我是無辜的……如果你非要決鬥，我就有權選擇武器。」對方同意了。巴斯德指著面前的兩只燒杯說：「你看這兩只燒杯，一只有天花病毒，一只有淨水。你先選擇一杯喝掉，我再喝餘下的一杯，這該可以了吧？」那男子怔住了，他一下子陷於難解的死結面前，只得停止爭論與挑戰，尷尬地退出了實驗室。無疑，正是巴斯德提出的柔中帶刺的難題，才最終使決鬥告吹。

在雙方激烈的爭論中，占理的一方如果認為說理已無法消除歧見時，不妨採取一種外強中乾的警示性言語來中止爭論，結束衝突。將一個兩難選擇擺在對方面前，使之失去最後掙扎的基礎，就有可能收到警心誠人、平息爭辯的效果了。

【主題解說】

「釜底抽薪」是一種「抄底戰術」。在互相對壘、劍拔弩張的時候，避免做正面的主力攻擊，而從對方的幕後去下工夫，側面暗算，扯其後腿，拆其後臺，使於不知不覺間變成一顆洩氣的皮球。曾經的微軟副總裁李開復要跳槽 Google 竟然導致兩家著名公司對簿公堂，一時引得滿世界風風雨雨。對於如此一樁員工跳槽事件，巨無霸微軟因何大動干戈？因為李開復掌握了太多微軟的商業情報，這對於隨時處在競爭白熱化中的網路業而言幾乎是致命的。

為了獲得情報，甲骨文（Oracle）公司曾聘用偵探和清潔工人，收集微軟支持者的辦公室垃圾，以找出對微軟不利的文字數據。透過這些「垃圾戰」，可見跨國公司情報策略良苦用心之一斑。更何況一個曾經擔任過該公司副總裁了。

於是，微軟恐慌之下，擎起了法律大棒，把李開復告上法庭。

打蛇打七寸，才能給蛇以致命一擊；反之，不得要領，亂打一氣，卻會被蛇緊緊地纏住，結果會消耗更多的時間、精力與體力，甚至賠上自己的性命。這也就是釜底抽薪戰術的運用。

把這一思想運用到談判中來，就是要善於撥開籠罩在關鍵問題上的迷霧，找出問題癥結所在，抓住要害進行突破；否則，無休止地在表面問題上爭執，既會傷雙方和氣，又會使問題變得更加複雜，如果不小心，還會給對方抓住破綻，使自己陷入極其被動的境地。

有一次，某人駕駛汽車經過一個停車場，突然從停車場內飛駛出來一輛摩托車，由於避讓不及，那位摩托車手被撞後彈出老遠。警察趕到時，現場沒有目擊者，責任歸屬一時很難辨明。恰巧一位力學教授路經此地，他讓警察測量了撞車位置與摩托車摔倒的位置之間的距離，詢問

了摩托車手的體重，而後掏出電腦按了幾下，告訴警察，根據運動物體拋物線軌跡原理，這輛摩托車當時的時速至少在 45 公里以上，而交通規則規定，停車場區域的車速不得高於 25 公里。結果，駕駛汽車者不但沒有責任，反而從保險公司得到了 1,000 美元的賠償。

這種情況在商務談判中同樣適用，在談判中要善於抓住本質的問題，抓住對方的破綻，這是突破僵局的一種策略。問題是能不能抓住要害，就要靠深刻的分析與犀利的判斷，以及果斷及時的出擊。當然這些並不是天生的，要靠生活的累積及實踐的磨練。但是，只要注意了這一點，天長日久必有收穫。

釜底抽薪，如同背水一戰一樣，是一種有風險的策略。它是指在談判陷入僵局時，有意將合作條件絕對化，並把它放到談判桌上，明確地表明自己無退路，希望對方能夠讓步，否則情願接受談判破裂的結局。這樣做的前提是雙方利益要求的差距不超過合理限度，則對方有可能忍痛割捨部分期望利益、委曲求全；反之，如果雙方利益的差距實在太大，是對方單方面的努力與讓步所無法彌補的，談判也只能就此收場了。

在一次引進裝置的談判中，一家公司選擇了兩家外商 A 公司和 B 公司，作為可能的合作夥伴。根據兩家公司報來的數據與價格，該公司同兩家公司分別做了初步接觸，發現 A 公司名氣較響，裝置品質也較好，且報價也較高，達 800 萬美元；B 公司雖名氣不及 A 公司，但裝置品質毫不遜，功能卻要多些，報價稍便宜，為 580 萬美元。根據各方面情況的綜合考慮，該公司決定把 B 公司的裝置作為首選對象。然而，這個價格仍然偏高，談判的關鍵是要把價格降下來。

於是，該公司邀請 B 公司派代表來洽談，透過幾輪談判，B 公司幾次降價，最後報出價格為 520 萬美元，並宣告再降 1 美元，就不幹了。

然而事實上據得到的情報,按照這個價格,B公司可獲得可觀的利潤,因此這個價格似乎仍高了些。因此該公司在與B公司談判的同時,也保持著與A公司的聯繫,這顯然對B公司造成了一些壓力。

這時,該公司就對B公司採用了斧底抽薪的計策,坦率地告訴B公司談判代表:雖然貴公司做了很大讓步,但我們在該專案上的底價是500萬美元,超過這一限度,要另向上級申請,能否批准,心裡也沒底。希望貴公司再做一次最後的報價,否則,雖然非常希望能購買貴公司的裝置,但看來也只能另擇夥伴了。對此,將感到遺憾。

B公司談判代表雖然不太樂意,但眼看就要到手的合約有可能告吹,只得再緊急與公司本部磋商,最後終於以497萬美元與該公司達成購買協定。

當然,這一策略不能輕易採用。然而當談判陷入僵局又實在無計可施時,這往往是最後一個可供選擇的策略。做出這一選擇時,我們要做好最壞的打算,否則到頭來會顯得茫然失措。特別是盲目濫用這一作法,只會嚇退所有的合作者,結果搞得竹籃打水一場空。

釜底抽薪運用得當,會使談判立竿見影,要細心揣摩。

現在的經銷商都已經不看市場而改看兵法了,釜底抽薪也是他們慣用的伎倆,消費者如果一不小心被經銷商「釜底抽薪」,代價可就慘痛了,不要只圖便宜,真假合約要分清。

去年年底,呂先生準備貸款買一輛廠商標價為10.18萬美元的經濟型轎車,而當時該款車的市場價格為9.8萬美元,在逛市場的時候發現一家貸款購車處銷售價格僅為9.5萬美元,比市場最低價還便宜了3,000美元,第二天呂先生便前往準備提車。

在按照該貸款購車商家9.5萬元銷售價格填寫完合約後,負責人又

拿出一份合約，聲稱廠商不允許經銷商低於報價售車，該合約用於返回廠商做憑證，所以必須再填寫一份「假」合約。在經銷商按照銷售價格 10.18 萬元填寫完相關資料後交給呂先生時，考慮再三後，呂先生認為第一項合約已經簽署生效，為了減少麻煩，最終呂先生在合約上簽了字！

在隨後每月還款中，呂先生發現比當初合約中約定的多了 200 美元，在思索很久後發現可能被騙了，到銀行檢視抵押時發現，自己是按照那份「假」合約交納還款，算算下來，三年間呂先生將要多付出近 8,000 美元。然而，如今的呂先生不僅沒省下 3,000 美元，還多花了幾千美元，到貸款購車處爭論多次，一直沒有結果。

一些小型經銷商根本沒有代辦資格，為了賺錢，不惜使用各種手段，「釜底抽薪」可以說讓他們運用得淋漓盡致，防不勝防。

為了防止跳入經銷商提前設計好的合約陷阱，消費者最好前往正規的大型汽車經銷商處購車，或者跟隨業內相關人士前往購買，提防陷阱。

【牢記要點】

1. 談判的目的，就是為了調和雙方利益而達成的某種協定。
2. 談判著眼於利益而不是立場。
3. 談判其實就是一個交換利益的過程。
4. 對談判的任何一方來說，都要掌握自己的「給與取」的藝術。
5. 掌握對方需求期望得到的利益會是非常有效果的。
6. 一定要設法了解對方的真正需求是什麼，談判才能更有力量。

【實戰練習】

好了。實踐時間到了。現在，請再體會一下上文中的內容要點，完成下列問題的思考及行動訓練。

1. 案例分析

1995 年 4 月 20 日，德國某大公司的總裁帶著包括技術、財務等部門的副總裁及其夫人，組成了一個高階商務代表團，去日本進行一次為期 8 天的談判。剛下飛機便受到了日方公司的熱情接待。在盛情款待中，總裁夫人告訴了對方接待室人員回程機票的日期。日本人便安排了大量的時間讓德國人到處參觀、遊覽，讓其領略東方文化並贈送大量禮品，直到最後兩天，才把一大推問題擺在談判桌上討論。由於時間倉促，德國人不自不覺地做了許多不必要的讓步。

問題：

A、日本人在此次談判中使用了哪些策略和戰術？（4 分）

B、如果此次與日本人談判的主角是你，你將採取什麼對策？（6 分）

2. 選擇答案，測試自己的談判能力。

你的一位客戶不接納你開出的價格，他並沒有向你提出具體的反對建議，只是強調價格太高。此時，你怎辦？

A、拒絕價格太高之看法。

B、要求他提出具體的意見和建議。

C、問他何以反對你開出的價格。

E、你自己提出解決該問題之途徑。

注：這些題目很簡單，你自己不妨一答，但卻能了解自己是否具有談判潛力。

3. 培訓遊戲

4. 行動建議

　　東漢末年，軍閥混戰，河北袁紹乘勢崛起。西元 199 年，袁紹率領十萬大軍攻打許昌。當時，曹操據守官渡（今河南中牟北），兵力只有三萬多人。兩軍離河對峙。袁紹仗著人馬眾多，派兵攻打白馬。曹操表面上放棄白馬，命令主力開向延津渡口，擺開渡河架勢。袁紹怕後方受敵，迅速率主力西進，阻擋曹軍渡河。誰知曹操虛晃一槍之後，突派精銳回襲白馬，斬殺顏良，初戰告捷。由於兩軍相持了很長時間，雙方糧草供給成了關鍵。袁紹從河北調集了一萬多車糧草，屯集在大本營以北四十里的烏巢。曹操探聽烏巢並無重兵防守，決定偷襲烏巢，斷其供應。他親自率五千精兵打著袁紹的旗號，銜枚急走，夜襲烏巢，烏巢袁軍還沒有弄清真相，曹軍已經包圍了糧倉。一把大火點燃，頓時濃煙四起。曹軍乘勢消滅了守糧袁軍，袁軍的一萬車糧草，頓時化為灰燼。袁紹大軍聞訊，驚恐萬狀，供應斷絕，軍心浮動，袁紹一時沒了主意。曹操此時，發動全線進攻，袁軍士兵已喪失戰鬥力，十萬大軍四散潰逃。袁軍大敗，袁紹帶領八百親兵，艱難地殺出重圍，回到河北，從此一蹶不振。

5. 提升訓練

　　請填寫下表，自我評估你在上一次業務談判中的權勢應用情況。
業務談判中的權勢應用
兩大策略應用評估
軟性策略同姓、同鄉、志趣相投：優□ 良□ 差□

肯定和讚美顧客：優□良□差□

口牌優勢：優□良□差□

服務優勢：優□良□差□

硬性策略提供促銷價格優惠，並告知對方是限時優惠：優□良
□差□

最穩重的價格交鋒：最後出價

為了避免談判失誤，根據談判規定進行談判對抗，徹底摸清對方，並知道對手還有什麼策略。我們就只是一味地出價，可最終還是不能得手。最後，總結了談判經驗，隨機而動，最後出價，才是最穩重的價格交鋒。

【情景思考】

從前，有一對老夫妻住在遙遠的大平洋小島上的一座破敗茅草屋裡。有一天，龍捲風侵襲村子，毀掉了他們的房屋。因為他們又老又窮，無法再把房子蓋起來，老夫妻搬到女兒、女婿家同他們一起住。這種安排讓這一家人很是不快，因為女兒的草房也不大，剛好能容下她、她丈夫以及四個孩子。因而就不用說父母了，女兒來找村子裡的智慧老人，她問道：「我們怎麼辦呢？」

智慧老人慢慢地吸著菸斗，回答道：「你有小雞，不是嗎？」

「對。」她回答：「我們有十隻雞。」

「那你就把小雞放進屋子裡跟你一起住。」

對女兒來說這似乎很荒唐，但她接受了智慧老人的建議。這自然加劇了矛盾，情況越來越讓人難以忍受。雞毛到處亂飛，家人惡語相加。女兒又找到智慧老人。請求他再給出點主意。

「你們有豬，是不是？」智慧老人回答。

「對，我們有三隻豬。」

333

「那你務必把豬也趕進屋子裡。」

簡直荒唐至極。但懷疑智慧老人是不可能的，於是她把豬趕進了屋子。現在這日子真是沒法過了：八口人，十隻雞，三頭豬全擠在一間狹小、吵鬧的屋子裡。她的丈夫抱怨根本聽不清收音機的新聞廣播。

第二天，女兒擔心一家人的神智問題，又來找智慧老人，進行最後一次絕望的請求。她叫道：「我們忍受不了了，告訴我該怎麼辦，我這就去辦，但請你幫幫我。」

這次，智慧老人的回答很令人不解，但做起來並不難。「現在把雞和豬都趕出去吧。」

她趕快把畜生們趕出了屋子，一家人以後的日子過得快快樂樂。

【主題解說】

「最後出價」是使用者對在最後一刻、有時甚至是最後片刻，對物品出價的競標行為做出的形象描述。

原則是競標結束前的任何出價都屬於「公平競爭」。

要避免價格仍在您的預算範圍內而您的出價卻被超過，有一個辦法：完全按您願意接受的最高金額出價，讓代理出價系統僅在某個買家出價超過您的出價時提高您的出價。按照上述辦法出價，「最後出價」只有在其他出價者的最高出價金額高於您時，您的出價才會被超過。否則，他們通常來不及在競標結束前再次出價，你將贏得此次談判。

在完成報價以後，即開始了談判場上最艱鉅、也是最精彩的一幕，雙方開始了討價還價的拉鋸戰，各自堅持立場毫不相讓，出現了僵持。當然，所謂「僵持」有短有長，有的友好妥協，有的非常對立。僵持階段討價還價的技巧與謀略，足以表現一個談判者素養的高低，也是對談

判者耐心的極大考驗。常常當你覺得再堅持下去已無希望，準備讓步的一瞬間，對方實際上也已經準備放棄原有的立場。因此，堅持到最後一分鐘乃是明智之舉，致勝之術。

一旦出現各方毫不退讓的僵持局面，應該做到：反覆重述己方的立場和要求；保持攻勢，刻意挑剔對方的毛病，以削弱對手的立場；注意隱藏自己的弱點，例如，你強烈地希望達成協定，就是你的弱點，因為對方就能利用你成交心切而加以要挾，所以，即使該協定對你來說是生死攸關的事，你也應該坦然處之；堅持到最後一分鐘。

例如，原定於 1995 年 12 月德國總理科爾訪華前結束的上海地鐵二號線商務談判陷入了僵局。由於地鐵一號線的良好合作，德國成為上海地鐵二號線提供政府貸款的首選國家，貸款總額高達 7.8 億馬克。但最後是否確定，還要看對方提供的地鐵裝置價格是否合理。形成僵局的原因是，對方的報價比中方能接受的價格高出 7,500 萬美元。

中方代表根據手中掌握的地鐵車輛國際行情，知道即使按照中方的報價，德國公司仍然有錢可賺。同時，他也清楚地知道，對方企圖倚仗提供了政府貸款就漫天要價，把貸款的優惠透過車輛的賣價，又悄悄地拿回去。

在北京進行的談判進行了一輪又一輪，科爾如期訪華，原定在北京簽字的上海地鐵二號線貸款協定未能如期簽署。隨著科爾來到上海，談判也轉移到上海進行，這時已經到了最後關頭。德方代表製造輿論，揚言要撤回貸款。了解內情的人，包括一些職位相當的領導人都提出了警告：不要為了 7,500 萬美元，丟了 7.8 億馬克。德方代表更是有恃無恐，甚至在談判桌上拍桌子威脅中方代表，揚言再不簽約，一切後果由中方負責。

中方代表非常冷靜地朝他做了一個手勢說：「STOP！請你不要這樣激動，也不要用這種要挾的態度。本人是美國哥倫比亞大學的博士，上海知名大學管理學院的院長。對於國際融資的常識和規則懂得不比閣下少。我們現在不是乞求你們貸款，請你用平等的態度看待我們的分歧。」

中方代表接著說，在國際融資中，貸款者和借貸者應該是平等互利的關係，成功的融資談判應該雙方都是「贏家」。並且十分明確地告訴德方代表，如果不降低車輛價格，他將向上級彙報，中方將謀求其他國家的貸款；而談判破裂的後果，將由德方負責。

由於中方代表拒絕在協定上簽字，科爾訪華期間簽署的上海地鐵二號線貸款協定，不僅未能在北京如期簽署，結果在上海也未能簽署。德方代表這才見了「真佛」！在以後的談判中不得不緩和自己的態度，再經過一輪又一輪的艱苦談判，德方代表最後同意把車輛價格降到 7,500 萬美元，整個地鐵專案的報價也比原來的降低了 1.07 億美元。

中方代表堅持到了最後，也取得了最終的勝利！

當然，談判的僵持階段不會無限制地持續，因為僵持階段實際上是各方實力和談判者之間能力和素養的較量。較量的結果，要麼是僵局的打破，往往是先退讓的一方損失大，堅持到底的一方往往能獲得較大的利益；要麼是另一種結局 —— 談判的破裂。

這個故事的道理是，一筆好的交易通常在你扔掉一些東西以後才顯得更好。

要求的比你實際想得到的要多。這似乎是個很簡單的道理，但卻是你在談判中可以加以利用的有效原則。在上千次實驗以及上萬次的事實中，這是一條被反覆證明的道理。你要的越多，得到的也就越多。

對策：

當買家向你要的比實際多的時候，你應該識破這種計策，喚起他的公平意識，用請示上級或黑臉／白臉的策略（我後面會教你這兩個策略）。你應該說：「當然，談判開始的時候你可以提出任何要求，我也會給你同樣一個無法接受的意見，但我們誰也得不到好處。你為什麼不告訴我，你可以接受的最高價格呢？我回去和我們的人商量一下，看看該怎麼辦。這是不是很公平？」

【切記要點】

要的要比你想得到的多。你可能會得到滿足，而且還會得到一些談判空間。更為重要的，它創造了一種對方贏了的氣氛。

你的目標是應該提高你的最大可信價。

如果你最初的意見很極端，那就意味著有一些伸縮性，這會鼓勵買家同你談判。

對對方了解得越少，你要的應該越多。陌生人可能更讓你感到出乎意料，你可以透過更大的讓步來表達你的良好願望。

談判後期的處理技巧對談判雙方來說都很重要，這些技巧的良好應用可以幫助己方獲得一個圓滿的談判結果，贏得長期的合作關係。

談判後期的處理技巧如下：

首先，要感謝與肯定對方的努力，充分肯定對方為談判做出的貢獻；接著，要恭喜對方獲得極大的利益，同時抱怨我方所得的很小。用這樣的方法讓對方充分感覺到自己的成功，同時也能深刻體會我方為此次談判所做的犧牲，深刻體會我方的合作誠意；在讓對方感覺良好的情況下，提出讓對方下次彌補的要求，為下次合作埋下伏筆。

當你覺得己方確實獲利時，就要在結束時馬上與對方簽訂協定；否則，就要設法拖延時間，提出下次再談協定之事。

【牢記要點】

1. 談判的目的，就是為了調和雙方利益而達成的某種協定。
2. 談判著眼於利益而不是立場。
3. 談判其實就是一個交換利益的過程。
4. 對談判的任何一方來說，都要掌握自己的「給與取」的藝術。
5. 掌握對方需求期望得到的利益會是非常有效果的。
6. 一定要設法了解對方的真正需求是什麼，談判才能更有力量。

【實戰練習】

好了。實踐時間到了。現在，請再體會一下上文中的內容要點，完成下列問題的思考及行動訓練。

1. 案例分析

有這樣一則消息：甲骨文公司公布了每股 24 美元收購仁科公司股票的價格，並將之稱為「最好、最後的出價」。據甲骨文公司稱，這一價格高於仁科公司過去 52 週來最高的股價。

自這一新聞公布後，昨天仁科公司的股價一直在 23 美元附近徘徊。

在本週一的財務分析會上，甲骨文公司的主席亨利說，他相信，如果不是我們的收購計畫，這一價格遠遠高於仁科公司股票可能達到的程度，財務總監哈里也說，這是甲骨文公司的最後出價。甲骨文公司是軟體產業中營運利潤最高的廠商之一，其產品線也是有史以來最為強大的。

在新聞稿和會議上，甲骨文公司都明白無誤地表明，如果仁科公司不能在 11 月 19 日這一最後期限前接受它的出價，它就會放棄收購計畫。儘管仁科公司的反應是矚目的焦點，但我們應當提出的一個問題是：收購仁科公司對於甲骨文公司來說是一個好主意嗎？

Meta 集團的主管布魯斯說，仁科-甲骨文合併案開始有點像購買二手車，他指出，股價的提高反映了甲骨文公司結束目前這一鬧劇，並推動此交易的願望。但他表示，完成此收購案是否真的符合甲骨文公司的最佳利益？因為有其他在收入和客戶方面對它更有意義的可能性存在。例如，BEA 是更有吸引力的收購目標。

自甲骨文公司在 2003 年 6 月分首次公布惡意收購仁科公司的計畫後，企業軟體產業發生了很大的變化。在這一領域，SAP 公司已經成為無可爭議的領先者，這一合併案不會產生能夠與 SAP 公司相抗衡的企業。

2. 選擇答案，測試自己的談判能力。

1）你是建築大廈的買主，由於其他原因要更改設計圖，現在承包商為了這個原因要收取更高的價格，而你又認為他能把這項工程做好，而非常地需要他，對於這個新的加價，你會有什麼感覺呢？

　A、馬上跳起來大叫

　B、非常不高興

　C、準備好好地和他商量，但並不急著做

　D、雖然不喜歡，但還是會照做的

　E、和他對抗

2）你是否會將內心的感受流露出來呢？

    A、非常容易

    B、比大部分人多

    C、普通程度

    D、不太多

    E、幾乎沒有

3）運用步步為營養策略時，主要突出：

    A、頑強

    B、利益

    C、說理

    注：這些題目很簡單，你自己不妨一答，但卻能了解自己是否具有談判潛力。

3. 培訓遊戲

4. 行動建議

下面有一個關於談判技巧及對策的農場貼文，根據自身經驗補充。

談判技巧大祕訣：

◆ 永遠不要試圖喜歡一個談判者，但需要說他是你的合作者。（對策：永遠不要試圖欣賞一個談判者，但需要說我們是利益共同體。）

◆ 要把談判者當作我們的頭號敵人。（多麼可怕的心理！對策：千萬不要把談判者當作我們的朋友。）

◆ 永遠不要接受對方的第一次報價，讓談判者乞求，這將為我們提供一個更好的機會。（對策：不要輕易報價，不要指望一次報價就能成交。）

◆ 隨時使用口號：你能做得更好！（這句口號既用來激勵談判者自己，也用來鼓動談判者做出更大的讓步。對策：我們的口號是讓我們雙方共同做到更好！）

◆ 時時保持最低價的紀錄，並不斷要求的更多，直到談判者真正停止提供折扣。（對策：不斷提醒談判者我們做出的、哪怕很小的每一個讓步。）

◆ 永遠把自己當作某人的下級，而認為談判者始終有一個上級，這個上級總有可能提供的額外折扣。（對策：儘早讓談判者明白，我們自己有著足夠的授權，上級根本不會關心任何折扣的事情。）

◆ 當一談判代表輕易接受條件，或到休息室去打電話並獲得了批准，可以認為他所做的讓步是輕易得到的，進一步向他提要求。（對策：很顯然，任何時候不要輕易接受哪怕是很小條件；在休息室打電話獲得批准以後，一定要拖一段時間後，再很為難地表示我們勉強接受。）

◆ 聰明點，要裝得大智若愚。（此條有點可笑，不必理會他。）

◆ 在對方沒有提出異議前不要讓步。（對策：無論對方是否會讓步，應該及時且堅決地提出異議。）

◆ 記住：當一個談判者來要求某事時，他肯定會準備給予一些條件。（對策：盡可能使談判者把我們提的要求本身就理解為一種給予。）

◆ 記住：談判者總會等待著對方提要求。（對策：讓自己不等待，而要讓談判者找機會提要求。）

◆ 要求有回報的談判者通常更有計畫性、更了解情況。應花時間同無條件的談判者打交道。（對策：每一個談判者都應該使自己更有計畫性、了解更多的背景資料。）

◆ 不要為和談判者玩壞孩子的遊戲而感到抱歉。（大家一定是兩不相歉的。）

◆ 毫不猶豫地使用結論，即使它們是假的。例如：競爭對手總是給我們提供最好的報價、最好的物流和付款條件。（對策：不相信談判代表的任何結論，只把它們當作談判的小技巧聽聽而已，即使談判代表是以所謂朋友的身分告訴你的。）

◆ 不斷地重複反對意見，即使它們是荒謬的。你越多重複，談判者就會更相信。（對策：絕不輕信。）

◆ 別忘記，你在最後一輪談判中會獲得 80％ 的條件。（對策：任何時候都應堅持原則，這與進行了多少輪談判沒有關係。）

◆ 別忘記對每日拜訪我們的談判者，我們應盡可能了解其性格和需求。（對策：盡可能了解談判代表、主管及其他相關人員的性格和需求。）

◆ 隨時要求談判者參加活動，盡可能得到更多的折扣，進行商業活動，用差額銷售賺取利潤。（對策：記住，有時大市場的商業行為僅僅是為了得到更多的折扣，所以我們應評估每次促銷的實際效果，在找不到合適型號和價格時，不要盲目進行。）

◆ 在談判中要求不可能的事來煩擾談判者：透過延後協定來威脅他，讓他等；確定一個會議時間，但不到場；讓另一個談判者代替他的位置；威脅撤掉他的產品；你將減少他產品的陳列位置；你將把促銷員清場，等等；不要給他時間做決定。（對策：耐心、平常心。）

◆ 注意我們要求的折扣可以有其他名稱：獎金、禮物、紀念品、贊助、小報、插入廣告、補償物、促銷、上市、上架費、節慶、年慶、新店開張、老店翻新等等。（對策：改頭換面、花樣繁多，其實都是折

扣，把它們加在一起，提醒談判者要得已經夠多。）

◆ 不要讓談判進入死角，這是最糟糕的。（對談：判代表展現同理心。）

◆ 假如談判代表說他需要很長時間才能給你答案，說明你已經快和談判對手談妥交易了。

◆ 不要許可談判者讀到螢幕上的資料，他越不了解情況，就越相信我們。（對策：不要輕信談判者出示的任何證據，哪怕與他的私交甚厚。談判者的最新招數：給你看他與我們競爭對手的協定，不要相信這個協定，即使他保證這是真的。其實，螢幕上的資料同樣可能是假資料，甚至可能是餌。）

◆ 不要被談判者的新條件嚇倒，那並不意味著他們真正準備好談判了。（當然也不能被談判代表的其他新籌碼嚇倒。）

◆ 不論談判者年老或年輕都不必擔心，他們都很容易讓步，年長者認為他知道一切，而年輕者沒有經驗。（另外，不論談判代表是哪國人都不必緊張，本國人認為他很了解我們，外國人則認為我們很容易讓步。）

◆ 假如談判者與其上司一起來，應要求更多的折扣，並威脅說你將撤掉他的產品。對方上司不想在下屬面前失掉客戶，通常都會讓步。（對策：談判者應當得到足夠的授權，讓對方明白無須上司參與談判。即使對方要求上司來，也務必讓他明白只是出於禮節而已，並無實質作用。）

◆ 同一個談判在分別地點進行時，問談判者：你在那裡做了什麼，並要求同樣的條件。（對策：如果某談判要求做單獨進行，最好用其他同級談判者沒有的籌碼，否則考慮一起談判。）

- 永遠記住：你賣而我買，但我並不總買我賣的。（永遠記住：最強的品牌永遠都有人買賣，即使在最優秀的大賣場也不例外。）

- 在偉大的品牌背後，你可以發現一個沒有任何經驗的、僅僅依靠品牌的談判者。（大家都應該記住這句經典的話。）

- 原諒談判者一些無關緊要的小小失誤，但要讓他感到不安和抱歉，設法讓談判者總認為是他虧欠你的。（此句談判技巧是我補充的。對策：盡量不要出現任何失誤，但不要為自己的小小失誤感到不安和抱歉，在對方忘記之前先忘記它們。）

後記　關於這本書

　　商務談判，它不是辯論，也不是演講，而是思維和口才的交鋒，是策略戰術和溝通技巧的融合。賽後，我們還整合了自己的知識，展現自己風采的重要性，我們也知道了很多獲取知識的途徑，並學著慢慢去尋找許多不同於中國傳統的學習方法。

　　其實組織者和許多像我們一樣的年輕人都在一起探尋這條要走出去的路，真希望走的人多了，也就成了路了，商務談判大賽帶給我們的是實踐也是思考，有幸參加的人不多，參加的就要努力做好，讓它成為更多人可以走的路。走出去了，就要走好，更要走出一路精彩！

◆ 優勢談判 VS 絕對成交 ── 掌握先機雙贏成功

　　知識創造財富，學習提升價值。這是一套特別奉獻給管理者和行銷認知的課程。

　　在今天競爭激烈的商業社會中，我們都生活於談判之中，針對每一個談判機會，如何以最好的條件成功，是任何一個企業與個人能否獲利，並永續經營的最大關鍵。非常的時代，需要非常的指導；優先的資源，要做無限的應用！擁有談判能力將決定你的成功與否！

　　全球著名商業經典課程 Money & You，唯一華文講師林偉賢老師，舉辦的「你就是錢」大型公開課，獲得了商界菁英們的廣泛認可，這些知識易於掌握，能夠立竿見影、隨心所用，讓您在商業談判過程中掌握先機，雙贏成功！當你具有優勢談判能力時，你便可以賺錢更快，個人的收入更豐厚，事業根基更穩固！

　　不知道自己為什麼對這種體驗如此欣然，不僅難忘談判桌上的事，

後記　關於這本書

還把賽後的每一個細節都記得那樣清楚。聽來的故事突然發生在自己身上，是多麼激勵人心的事；知識能親身用上，並且從中得到許多收穫，這也是令人激動的事！有人說我們贏得很自然，也有人說我們贏得有些譁然。我要說，無論怎樣，我們都在贏。贏得了賽前團結合作，贏得了生活的寶貴體驗，更贏得了談判桌前的自信。

語言的力量，談判桌上的心理戰：
從漫天要價到雙贏策略的談判技巧

編　　著：秦搏

發 行 人：黃振庭

出 版 者：財經錢線文化事業有限公司

發 行 者：財經錢線文化事業有限公司

E-mail：sonbookservice@gmail.com

粉 絲 頁：https://www.facebook.com/sonbookss/

網　　址：https://sonbook.net/

地　　址：台北市中正區重慶南路一段六十一號八樓 815 室

Rm. 815, 8F., No.61, Sec. 1, Chongqing S. Rd., Zhongzheng
Dist., Taipei City 100, Taiwan

電　　話：(02)2370-3310

傳　　真：(02)2388-1990

印　　刷：京峯數位服務有限公司

律師顧問：廣華律師事務所 張珮琦律師

定　　價：450 元

發行日期：2024 年 03 月第一版

◎本書以 POD 印製

Design Assets from Freepik.com

國家圖書館出版品預行編目資料

語言的力量，談判桌上的心理戰：從漫天要價到雙贏策略的談判技巧 / 秦搏 編著 . -- 第一版 . -- 臺北市：財經錢線文化事業有限公司，2024.03

面；　公分

POD 版

ISBN 978-957-680-789-3(平裝)

1.CST：談判 2.CST：談判策略 3.CST：溝通技巧

177.4　　113001716

電子書購買

臉書

爽讀 APP